高等院校"十二五"工商管理类课程系列规划教材

本书的出版得到北京第二外国语学院优质研究生课程建设项目资助

U0681457

国际企业管理

李 凡 主编

MANAGEMENT OF

INTERNATIONAL

ENTERPRISE

经济管理出版社

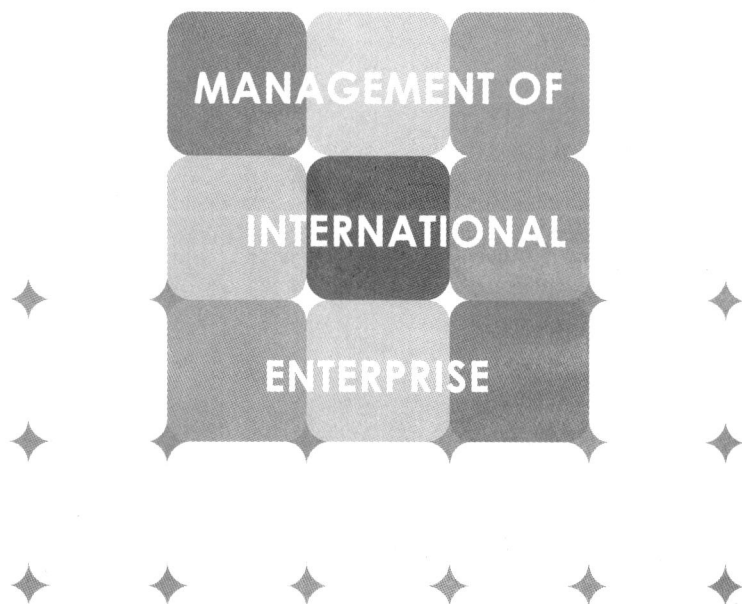

ECONOMY & MANAGEMENT PUBLISHING HOUSE

图书在版编目(CIP)数据

国际企业管理/李凡主编. —北京:经济管理出版社,2014.12
ISBN 978 - 7 - 5096 - 3203 - 1

Ⅰ.①国…　Ⅱ.①李…　Ⅲ.①跨国公司 – 企业管理　Ⅳ.①F276.7

中国版本图书馆 CIP 数据核字(2014)第 143314 号

组稿编辑:王光艳
责任编辑:魏晨红
责任印制:黄章平
责任校对:超　凡

出版发行:经济管理出版社
　　　　　(北京市海淀区北蜂窝 8 号中雅大厦 A 座 11 层　100038)
网　　　址:www.E - mp.com.cn
电　　　话:(010)51915602
印　　　刷:三河市延风印装厂
经　　　销:新华书店
开　　　本:787mm×1092mm/16
印　　　张:13.25
字　　　数:306 千字
版　　　次:2014 年 12 月第 1 版　2014 年 12 月第 1 次印刷
书　　　号:ISBN 978 - 7 - 5096 - 3203 - 1
定　　　价:35.00 元

前　言

进入 21 世纪以来,世界经济沿着全球化的方向纵深发展。伴随着国家间越来越频繁的经济文化交流和逐渐降低的投资壁垒,各个国家的跨国投资与经营活动进入了历史上最为活跃的时期,而国际企业成为其主要的依托。通过开展跨国投资与经营活动,国际企业对全球范围内的技术转移、资金流动和资源配置起到了极大的推动作用,从而使得国际市场实现了一体化发展,各经济体之间的依存度不断增加。可以说,国际企业当前已经成为经济全球化背景下经济发展的重要参与者,对国际经济的发展和国际经济关系的建立发挥着举足轻重的作用。

我国从改革开放,到加入世界贸易组织(WTO),再到实施"走出去"战略,企业的国际化步伐越迈越大,也越迈越快。多年来,我国企业不断拓展对外贸易,引进国外资金和技术,在全球市场的竞争中不断磨炼和成长,并且随着经济全球化的不断深入,我国企业未来势必会更多地参与到跨国经营活动当中。然而,我国的社会主义市场经济建设尚未成熟,企业制度改革也仍不完善,国内开展跨国经营的企业距离真正成长为具有国际竞争力的国际企业仍有很长的路要走。因此,学习与传播国际企业跨国经营和管理理论、借鉴国际上国际企业管理的成功经验和方法,对于培养国际企业管理优秀人才、培育具有国际竞争力的中国国际企业就显得尤为重要。

伴随着国际企业在经济社会发展中发挥的作用与日俱增,国际企业管理学在近几十年来逐渐发展成为工商管理学科下的一个独立分支。这一学科充分综合了社会学、人类学、政治经济学、国际经济、国际贸易、国际商法及工商管理等诸多学科的理论,逐步建立起了系统的理论架构,它阐述了企业产品、技术、人员、信息、资金等要素在国际范围内的流动和管理问题。

多年来,笔者从事国际企业跨国经营与管理的教学与研究工作,基于丰富的教学经验和研究成果编写了这本《国际企业管理》。本书的编写旨在帮助高等院校工商管理学科的学生系统地掌握国际企业管理学的基本知识,了解国际企业的跨国经营战略和管理方法,学会使用所学理论知识解释和分析国际企业在跨国经营与管理过程中的各种现象。全书共分为八章,第一章介绍了国际企业的基本概念与主要相关理论,第二章到第八章分别从国际企业的战略管理、组织管理、跨文化管理、人力资源管理、市场营销管理、财务管理和生产运营管理七个方面进行阐述。

本书是团队集体力量和智慧的结晶,具体写作分工如下:第一章由北京第二外国语学院研究生李娜编写;第二章由北京第二外国语学院研究生祁长霄编写;第三章由北京第二外国语学院研究生刘沛昱编写;第四章由北京第二外国语学院研究生曾斌编写;第五章由北京第二外国语学院研究生祁长霄编写;第六章由中央财经大学博士生刘东强编写;第七章由北京第二外国语学院曾斌编写;第八章由北京城市学院讲师、中央财经大学博士生冯丽娜编写。在全书整合过程中,北京第二外国语学院研究生李娜做了大量工作,全书由北京第二外国语学院李凡副教授统一校稿。

在本书的编写过程中,编写团队得到了许多专家、学者的指导与帮助,在此谨向相关专家和学者表示诚挚的谢意!此外,由于本书编者学识水平所限,书中可能尚有不足之处,希望各位专家、学者和读者朋友批评指正,以使我们不断修订和完善!

李 凡

2014 年 5 月于北京

目　录

第一章　国际企业管理概述

【本章提要】

第二次世界大战之后,国际企业发展迅猛。国际企业在当今世界经济中占据着重要的地位,发挥着令人瞩目的作用。经济全球化推动了国际企业的发展,国际企业全球性的生产与经营活动同时也推动着世界经济全球化。

在学习之初,必然会有这样的疑问:什么是国际企业? 国际企业与跨国公司的关系是什么? 国际商务活动出现的原因是什么? 本章以基本概念为切入点,首先介绍国际企业的定义、类型、特征、形成与国际化发展历程,然后对国际企业发展历程中形成的主要理论进行阐述。

【学习目标】

通过本章的学习,学生应该:

1. 掌握与国际企业相关的基本概念。
2. 掌握国际企业相关理论与各理论的代表人物。
3. 了解国际企业的形成与国际化发展历程以及类型划分方式。
4. 理解国际企业在世界经济中发挥的重要作用。

【开篇案例】

让世界联想中国

1984 年,由 11 名科技人员创办、中科院计算机研究所投资 20 万元人民币的联想集团成立。后经过多年发展壮大,现在的联想集团已成为产业多元化发展的大型信息企业集团,成为独具创新性的国际企业。2013 年,联想集团荣获"中国品牌 500 强"、"全球企业第329 强"的荣誉称号。

依靠自主研发,2003 年联想集团推出关联应用技术,确立了其在 3C 时代的重要地位,并凭借其他领先技术成为中国 IT 业的翘楚。1997 年以后,联想集团连续八年在中国市场独占鳌头。联想集团并不止步于此,其高层决策者拥有长远的战略规划,一直重视公司的国际化发展。着眼于规模经济效益,联想集团于 2005 年 5 月成功收购 IBM 的个人电脑业务,成为联想实施国际化战略的重要标志。此后,联想集团一直秉承国际化的发展战略。

2014 年 4 月 1 日,联想集团新成立了四个相对独立的业务集团,分别是 PC 业务集团、移动业务集团、企业级业务集团、云服务业务集团。

案例解读:从联想集团的发展过程中可以看出,随着时代的变化,企业需要不断地调整自身的发展战略。只有企业自身不断地发展壮大,才能扎实稳进地实现国际化。

第二次世界大战之后,发达国家的资本输出规模不断扩大,全球经济一体化进程不断加快,国际企业发展迅猛。国际企业的发展代表着国际经济的发展方向,体现了全球贸易的演进规律,一批巨型的国际企业促成了当今世界经济竞争格局,并对国际政治形势产生了深远的影响。系统研究国际企业对于推动中国企业的国际化经营、积极参与国际市场竞争,具有重要的理论与实践意义①。本章分为两部分,第一部分将对国际企业的定义、类型、特征、形成与国际化发展进行介绍;第二部分对国际企业主要理论进行阐述。

第一节　国际企业概述

国际企业在当今世界经济中占据着重要的地位,发挥着令人瞩目的作用。系统、深入地考察国际企业相关概念,了解国际企业的类型与特征,理解国际企业的形成与发展,对顺应世界经济发展趋势、增加企业的国际竞争力具有十分重要的意义。

一、国际企业相关概念

国际企业是将各国经济联结起来的重要力量,是国际生产流动过程的中心环节。以跨国企业或跨国公司为中心的国际企业在国际商务活动中发挥着重要的作用。为了便于理解,有必要对国际企业、跨国公司与国际商务的基本内涵进行说明。

(一)国际企业

从广泛意义上说,国际企业(International Enterprise)指从事国际商务经营活动的企业,也指从事设计国际范围的产品、技术、服务、信息、资金等经营活动的企业②。从经营角度看,与国外企业有业务联系的国内企业、专业性外贸企业、跨国企业代表了国际企业发展的三个阶段。国际企业的前两种形态主要从事传统的国际商务活动,而代表国际企业高级形态或完成形态的跨国公司或跨国企业具备国际企业的所有特征,是典型意义上的国际企业③。

(二)跨国公司

联合国《2013年世界投资报告》指出,目前全球共有约82000家跨国公司,其国外分支机构共计810000家。在国际分工和资源配置中,跨国公司控制了世界生产总值的40%,国际贸易的60%,国际技术转让的70%,对外直接投资的95%④。跨国公司的影响力日益

① 方虹. 国际企业管理[M]. 北京:首都经济贸易大学出版社,2006:3.
② 韩震. 国际企业管理[M]. 大连:东北财经大学出版社,2009:1.
③ 金润圭. 国际企业管理[M]. 北京:中国人民大学出版社,2009:14.
④ United Nations. Global Valve Chains:Investment and Trade for Development[R]. World Investment Report,2013.

扩大,实际上充当了经济全球化的主要动力和先锋。越来越多的跨国公司把过去的多国发展战略调整为全球发展战略,全球范围的跨国经营已经成为跨国公司经营的常态。

跨国公司也被称为国际公司(International Corporations,INC)、超国家公司(Supernational Corporations)、宇宙公司(Cosmos Corporations)等。1960年,里恩索尔(D. H. Lienthal)首次以跨国公司(Transnational Corporations,TNC)来称呼国际企业[①]。

跨国公司的名称很多,其定义也莫衷一是。英国著名的跨国公司研究人员约翰·H. 邓宁(Juhn. H. Dunning)1971年指出:"国际的或者多国的生产企业的概念……简单地说,就是在一个以上的国家拥有或者控制生产设施(例如工厂、矿山、炼油厂、销售机构、办事处等)的一个企业。"[②]1972年,由联合国秘书长指定的知名人士小组[③]在题为《跨国公司对发展和国际关系的影响》的报告中给跨国公司下了一个定义:"跨国公司就是在它们总部所在的国家之外拥有或控制生产服务设施的企业。这种企业不一定是股份或私人公司,它们也可能是合营组织或国有企业。"[④]1973年,联合国经济与社会理事会通过了《跨国公司行为守则草案》,对跨国公司的定义作了比较全面的规范与界定:"跨国公司是这样的企业,其拥有或控制以境外为基地的生产或服务机构。这种企业并不总是股份公司或私人公司,它们也可以是合作社或国家所有的实体。"[⑤]1974年,联合国经济与社会理事会决定采用"跨国公司"这一名称。自此,"跨国公司"(Multinational Corporations,MNC)正式成为国际企业的替代名词。

跨国公司的定义几经修改与完善。1986年,联合国跨国公司中心修改并印行的《跨国公司行为守则草案》对跨国公司的定义进行了补充与完善,指出"本守则中使用的跨国公司一词是指由在两个或更多国家的实体所组成的公营、私营或混合所有制企业,不论这种实体的法律形式和活动领域如何;该企业在一个决策体系下运营,通过一个或一个以上的决策中心确定一致的政策和共同的战略;该企业中各个实体通过所有权或其他方式结合在一起,从而其中一个或更多的实体得以对其他实体的活动施行有效的影响,特别是与别的实体分享知识、资源和责任"。[⑥] 1995年,联合国贸易和发展会议(United Nations Conference on Trade and Development,UNCTAD)在《世界投资报告》中对跨国公司下了定义:跨国公司是由母国企业及其国外分支机构组成的股份制企业或非股份制企业(Incorporated Enterprise or Unincorporated Enterprise)[⑦]。

联合国跨国公司中心与联合国贸易和发展会议对于跨国公司的定义均具有较高的科

①　Roback S. H. ,Simmonds K. International Business and Multinational Enterprise,1983:4.

②　约翰·邓宁. 多国企业[M]. 1971:16//联合国秘书处经济社会商务部. 世界发展中的多国公司[M]. 中译本. 南开大学经济研究所世界经济研究室译. 北京:商务印书馆,1975.

③　此后成为著名的联合国跨国公司中心。

④　The Impact of Multinational Corporations on Development and International Relations, United Nations Publications, Sales No. E. 74:Ⅱ. A. 5.

⑤　United Nations, Multinational Corporations in World Development, 1973:23.

⑥　The United Nations Code of Conduct on Transnational Corporations, p. 29—Preamble and Objectives, Definitions and Scope of Applications; UNCTC Current Studies, Series A No. 4. 1986, New York.

⑦　United Nations. Transnational Corporations and Competitiveness[R]. World Investment Report, 1995.

学性与权威性,对于企业规模、跨越国界程度、公司所有权等都没有严格要求,具有一定的广泛性与广泛的包容性,是被广大学者普遍认同的定义。虽然阐述的角度不同,但是两个定义之间并无相悖之处。鉴于本书的研究范围与目的,本书中跨国公司的定义采用联合国跨国公司中心 1986 年在《跨国公司行为守则草案》中所界定的具有相当包容性的定义。

(三) 国际商务

国际商务(International Business)活动是指两个或两个以上国家进行商业贸易活动的总称。国际企业与国际商务活动密切相关,国际商务活动涉及国际间商品、劳务与资本的转移。

国家政府与企业都可以是参加国际商务活动的主体。有时国家政府出于政治、经济等目的参与国际商务活动,并不是为了盈利,而企业卷入商务活动往往是为了获取利润。本书的研究对象并不包括国家政府,而是仅限于企业。

二、国际企业的主要类型

国际企业拥有极其复杂的经济组织形式,经营地域广阔、经营产品种类繁多、内部联系复杂、经营结构多样,所以为了深入研究国际企业的类型,必须对其进行分类。本书从四个方面进行分类,如图 1 - 1 所示。

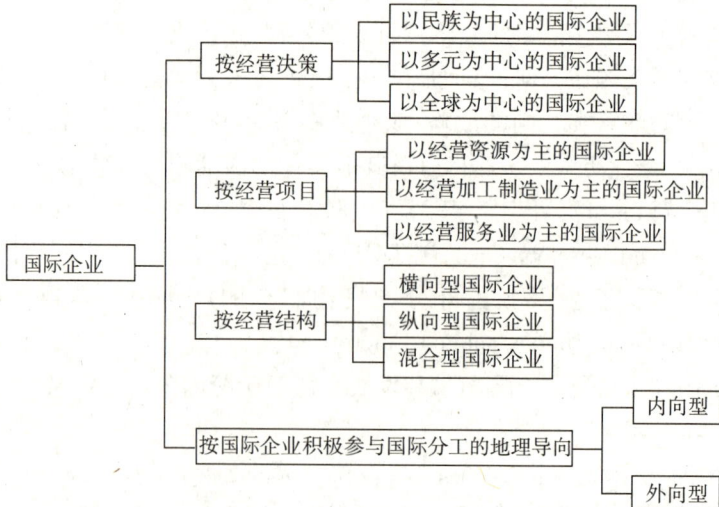

图 1 - 1　国际企业的主要类型

(一) 按经营决策分类

按照经营决策分类,可将国际企业分为以民族为中心的国际企业、以多元为中心的国际企业和以全球为中心的国际企业三种类型。

1. 以民族为中心的国际企业

以民族为中心的国际企业主要面向本国,其所有决策以保证本国权益为前提。所谓的民族中心,不过是指所有决策主要考虑母国企业的权益。以民族为中心的国际企业具有组织结构简单、便于控制的优点,但是这种类型的国际企业管理效率差、组织缺乏灵活性,比较容易引发社会与政治方面的反面情绪。

2. 以多元为中心的国际企业

以多元为中心的国际企业主要面向众多的东道国,其所有决策以东道国的众多分支机构权益为主。各个中心比较注重利用当地的资源,可以根据当地的市场与环境特点进行灵活经营,但很少对公司全球化发展进行思考。这种类型的国际企业必须对外国市场与工作地有全面的了解,与其他类型的公司类型相比,东道国也更加支持以多元为中心的国际企业,从而更能激发东道国管理者的士气。但是由于公司的中心多元化,容易出现重复工作、效率降低等情况,并且可能会由于过分强调东道国的传统而难以实现公司整体全球化发展的目标。

3. 以全球为中心的国际企业

以全球为中心的国际企业主要面向世界,其所有决策是以全公司在世界各地权益的统筹考虑为依据。很多学者认为,以全球为中心是国际企业发展的最高阶段,并且只有以公司全球权益为经营决策依据的公司,才能算得上是真正的国际企业。这种类型的国际企业可以推动理解全球问题、平衡东道国与全球目标;在员工聘用上不需要考虑国籍,选用最优秀人才和最适宜方法,有利于公司的发展。但是要完全实现公司的全球权益很难,需要管理人员必须兼具东道国与全球的知识。

按经营决策分类是国际企业分类中最常见的一种分类方式。表1-1总结了国际企业上述三种类型的主要利弊,可以令读者更直观、更深刻地了解每种类型下国际企业的经营特征。

表1-1　三种公司类型的主要利弊

优缺点＼类型	以民族为中心	以多元为中心	以全球为中心
优点	·组织结构简单 ·控制较紧	·对外国市场和工作地的了解全面、广泛 ·东道国更支持 ·更能激发本土管理者的士气	·推动理解全球问题 ·平衡本土与全球目标 ·不考虑国籍,选用最优秀人才和最适宜方法
缺点	·管理效率差 ·缺少灵活性 ·易引发社会和政治方面的反面情绪	·重复工作 ·效率降低 ·因过于强调本土传统而难以维持全球目标	·完全做到很难 ·管理人员必须兼具本土和全球知识

资料来源:周健临.国际企业管理[M].上海:立信会计出版社,2009:13.

（二）按经营项目分类

从国际企业的发展历史来看,国际企业直接投资的领域最初主要局限在经济资源开发和初级产品生产的领域,然后逐渐转向以制造业为主的领域。当今,投资制造业的国际企业比重逐渐下降,而投资服务业的比重逐渐上升。因此,从国际企业的投资领域和经营范围来分,国际企业又可分为以下三类①。

1. 以经营资源为主的国际企业

当前,以经营资源为主的公司,侧重于采矿业和石油开采业,如著名的埃克森美孚公司(Exxon Mobil)与荷兰皇家壳牌石油公司(Royal Dutch Shell)。这类公司为适应各国资源国有化政策,更多地转向与当地合营和非股权合作②。而此前,特别是特权殖民地贸易公司对不发达国家的投资主要是经营采矿业、种植业和铁路等③。

2. 以经营加工制造业为主的国际企业

第二次世界大战之后,以经营加工制造业为主的国际企业迅速发展,并受到大多数东道国的欢迎。该类公司最初以加工装配为主,或者是来料加工后出口,或者是大部分投入的原料依靠进口而所生产出来的消费品则在当地或附近市场上销售。随着当地工业化程度的提高,此类外国公司资本转向生产资料部门和中间产品部门,生产诸如金属制品、钢材、机械及运输设备等产品④。例如美国通用汽车公司(General Motors),其在巴西、加拿大、澳大利亚等国家拥有制造装配厂。

3. 以经营服务业为主的国际企业

以提供与贸易和金融有关的技术、信息、电信、咨询、保险、商业、运输、财务、广告等业务为主的国际企业,都可将之归类为以经营服务业为主的国际企业,其特点是提供管理、技术和营销决策,如银行、咨询公司、注册会计事务所、旅游公司等⑤。

（三）按经营结构分类

按照经营结构分类,可将国际企业分为横向型国际企业、纵向型国际企业和混合型国际企业三种类型。

1. 横向型国际企业

这类公司生产的产品一般都是单一产品,母国企业和分支机构之间专业分工程度较低,生产产品种类、经营业务类型基本相同。横向型国际企业的主要特征是:母国企业和各分支机构之间通过内部转让在从事同类业务或产品生产经营中积累的经验、技能、知识等,加强各自的竞争优势。而且当公司决定开辟新的东道国时,可以很快地调集人力、财

① 韩福荣. 国际企业管理[M]. 北京:北京工业大学出版社,2005:2.
② 冯雷鸣,范徽. 跨国公司管理[M]. 北京:北京大学出版社,中国林业出版社,2008:3 – 4.
③ 梁秀伶,王虹. 跨国公司管理[M]. 北京:北京交通大学出版社,2010:4.
④ 高湘一. 跨国公司经营与管理[M]. 北京:北京商务出版社,2006:7 – 8.
⑤ 鲁明泓. 国际企业管理[M]. 北京:中国青年出版社,1996:15.

力、物力,迅速占领市场,如著名的可口可乐(Coca-Cola)、麦当劳(McDonald's)等①。

2.纵向型国际企业

这类公司于20世纪20年代兴起、60年代迅速发展,目前是西方国际企业的一种重要类型。这种公司内部,母国企业和分支机构制造不同的产品,经营不同的业务,但相互之间有共同联系,生产过程是相互衔接的。纵向型国际企业的主要特征是:投资多、规模大、专业化分工协作复杂细致,加强了母国企业与分支机构、分支机构与分支机构之间的分工协作,便于公司按其全球战略发挥各分支机构的优势②。

3.混合型国际企业

这类公司是企业在国际范围内实行多样化经营的结果,母国企业与分支机构之间经营没有联系的产品或服务。混合型国际企业的主要特征是:分散经营风险、增强公司规模扩大的潜力。在全球经济一体化的今天,许多行业已经变成国际性或全球性行业③。

(四)按国际企业积极参与国际分工的地理导向分类

1.内向型国际企业

该类公司指通过进口、作为许可证交易的受约人、购买技术专利、在国内与外国公司建立合资企业、成为国外国际企业的分支机构或被国外企业并购等方式,发展国际化经营的类型④。

2.外向型国际企业

该类公司指通过专利技术转让、出口、向外国公司发放许可证、与外国企业创建合资企业、建立收购或兼并国外企业、组建国际战略联盟等方式,发展国际化经营的公司类型。除此之外,按所有制分类,可分为私人公司和国有公司。按不同类型国家分类,又可分为资本主义公司和社会主义公司,发达国家公司和发展中国家公司。这些不同类型公司由于结构和性质各有不同,都有其自身的特点⑤。

三、国际企业的特征

不同国家间的国际企业或者同一国家不同的国际企业,在规模、实力、涉足行业、波及领域和经营方式等方面都存在着差异。尽管如此,大部分从事国际经营管理的国际企业仍然有很多共同特征可以挖掘。

(一)经营战略具有全球性

国际企业以母国为基地,分支机构遍布世界各地,因此,现代国际企业把全球化看作

---

① 王涛生,许南.跨国经营理论与实务[M].长沙:国防科技大学出版社,2005:11.
② 王成兰,冉志,李军.跨国公司论[M].成都:四川大学出版社,1998:7.
③ 原毅军.跨国公司管理[M].大连:大连理工大学出版社,1999:12.
④ 周健临.国际企业管理[M].上海:立信会计出版社,2009:37.
⑤ 冯雷鸣,范微.跨国公司管理[M].北京:北京大学出版社,中国林业出版社,2008:4.

发展目标:以整个世界为目标,来安排投资、生产、销售以及科研等经营活动。此外,国际企业实现了内部联系的国际化和全球资源共享:国际企业内部各个实体间具有密切联系,分支机构根据母国企业的全球战略制订各自的经营计划,而母国企业与分支机构之间、分支机构与分支机构之间通过人员互派、资源共享和网络沟通等形式相互联系起来,从而使整个公司内部的各个分支机构及其他实体共享资源和分担责任①。

(二)通过资本输出争夺世界市场

国际企业对外扩张的途径有两个:一是商品输出;二是资本输出。随着国际竞争的日益加剧,以商品输出为主的扩张路径已经不能满足世界市场的需求,越来越多的国际企业逐渐利用以资本输出为主的方式争夺世界市场。海外直接生产比母国出口更有利于实现国际企业的全球战略。资本输出可以通过独资形式在东道国建立企业和分支机构,也可以通过合资形式与东道国企业共享利益、共担风险,从而使得国际企业很容易在东道国进行市场渗透,扩大整个世界的市场份额②。

(三)经营灵活、管理集中,高度内部分工

对战略重点和经营地区做相应的调整,还可以在不同地区进行利润调节,这是现代国际企业的一个重要特征。国际企业可以利用其遍布全球的分支机构,灵活应对环境变化,实现对投资、生产、出口、采购活动的转移。国际企业的母国企业通常是进行最高决策和最终控制的中心,对整个公司的投资计划、生产安排、价格体系、市场分布、利润分配以及研制进行重大决策。国际企业设立在世界各地的分支机构、分公司及其他经营单位,实行内部专业化生产和国际分工,并彼此进行内部交易,利用国与国之间比较成本上的差异,获取比较利益③。

(四)规模庞大,具有寡头独占性质

规模大有利于国际企业降低产品成本,获得规模经济效益,凭借雄厚的资金实力,利用遍布全球的公司网络,国际企业可以从事更多的研究和开发活动,并搜集更多的信息作为决策参与④。很多国际企业的实力甚至超过某些国家。据统计,2013 年在前 100 个最大经济体中(国家经济用 GDP 衡量,企业经济用营业收入衡量),有 40 个是国际企业,如表 1－2 所示。荷兰皇家壳牌石油公司(Royal Dutch Shell)、沃尔玛(Wal-Mart Stores)、埃克森美孚(Exxon Mobil)等公司的实力超过或等同于许多中等国家,如比利时、波兰、泰国。

---

① 田泽,马海良.国际企业管理——文化、战略与行为[M].北京:清华大学出版社,北京交通大学出版社,2011:3－4.

② 曹洪军.国际企业管理[M].北京:科学出版社,2006:3.

③ 韩震.国际企业管理[M].大连:东北财经大学出版社,2009:7.

④ 宋亚非.国际企业管理[M].大连:东北财经大学出版社,1999:25－26.

表1-2 2013年世界经济体排名(前100位)

排名	名称	经济总量（十亿美元）	排名	名称	经济总量（十亿美元）
1	美国	16197.96	21	瑞典	533.94
2	中国	9038.66	22	挪威	520.25
3	日本	5997.32	23	伊朗	514.82
4	德国	3373.33	24	波兰	496.15
5	法国	2565.62	25	阿根廷	495.07
6	英国	2532.05	26	荷兰皇家壳牌石油公司	481.70
7	巴西	2503.87	27	比利时	475.74
8	印度	2117.28	28	中国台湾	469.28
9	俄罗斯	2109.02	29	沃尔玛	469.16
10	意大利	1953.82	30	埃克森美孚	449.88
11	加拿大	1839.14	31	中国石油化工集团公司	428.16
12	澳大利亚	1598.07	32	泰国	412.71
13	西班牙	1311.12	33	中国石油天然气集团公司	408.63
14	韩国	1234.04	34	南非	402.15
15	墨西哥	1210.23	35	奥地利	393.75
16	印度尼西亚	1006.89	36	英国石油公司	388.28
17	土耳其	838.97	37	哥伦比亚	387.39
18	荷兰	767.10	38	阿联酋	374.92
19	沙特阿拉伯	682.58	39	委内瑞拉	349.65
20	瑞士	616.59	40	马来西亚	340.00
41	丹麦	308.36	61	葡萄牙	206.623
42	国家电网公司	298.44	62	爱尔兰	205.536
43	尼日利亚	293.10	63	乌克兰	195.35
44	智利	291.96	64	捷克	192.59
45	新加坡	277.86	65	卡塔尔	190.91
46	埃及	275.86	66	日本邮政控股公司	190.85
47	中国香港	273.66	67	三星电子	178.55
48	丰田汽车公司	265.70	68	科威特	175.24
49	以色列	259.06	69	新西兰	174.03
50	菲律宾	258.51	70	意昂集团	169.75
51	芬兰	252.16	71	Phillips 66公司	169.55

排名	名称	经济总量 (十亿美元)	排名	名称	经济总量 (十亿美元)
52	大众公司	247.61	72	埃尼石油公司	167.90
53	巴基斯坦	236.62	73	伯克希尔·哈撒韦公司	162.46
54	希腊	235.90	74	苹果公司	156.50
55	道达尔公司	234.27	75	伊拉克	154.29
56	雪佛龙	233.89	76	俄罗斯天然气工业股份公司	153.52
57	哈萨克斯坦	220.14	77	通用汽车公司	152.25
58	阿尔及利亚	214.44	78	越南	151.87
59	嘉能可斯特拉塔	214.43	79	戴姆勒股份公司	146.88
60	秘鲁	211.98	80	通用电气公司	146.87
81	巴西国家石油公司	144.10	91	美国电话电报公司	127.43
82	EXOR 集团	142.22	92	房利美	127.23
83	瓦莱罗能源公司	138.28	93	孟加拉国	126.65
84	匈牙利	134.38	94	墨西哥石油公司	125.19
85	福特汽车公司	134.25	95	苏伊士集团	124.70
86	中国工商银行	133.63	96	委内瑞拉国家石油公司	124.45
87	鸿海精密工业股份有限公司	132.07	97	挪威国家石油公司	124.38
88	安联保险集团	130.77	98	安哥拉	123.92
89	日本电报电话公司	128.86	99	CVS Caremark 公司	123.13
90	荷兰国际集团	128.35	100	法国巴黎银行	123.02

资料来源:根据排行榜 http://www.phbang.cn 与财富中文网 http://www.fortunechina.com 数据整理所得。

四、国际企业的形成与企业国际化发展

国际企业的形成与经济全球化密切相关,从国际企业的产生到纯粹的国际企业,再到成熟的国际企业是一个渐进式发展、跨度很大的企业国际化进程。

(一)国际企业的形成

在 16 世纪资本主义生产方式准备时期,便出现了在国外设立企业、实行跨国经营活动的企业,如英国与荷兰分别在印度设立英属东印度公司和荷属东印度公司。这类公司的产生大多与西欧国家推行的重商主义政策有关,具有殖民扩张的性质,与现代意义上的国际企业具有本质差别。但是,由于其商业活动具有掠夺性,所以为资本主义生产方式的正式确立奠定了基础。

19世纪50年代后,欧洲国家在其殖民地的商业活动中,从资源掠夺开始向生产经营活动转变,资本输出开始盛行,促进生产、经营与资本国际化。资本主义生产方式正式确立之后,出现了一些以对外直接投资以保证原材料供应的企业,这些企业与现代国际企业比较接近。第一次世界大战之后,世界范围的殖民地与半殖民地国家逐渐独立,以从事商品贸易与海上运输为主的"特许公司"正式退出世界舞台。第二次世界大战之后,现代意义上的国际企业的跨国经营迎来了发展机遇期。20世纪五六十年代,国际企业仍以母国为市场进行传统的对外贸易;20世纪70年代之后,国际企业开始以全球视野考虑企业的发展,国际企业成为经济全球化进程中的重要载体,并发挥巨大的推动力量。

(二)国际企业的国际化发展

学术界根据国际活动对企业管理决策的重要程度,将国际企业的国际化进程划分为四个阶段。

1. 企业国际化的第一阶段

企业国际化的第一阶段是间接的或被动的进出口阶段。在这个阶段中,企业没有进出口权,或者没有从事国际商务的经验,或者企业的进出口业务完全掌握在中介商手里,因而企业只能与国外建立间接或者被动的商务关系,有时甚至依靠一些进出口公司来安排开展经营活动。如有的保险公司由于没有国际网络,只能通过其他国内保险公司,才能取得对某些国际风险的再保险机会。从本质上来说,处于这一阶段的企业仍属于国内企业,企业提供的商品与服务所针对的市场主要是国内市场,并且由于企业的国际商务经验缺乏或没有,因此没有专门负责进出口的部门,企业的组织结构仍旧是原有的国内组织结构①。

2. 企业国际化的第二阶段

企业国际化的第二阶段是直接的或主动的进出口阶段。虽然企业仍然是以商品和服务的进出口业务为主,有时仍旧需要依靠中介商,但是与第一阶段相比,企业已经可以独立安排一些国际商务活动,并开始独立、直接地寻求贸易伙伴,积极地扩大企业外向型商务活动。随着国际商务活动的增加,企业到国外巡视的人员逐渐增加,与有业务往来的外国公司保持接触,发展商业关系,了解国际市场情况,为可能发展的业务往来创造条件,但是仍以国内市场为主②。随着进出口业务量的增加,企业专设进出口部门来处理国际业务。

3. 企业国际化的第三阶段

企业国际化的第三阶段是在海外设立代理机构阶段。这一阶段的显著特征是:虽然公司业务显著倾向于国内,但是已经开始对外直接投资,直接参与国外的采购或推销业务,或在海外直接从事产品生产与服务提供活动,并且在海外设立国际部,作为企业了解世界的"窗口",拥有自己的海外常驻人员。企业业务中的国际部分对公司来说已达到了非常重要的水平。与第二阶段相比,这一阶段企业积累了相当丰富的国际生产经营经验,

---

① 金润圭.国际企业管理[M].北京:中国人民大学出版社,2009:26.
② 陈立敏,谭力文.跨国企业管理[M].北京:清华大学出版社,2012:11-12.

其所经营的国际业务在质与量上都有了很大的提高。

4.企业国际化的第四阶段

企业国际化发展的高级阶段是成熟的多国导向型阶段,也可以认为是企业国际化的最终阶段。在此阶段,企业已经将自己的战略目标从国内转向国外,国内经营活动的重要性也随着企业国际化的加深而减弱,企业也不再以面向国内市场为主附带进行国际商务活动,而是以全球经济活动为出发点,在广阔的国际市场上寻求最佳经营效果。企业的商务活动也由单一经营形式发展到多元经营形式,组织结构也具有国际性质①。

表1-3　企业国际化的四个阶段

比较项目	第一阶段	第二阶段	第三阶段	第四阶段
与国外市场接触的性质	间接、被动	直接、积极	直接、积极	直接、积极
国际经营地点	国内	国内	国内和国外	国内和国外
公司导向	国内	国内	主要是国内	跨国
参与国际活动的方式	商品和服务的对外贸易	商品和服务的对外贸易	外贸、对外援助合同、对外直接投资	外贸、对外援助合同、对外直接投资
组织结构	传统国内结构	进出口部	国际部	全球结构

资料来源:董黎明,芳华.国际企业管理[M].北京:中国商务出版社,2005:4.

表1-3是对美国科斯教授对西方企业国际化阶段特征的概括,这对中国的企业国际化发展有重要的借鉴意义。在不同的阶段,企业介入国际化经营的程度不一样,决策的目标和组织结构也有明显的阶段性特征,以海尔集团的国际化发展为例。海尔集团于1984年成立,在30年的发展历程中,先后实施了名牌战略、多元化战略、国际化战略和全球化品牌战略四个阶段,如表1-4所示。

表1-4　海尔集团国际化四阶段

阶段	名牌战略阶段(1984~1991年)	多元化战略阶段(1992~1998年)	国际化战略阶段(1999~2005年)	全球化品牌战略阶段(2006年之后)
经营战略	只围绕冰箱一个产品,探索并积累了企业管理的经验,总结出一套可移植的管理模式	从单一产品向多个产品发展,以无形资产盘活有形资产,在最短的时间里以最低的成本把规模做大,把企业做强	产品开始批量销往全球主要经济区域市场,设置自己的海外经销网络与售后服务网络	海尔实施全球化品牌战略要解决的问题:提升产品的竞争力和企业运营的竞争力;与分供方、客户、用户都实现双赢利润;从单一文化转变到多元文化,实现持续发展

资料来源:韩震.国际企业管理[M].大连:东北财经大学出版社,2009:41-42.

---

① 谭力文,吴先明.国际企业管理[M].武汉:武汉大学出版社,2009:11.

20 世纪 80 年代末,一批旨在拓展海外市场的新公司在市场上崛起,它们的国际化形式与传统的国际企业不同。这些新公司从成立第一天起就具有国际性、全球性,它们被称为"天生的全球公司"(Born Global Enterprise)、"天生的国际企业"(Born International, Infant international Enterprise)、"国际新风险企业"(International New Ventures)等。这类企业通常拥有某项借以进军全球市场的新产品或新科技,其海外业务量往往大于本土业务量。天生的国际企业的出现,对过去的涉及企业跨国经营和国际化过程的理论与经验研究提出了挑战,值得更深层次的研究。

第二节　国际企业理论体系

关于国际企业的理论体系主要分为两个方面:一是国际贸易理论;二是国际直接投资理论。前者试图解释国家之间的贸易是如何发生的;后者则说明为什么要跨国直接投资于制造业与服务业,从事跨国经营活动与国际贸易,以及如何对这些活动进行有效的国际管理。由于国际企业的生产经营活动与国际贸易、国际投资紧密联系在一起,所以了解国际贸易和国际投资理论是理解国际企业形成、发展及其经营模式变化的重要理论基础①。

一、国际贸易理论

国际贸易理论是国际企业管理理论的基础,有助于人们理解国际企业如何在最有利的地方生产、销售某种产品,并且具有最强的竞争力,有助于人们理解并预测政府部门采取的贸易政策,以及这些政策对国际企业产生的影响。

(一)重商主义学说

重商主义(Mercantilism)产生于 15 世纪末、16 世纪初的欧洲,是资本主义生产方式准备时期产生的代表商业资产阶级利益的一种经济学说和政策体系②。16 ~ 18 世纪,随着英国和欧洲民族国家的发展,重商主义思想对国际企业贸易有很大影响。早期重商主义以"货币差额论"为中心,代表人物是英国的威廉·斯塔福(W. Stafford)。晚期重商主义以"贸易差额论"(又称"贸易平衡论")为中心,代表人物是英国的托马斯·孟(Thomas-Mu)③。重商主义假设一个国家的财富依赖于其财产的库存,即黄金的储存量,而贸易是获取黄金和财富十分重要的方式。重商主义首先关心的是增加国家的财富,相信财力必须建立在一定的基础即贸易之上④。换句话说,一个国家必须通过贸易来积累财富。重商

---

①　金润圭. 国际企业管理[M]. 北京:中国人民大学出版社,2009:43.

②　Ekelund,R. B. ,Hébert,Robert F. A. History of Economic Theory and Method. New York:McGraw - Hill,1975.

③　周健临. 国际企业管理[M]. 上海:立信会计出版社,2009:48.

④　Landreth,Harry,Colander,David C. History of Economic Thought 4th edition. Boston:Houghton Mifflin,2002.

主义者认为贸易并不是互惠的,如果一方受益,另一方则肯定受损。只有贸易出口超过贸易进口,才会有国家财富剩余。由于国内贸易只是对改变个人财产的相对数量进行重新分配,却没有增加国家财富总量,所以使整个国家变得更为富裕的根源并不是国内贸易而是对外贸易。因为对外贸易能够给国家带来净收益。积极鼓吹实行鼓励出口、抑制进口政策是重商主义的一大特点。重商主义政策的基本主张是国家干预对外贸易,实行贸易保护,该政策主张对当时欧洲经济的发展具有重要的影响。早期重商主义主张国家采取行政立法手段,直接控制货币流动,严禁金银外流,国家垄断全部货币贸易。晚期的重商主义则执行奖出限入与产业政策,如限制进口、促进出口以及其他政策①。

重商主义的局限在于其将国际贸易看作一种"零和博弈",即一方得益另一方必定受损,出口会获得财富,进口则会减少财富。虽然如此,重商主义依旧为国际贸易理论与政策奠定了基础。

(二)绝对优势理论

18 世纪的英国古典经济学家亚当·斯密(Adam Smith)1776 年发表的《国民财富的性质和原因的研究》(简称《国富论》)一书中,批判了重商主义,创立了"自由放任"的自由主义经济思想理论,该思想是整个自由竞争市场经济体系的一个有机组成部分。

斯密认为,"劳动是衡量一切商品交换价值的真实尺度"②。交换是人类拥有的一种天然倾向。人类的交换倾向会产生分工,社会分工会形成贸易专业化。斯密认为,既然对家庭来说,生产的产品一部分为自己所需,剩下的部分通过出售来换取其他商品是合算的,那么对国家来说也应该如此。斯密认为,如果一件产品在国外生产要比在国内生产成本低,那么最合适的方法是本国不再生产该产品,而是利用本国的优势产品交换外国的产品。斯密认为,每一个国家都有其适宜于生产某些特定产品的绝对有利的条件。如果每一个国家都按照其绝对有利的生产条件去进行专业化生产,然后彼此进行交换,则对所有交换国家来说都是有利的。按照绝对优势原则进行分工和交换,将会使世界各国的资本、生产资源和劳动力得到最合理的配置与有效的利用,生产出最有效的产品,在此基础上进行自由贸易将会使各国的物质财富和国民福利都得以增加。

亚当·斯密的绝对优势理论按各国的绝对有利的生产条件进行国际分工,实际是按照绝对成本的高低进行分工,因此,又被称为"绝对成本论"。斯密关于分工能提高劳动生产率、参与国际分工与国际贸易有利的观点在今天仍具有重要意义。但其不足之处在于理论本身的局限性,绝对优势理论对国际贸易发生原因的解释极其片面,所说明的只是国际贸易中的一种特例,即具有绝对优势的国家如何参与国际分工与国际贸易,而对于那些不具有绝对优势的国家如何参与国际分工与国际贸易却无法解释③。

---

① 唐海燕,毕玉江.国际贸易学[M].上海:立信会计出版社,2011:89-90.

② 亚当·斯密.国富论[M].北京:商务印书馆,1972.

③ 周健临.国际企业管理[M].上海:立信会计出版社,2009:50.

(三) 比较优势理论

英国经济学家大卫·李嘉图(David Ricardo)继承和发展了亚当·斯密的绝对优势理论。1817 年,李嘉图出版了他的主要著作《政治经济学及其赋税原理》(Principles of Political Economy and Taxation),提出了比较优势理论(Principle of Comparative Advantage)。

李嘉图在论证自由贸易的利益时,发展和修改了亚当·斯密的绝对优势理论。他认为在国际贸易中起决定作用的,不是绝对成本而是比较成本。斯密的理论暗含着一个假定,就是贸易双方各有一种成本低于另一方成本的商品就能在国际间销售。但是一个国家如果连一种具有成本优势的产品都没有,国际贸易能否发生? 如果发生,贸易双方的利益又如何呢? 李嘉图以比较优势理论回答了这些问题[①]。

李嘉图以英国与葡萄牙两个国家的毛呢与酒两种商品为例,说明了比较利益形成的过程,见表 1-5。葡萄牙生产两种商品的劳动时间均少于英国,但其中酒少 40 天,即比英国少 $\frac{1}{3}$,而毛呢少 10 天,即比英国少 $\frac{1}{10}$。相反地,英国两种商品的成本均处于劣势,但是毛呢的劣势相对较小。成本差异程度不同为英国与葡萄牙之间互利的分工和贸易创造了条件。分工后葡萄牙专门生产酒,英国专门生产毛呢。葡萄牙生产两个单位的酒,用一个单位的酒换取英国一个单位的毛呢,结果所获得的使用价值数量不变,而所需的劳动时间仅用 160 天,比分工前节约了 10 天。英国生产两个单位的毛呢,用一个单位的毛呢换取葡萄牙一个单位的酒,结果使用价值数量一样,却可以节约劳动日 20 天[②],如表 1-5 所示。

表 1-5　李嘉图的比较优势理论

	分工前所需劳动时间	
	一个单位的酒	一个单位的毛呢
英国	120 天	100 天
葡萄牙	80 天	90 天
	分工后所需劳动时间	
	两个单位的酒	两个单位的毛呢
英国	……	200 天
葡萄牙	160 天	……

资料来源:David Ricardo. The Principles of Political Economy and Taxation[M]. Third Edition 1821.

为了更具一般性,比较优势理论也可以运用如下模型进行简要的描述:

假设有本国和外国两个国家,每个国家只有一种生产要素(劳动),能生产两种产品:A 产品和 B 产品。令 L 表示本国的劳动总供给,a_{LA} 和 a_{LB} 分别表示本国的 A 和 B 的单位产品

---

① 谭力文,吴先明.国际企业管理[M].武汉:武汉大学出版社,2009:56.

② David Ricardo. The Principles of Political Economy and Taxation[M]. Third Edition,1821. 政治经济学及其赋税原理[M].郭大力,王亚男译.北京:商务印书馆,1962:113 -119.

劳动投入量。相应地，L^*、a_{LA}^* 和 a_{LB}^* 分别表示外国的劳动总供给和外国 A 和 B 的单位产品劳动投入量。P_A 和 P_B 分别表示 A 产品和 B 产品的价格。那么，在 $\dfrac{a_{LA}}{a_{LB}} < \dfrac{a_{LA}^*}{a_{LB}^*}$ 或者 $\dfrac{a_{LA}}{a_{LA}^*} < \dfrac{a_{LB}}{a_{LB}^*}$ 成立的条件下，本国比外国拥有生产 A 产品的比较优势。换句话说，本国 A 部门的相对劳动生产率高于 B 部门的相对劳动生产率，本国有生产 A 产品的比较优势。

确定本国是否具有比较优势应该综合考虑两个国家对 A 产品和 B 产品的劳动投入，如果认为只需要通过比较两国 A/B 产品生产的单位劳动投入就能决定谁生产 A/B，即当 $a_{LA/B} < a_{LA/B}^*$ 时，本国就比外国在 A 产品生产上更有效率，那么这是绝对优势的比较，但是仅凭绝对优势是无法确定贸易模式的。建立在比较优势基础上，把国际贸易看作一种间接的生产方式对贸易双方都有益。

本国做出直接生产 B 还是以出口 A 的间接方式换取 B 贸易模式选择，取决于何种贸易方式的效率更高一些。在直接生产的方式下，本国可以用 1 小时的劳动生产 $\dfrac{1}{a_{LB}}$ 单位的 B 产品；在间接生产的方式下，本国可以用 1 小时的劳动生产 $\dfrac{1}{a_{LA}}$ 单位的 A 产品，并通过出口 A 产品换取 B 产品，交换条件是 1 单位的 A 产品换取 $\dfrac{P_A}{P_B}$ 单位的 B 产品，$\dfrac{1}{a_{LA}}$ 单位的 A 产品换取的 B 产品为 $\left(\dfrac{1}{a_{LA}}\right) \times \left(\dfrac{P_A}{P_B}\right)$ 单位。由于模型中假定了劳动是唯一的生产要素，而劳动力总是流向工资比较高的部门，因此，在本国专门生产 A 产品的情况下，必然存在 A 部门的小时工资率 $\dfrac{P_A}{a_{LA}}$ 大于 B 部门的小时工资率 $\dfrac{P_A}{a_{LB}}$，即 $\dfrac{P_A}{a_{LA}} > \dfrac{P_A}{a_{LB}}$，也即 $\dfrac{P_A}{P_B} > \dfrac{a_{LA}}{a_{LB}}$，从而 $\left(\dfrac{1}{a_{LA}}\right) \times \left(\dfrac{P_A}{P_B}\right) > \dfrac{1}{a_{LB}}$。因此，本国通过出口 A 产品来换取 B 产品的间接生产方式比直接生产 B 产品的效率要高。同样地，外国可以通过出口 B 产品换取 A 产品的方式来更有效地生产 A 产品。

比较优势理论强调，是比较优势而非绝对优势决定了一个国家将生产和应该生产某种产品。当两个国家都分别生产具有本国比较优势的产品时，两国都能从贸易中获益。然而，比较优势理论未能说明是何种因素引起了各国劳动效率的差异，从而不能解释有些工业的选址，以及目前贸易格局出现的原因[①]。

二、国际直接投资理论

由于国际贸易理论只对国际贸易经营活动进行了说明，并不能对企业国际化活动的发展形势进行真正的诠释，当代的国际直接投资早已呈现多样化趋势，特别是国际企业得到了迅速的发展，因此需要以现代经济学观点来探讨国际直接投资的原理[②]。国际直接投

---

① 陈立敏，谭力文.跨国企业管理[M].北京:清华大学出版社,2012:55.
② 周健临.国际企业管理[M].上海:立信会计出版社,2009:57.

资理论是西方经济学中派生出来的一个重要的分支。1960 年,S. 海默(Stephen H. Hymer)的博士论文《国际经营:国际直接投资研究》在理论上开创了以国际直接投资为研究对象的崭新的研究领域①。此后,国际直接投资理论发展迅速。

(一)垄断优势理论

20 世纪 60 年代初,美国学者 S. 海默在他的博士论文中,首先提出了垄断优势理论(Theory of Monopolistic Advantage)②,试图以垄断优势来解释美国企业的对外投资行为。后来经过 S. 海默的导师 C. 金德尔伯格(C. P. Kindleberger)的补充发展,形成"海默—金德尔伯格传统",成为系统性研究国际直接投资的理论。

市场不完全性和垄断优势是垄断优势理论的核心。C. 金德尔伯格强调:"在一个产品和要素完全竞争的世界里,国际直接投资不可能存在",③这是因为在上述情况下,企业不具备从国际直接投资中获益的优势。S. 海默认为在不完全竞争市场中,企业可以获得四个方面的优势:第一,产品市场不完全性的优势,如产品差异、商标、营销网络和技术以及价格操纵等;第二,生产要素市场不完全性的优势,如专利、专有技术、资金实力、管理技能等;第三,规模经济优势,国际企业通过水平或垂直的一体化经营,可以达到本地企业不能达到的生产规模,从而实现规模经济,并对产品或原材料的价格具有一定的控制力,从而获取更多的利润;第四,政府对进出口限制带来的优势,国际企业在世界范围内的生产布局,可以使其在实现水平的和垂直的一体化经营的同时,可以有效地配置和调度资源。后来,S. 海默通过对美国公司的研究,纠正了以利率差异解释国际资本流动的传统说法,认为对外直接投资并不是为了追求高利率。

S. 海默与 C. 金德尔伯格的优势理论后来逐步得到完善,并被扩大到包括寡占和垄断优势等方面④。英国学者尼尔·胡德和斯蒂芬·扬将由于市场不完全性产生的企业优势归纳为以下五种⑤。

1. 技术优势

技术优势包括技术、知识、信息、诀窍和无形资产等。技术是国际企业优势的主要来源,是东道国最渴望得到的东西。技术优势主要包括:①新产品和新工艺;②产品特异化能力;③拥有比当地竞争对手优越的组织与管理技能。

2. 工业组织规模

国际企业的另一个优势是寡占市场结构和行为,表现为工业组织的规模经济。因为无论是研究开发、防止技术流失,或者利用产品特异化功能,都需要组织达到一定的规模。规模经济有利于充分发挥技术优势。

---

① 崔新健. 国际直接投资理论与政策[M]. 北京:中国财政经济出版社,2002:25.

② Hymer,Stephen H. The International Operations of National Firms:A Study of Direct Foreign Investment,Cambridge,MA:MIT Press. S. 海默的博士论文完成于 1960 年,但直到 1976 年才正式公开出版。

③ Kindleberger,Charles P. America Business Abroad,New Haven:Yale University Press,1969:13.

④ 金润圭. 国际企业管理[M]. 北京:中国人民大学出版社,2009:51.

⑤ Hood,W.,Young,S. The Economics of Multinational Enterprises. 叶刚等译. 跨国企业经济学[M]. 北京:经济科学出版社,1990:57-64.

3.管理与创新能力

管理与创新能力是国际企业竞争优势的一个来源。企业在国内开辟多样化市场,或者通过出口、对外投资在国外开辟多样化市场,都是为了能够充分利用其管理与创新能力。

4.资金和货币

货币和资金的有效管理,有时对企业的跨国经营具有决定性的作用。国际企业利用对外直接投资可以规避因利率变动以及国际资本市场结构和效率的不同而引发的潜在风险。

5.获得原材料

通常这种优势与技术、市场和资金等优势同时出现。如果国际企业拥有了获得原材料的特权,那么企业就具备了特殊优势。

垄断优势理论突破了传统理论的分析框架,首次提出不完全性市场竞争是导致国际直接投资的根本原因,并论述了市场不完全的类型;提出了国际企业拥有的垄断优势是实现对外直接投资的条件,并分析了垄断优势的内容。这些观点对于以后国际直接投资理论和实践的发展具有十分重要的意义。但是由于垄断优势理论是以发达国家大型国际企业的对外直接投资为研究对象,因此对于发达国家的中小企业进行对外直接投资,特别是发展中国家的企业积极从事于对外直接投资的现象,垄断优势理论无法做出科学的解释,具有一定的局限性①。

(二)产品生命周期理论

产品生命周期理论(Theory of Product Life Cycle)是 1966 年哈佛大学教授弗农(Vernon)在其论文《产品周期中的国际投资和国际贸易》中提出的。弗农利用产品生命周期的变更来解释美国对外直接投资的动机、时机和区位选择②。此后,基辛(Keesing)、梅达(Mehta)、克鲁伯(Gruber)、哈夫鲍尔(Hufbauer)、斯特恩(Stern)、梅基(S. P. Magee)、马斯卡斯(Maskus)对该理论进行了补充和验证。

产品生命周期理论认为,能够进入国际贸易的新型工业化消费品都有一个生命周期。这个生命周期可以划分为五个阶段,每个阶段内新型工业化消费品的消费表现都有各自的特点,如图 1 - 2 所示。

1.新产品阶段(OA 段)

由于工业发达国家科技水平较高,所以很多新型工业消费品首先在发达国家诞生并投入市场。在新产品诞生初期,由于产品设计没有定型,生产技术与加工方法仍需不断调整,生产要素配比经常变化,因此,为了便于调整产品设计和生产加工方法,那么在新产品阶段需要大量的技术资源投入,需要科技人员与熟练工人的密切配合,需要生产者与消费者不断地反馈与更新信息。所以,新产品表现为技术密集型产品,技术创新国家便具有技

---

① 周健临.国际企业管理[M].上海:立信会计出版社,2009:59.
② 朱钟棣.跨国公司经营策略研究[M].长沙:湖南大学出版社,2000:44 - 45.

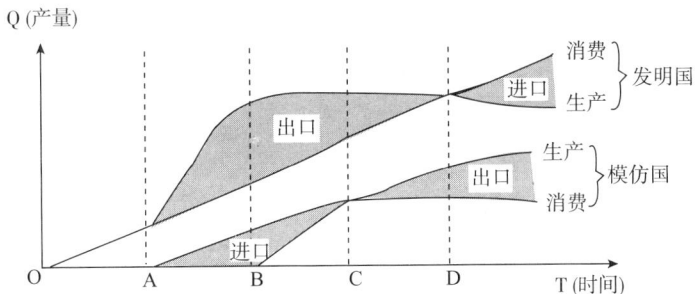

图 1 - 2　产品生命周期五阶段

术垄断优势。但由于新产品的生产技术和产品特征没有定型,所以技术创新国家的新产品市场大多为国内市场,新技术产品一般不会出口销售①。

资料来源:孙新雷,温太璞.国际经济理论与政策[M].成都:西南财经大学出版社,2001:108.

2. 产品成长期(AB 段)

由于生产技术的逐渐确定并趋于成熟,国内消费者普遍接受新型工业消费品,国外市场需求发展,生产规模随之扩大,新产品进入成长期。在这个阶段,由于新技术并没有扩散到海外,技术创新国家仍然具有技术垄断优势,不但拥有国内市场,由于其在其他国家投资设厂,在国际市场也具有技术垄断地位②。

3. 产品成熟期(BC 段)

由于生产技术完全定型,消费品市场国际化,产品进入大批量生产销售阶段,市场竞争最激烈,新产品进入成熟期。在这个阶段,市场需求趋于饱和,销售量达到最高点,形成了规模经济的优势;生产效率高,销售渠道和企业管理优势已经建立;生产批量大,产品成本低,利润将达到最高点;销售量增长接近于零,技术创新国家的垄断优势发挥到最大效果③。

4. 产品衰退期(CD 段)

由于技术与产品的完全标准化,技术优势在国际竞争中的优势不复存在,国际竞争优势主要依赖于成本和价格的竞争,并且收入水平相近的国家开始模仿制造创新产品,技术创新国家的生产与出口竞争优势遭到挑战。技术创新国家的新产品产量开始减少,并开始部分进口该种新产品④。

5. 产品转让期(D 点以后)

由于后进国家工资水平较低,厂房设备较新,资源成本较低,有条件进行大批量生产,使其在国际市场所占份额逐渐增加,技术创新国家的技术优势与规模经济效应几乎不存在,新产品的生产与出口减少到几乎没有了,此时该新产品在技术创新国家的整个生命周

---

①④　孙新雷,温太璞.国际经济理论与政策[M].成都:西南财经大学出版社,2001:108.
②　陈宪,张泓.国际贸易理论·政策·案例[M].上海:上海财经大学出版社,2004:141.
③　国彦宾.西方国际贸易理论:历史与发展[M].杭州:浙江大学出版社,2004:155.

期结束①。

在现实生活中,很多产品经历过弗农的生命周期五阶段的发展,一个经典案例是第二次世界大战之后,美国与日本两国在无线电产品上的竞争。第二次世界大战结束时,真空管技术在美国迅速发展,美国垄断了无线电产品的国际市场。几年之后,日本在无线电技术领域也达到了同样的水平。并且由于其低廉的劳动力价格,日本也占据了一部分市场份额。随后美国发明了晶体管,重新在技术上领先,但是几年后日本也掌握了这项技术,再次用低廉的价格与美国竞争。而美国又通过对印刷电路的使用再一次同日本竞争的过程中占据了优势,生产无线电的最新技术是劳动密集型还是资源密集型决定了美国能否在世界市场中占据优势地位②。

产品生命周期理论主要反映了 20 世纪五六十年代美国制造业的国际直接投资的情况,它把东道国的区位优势与企业的所有权优势结合起来,同时又是一种动态分析,解释了那些标准化产业部门的对外投资,也可以解释发达国家对发展中国家的投资行为和产业转移现象。但是,由于该理论在很大程度上是基于对产品创新国家的投资行为进行研究,因此主要适用于具有产品创新的企业③。再者弗农的产品生命周期概念适用于制造业,而不适用于服务业、原材料采掘业等。

(三) 内部化理论

用交易成本理论解释国际企业的形成及其在国际市场上的运作方式,并形成内部化理论,是 20 世纪 70 年代以来国际企业的主要研究方向。内部化理论(Internalization Theory)也称为市场内部化理论。由英国学者巴克莱(P. J. Buckley)④、卡森(M. Casson)⑤与加拿大学者拉格曼(A. M. Rugman)⑥等在深入研究国际企业内部贸易后,提出的解释国际直接投资动机及决定因素的理论⑦。

1. 内部化理论的基本思想

第一,随着生产分工和科技革命的发展,企业经营的内容和范围都发生了很大的变化,中间产品由传统的原材料、半成品改为以知识技术为主的信息产品;第二,外部市场缺乏交换中间产品的定价机制与交易机制,导致市场交易成本上升,降低公司全球生产的协调程度与经营效率。导致国际直接投资的原因不仅仅是最终产品市场的不完全性,主要还有中间产品市场的不完全性。为了实现谋求利润最大化的目标,企业使中间产品在企

① 缪东玲. 国际贸易理论与实务[M]. 北京:北京大学出版社,中国林业大学出版社,2007:65.

② 项义军. 国际贸易理论与实务[M]. 北京:中国物资出版社,2002:38.

③ 韩震. 国际企业管理[M]. 大连:东北财经大学出版社,2009:29.

④ Buckley P. J. , The Limits of Explanation: Testing the Internalization Theory of the Multinational Enterprise. Journal of International Business Studies, Summer, 1988(19):181 – 193.

⑤ Casson M. , The Firm and the Market. Oxford, Basil Blackwell, 1987.

⑥ Rugman A. M. , Internalization as A General Theory of Foreign Direct Investment: A Reappraisal of the Literature. Weltwirtschaftliches Archiv, 116, 1980(2):365 – 379.

⑦ 赵春明. 国际贸易学[M]. 北京:石油工业出版社,2003:200.

业内部进行内部化转移,国际企业是市场内部化跨越国界的产物①。

2. 内部化理论的假设

内部化理论基于以下 4 个假设成立:第一,由于经济过程的外部性(Externality),市场机制本身不能有效配置生产要素和产品。第二,市场和企业是组织生产要素和产品交易的可供选择的两种方式。第三,如果企业内部协调的成本低于市场交易成本,则将外部市场交易内部化是企业的一种理性选择。第四,通过国际直接投资建立国际企业是企业通过生产要素交易和产品内部化来获取最大化利润的一种制度形式②。

3. 内部化理论的主要内容

在上述假设成立的条件下,内部化理论主要有三个方面的内容:第一,外部市场不完全是内部市场形成的主要原因。国际企业的母国企业与分支机构之间、分支机构与分支机构之间的贸易按照国际企业总部制定的内部价格进行。在外部市场不完全的情况下,企业纷纷到国外进行直接投资,那么国内母国企业与国外分支机构之间形成内部市场,达到资源的合理配置。第二,知识产品是促进内部市场形成的重要因素。研究与开发知识产品耗费时间长、投资费用大、失败风险大,使得知识产品必须通过获取超额利润才能弥补其巨额费用与高风险,并且知识产品在外部市场容易泄露,外部市场对知识产品不能准确地定价,导致国际企业缺乏外部市场经营活动的积极性,从而转向内部市场,在内部转让知识产品。第三,内部市场与交易成本有关。只有当内部市场的交易成本低于外部市场的交易成本时,国际企业才会考虑建立内部市场。内部化通过分割外部市场活动带来的企业经营规模效益下降,企业人力与财力资本的增加,企业管理费用的增加是内部市场交易成本变化的体现③。

与之前其他理论相比,内部化理论能解释大部分国际直接投资的动因。而其他国际直接投资理论仅从产品或生产要素等某个侧面来分析国际企业对外直接投资的原因,因此内部化理论不同程度地包含了其他理论④。

(四)国际生产折中理论

1977 年,英国教授邓宁在《贸易、经济活动的区位和跨国企业:折中理论探索》论文中,提出了国际生产折中(Eclectic Paradigm)理论⑤。他在 1981 年编著的《国际生产和跨国企业》一书中,又进一步对折中理论进行了阐述⑥。邓宁认为,垄断优势理论、内部化理论等都是片面地解释了国际直接投资的现象。他试图把国际企业国际直接投资的目的、条件和能力综合起来分析,提出一个更为一般的解释框架。他沿用了传统理论的一个核心概

① 徐晖. 加速国际化——拓展国际市场战略[M]. 天津:天津大学出版社,2003:27.
② 冯雷鸣,范徽. 跨国公司管理[M]. 北京:北京大学出版社,中国林业出版社,2008:24 - 25.
③ 卢圣亮. 利用外资的国际经验与中国实践[M]. 长春:吉林人民出版社,1997:26 - 28.
④ 岳军. 国际投资学[M]. 北京:中国商业出版社,1997:60.
⑤ Dunning J. H. Trade, Location of Economic Activity and the Multinational Enterprise: A Search for an Eclectic Approach. In: B. Ohlin Per Ove Hesselbom & Per Magnus Wijkman, ed. The International Allocation of Economy Activity. London: Macmillan,1977.
⑥ Dunning J. H. International Productions and the Multinational Enterprises. London: Allen & Unwin,1981.

念,即优势概念①。邓宁的国际生产折中理论使用了以下三个概念:

1. 所有权优势

所有权优势(Ownership Specific Advantage)是企业对外投资的必要条件,指与其他外国企业相比,企业拥有更明显的资本、规模、市场、技术等方面的优势。在国际生产折中理论之中,邓宁强调的是属于知识资产的技术优势,如生产专利、特许经营权、管理组织能力和技术、商标权、技术创新能力等②。

2. 内部化优势

内部化优势(Internalization Advantage)包括专有技术、商标等特定的垄断资源。邓宁认为,国际企业的国际竞争能力来自于技术优势的内部化。这种技术内部化优势直接影响了国际企业选择国外投资的形式与规模,内部化优势越大,企业越容易发展国外直接投资。此外,邓宁认为结构性市场不完全、知识性市场不完全会促使企业加强内部化优势。

3. 区位优势

区位优势(Location Specific Advantage)是指国际企业选择不同的东道国所带来的优势。区位优势可分为"硬件"因素与"软件"因素,前者包括自然资源与基础设施等,后者包括人力资源、国家政策等,内容极其丰富并具有动态性。区位优势是一个相对的概念,决定了是否进行对外投资与投资地点的选择,以及对外直接投资的行业、部门和规模。

邓宁认为决定国际直接投资的三个要素之间是相互联系、密不可分的。可以用公式表示为国际直接投资=所有权优势+内部化优势+区位优势。如表1-6所示,一个企业所拥有的所有权优势越大,将其资产内部化使用的可能性越大,从而在国外利用其资产比在国内可能更为有利,就越有可能发展外商直接投资。如果本国企业在这三个方面全部处于劣势,则最好吸引国外直接投资。上述公式还可以说明一国企业对参与国际经济方式的选择,即将对外贸易、技术转让、国际直接投资三者有机结合起来。企业国际直接投资必须具备所有权、内部化和区位三种优势;而出口只需要具备所有权和内部化优势,不一定需要区位优势;如果企业只具备所有权优势,既没有能力使之内部化,也不能利用国外的区位优势,则最好采用许可证贸易方式进行技术转让③。

表1-6 邓宁三优势模式

企业活动 \ 优势	所有权优势	内部化优势	区位优势
国际直接投资	√	√	√
出口	√	√	
无形资产转让	√		

资料来源:Duning,J. h. International Production and the Multinational Enterprises,George Allen & Unwin,London,1981.

① 黄健康.国际直接投资与中国产业国际竞争力研究[M].兰州:兰州大学出版社,2006:7.
② 冯雷鸣,范徵.跨国公司管理[M].北京:北京大学出版社,中国林业出版社,2008:26-27.
③ 孔淑红,曾铮.国际投资学[M].北京:对外经济贸易大学出版社,2005:148.

国际生产折中理论把国际直接投资的决定因素与各国经济发展的阶段和结构联系起来考察,分析了各国国际生产或国际直接投资的动态性质,指出各种优势的动态结合必将引起该国在国际直接投资格局中的战略地位变化。其特色在于平庸的折中和杂烩式的兼容,就理论形态而言是比较完整和成熟的。该理论在运用统一的理论解释整个国际经济活动方面,做出了重要的贡献,具有理论意义,因而在现代国际企业和国际直接投资研究领域中被认为是最完备的模式。但是邓宁的理论并不是一种独辟蹊径的新论,故尚不能称为"通论"[①]。

正确认识国际企业理论有助于对实际生活中的国际贸易政策与现象进行分析,有助于对国际企业的成长规律、路径、战略行为和策略进行深入理解与研究,有助于指导国际企业的对外直接投资活动和资源配置,加强对国际企业的监管,对正确认识中国国际企业具有重要的理论意义。

本章课后习题

一、关键词

国际企业、国际贸易理论、国际直接投资理论

二、复习思考题

1. 国际企业的定义以及与跨国公司的关系是什么?
2. 简述国际企业的形成与发展历程。
3. 国际企业的理论体系分为哪两个方面以及每个方面包括哪些具体的理论?

三、讨论题

20世纪90年代以来,中国企业在海外蓬勃发展,在这一阶段,中国形成了很多新的国际企业。试举例说明中国国际企业的国家化发展历程,并说明在每个发展阶段中运用了哪些理论。

---

① 王涛生,许南.跨国经营理论与实务[M].长沙:国防科技大学出版社,2005:41.

第二章 国际企业的环境分析与战略选择

【本章提要】

国际企业处于复杂多变的商业环境之中,面对着众多机遇和挑战,因此,企业环境的分析和战略的选择就至关重要。国际企业不仅要对所处的国际环境进行动态分析和判断,还要顺应环境变化,使发展的战略与环境相匹配。

国际企业的环境分析主要包括政治环境分析、经济环境分析、文化环境分析和技术环境分析。不同层面、不同方面的环境因素会对国际企业的发展形成限制和约束。而针对特定的环境和发展阶段,国际企业可以选择不同的进入战略和成长战略实行全球化。

【学习目标】

通过本章的学习,学生应该:

1. 了解影响国际企业经营的环境因素。

2. 了解国际企业战略的类型,理解不同战略的意义。

3. 熟悉国际企业战略管理的流程。

【开篇案例】

中国能否再次成为游戏机企业的天堂

2000 年对于索尼、微软和"任天堂株式会社"来说,无疑是受创的一年,也是十余年噩梦的开端。中国众多的游戏机玩家曾经给游戏机厂商创造了巨大的利润,吸引了众多跨国游戏企业积极规划中国市场的开拓和发展。然而中国政府发布"游戏机禁令"却是大多数跨国游戏企业所始料未及的,而且一禁就是十三年。在这十三年中,面向中国国内的电子游戏设备及其零、附件的生产和销售都被叫停。

2014 年初,国务院办公厅正式发布通知,对电子游戏产品的规定进行调整,我国长达十三年的游戏机禁售规定终于正式解除。然而三大电子游戏厂商却没有立刻对此做出"大动作",只是密切关注相关政策的发布和实施,着手战略的部署。人们不禁猜测,政策的变化,是否能将中国再次变为游戏机企业的天堂?

案例解读:可以看出,跨国企业在不同国家和区域发展业务会受到当地商业环境的影响和限制。跨国企业的发展战略也要随着环境的变化不断选择和调整。

国际企业的经营业务发生在多个国家,因此,业务的进行和完成往往要受到不同国家环境的影响。全球商业环境瞬息万变,不同的环境要素对企业产生着不同程度的影响。为保证企业的经营顺应全球市场需求,规避不同环境的约束和限制,国际企业要时刻关注国际环境的特点和走向,及时调整企业经营战略,确保战略与环境的匹配。

第一节 国际企业的环境分析

国际企业所处的环境包括自然环境和社会环境,其中自然环境属于不可控因素,本书不予探讨;社会环境主要包括政治环境、经济环境、文化环境和技术环境。有学者认为人际环境(谭力文等,2009)[①]和法律环境(弗雷德·卢森斯等,2009)[②]也应与政治、经济环境并列考虑,本书认为这些元素可以归于文化和政治环境中分析。

国际企业的生存环境与本土企业相比有很大不同,主要表现为:政治压力较大、资源使用敏感、文化差异明显、技术结构不同等:①政治压力较大主要是由不同国家政治体制、政策、党派权力等产生的。国际企业要在不同国家开展业务,必须得到东道国政府的认可,因此不同政府的政治主张、要求等就会对国际企业产生很大的影响。②资源使用敏感是指每个国家都会有意识地保护本国的资源,国际企业尤其是跨国公司,或多或少会使用和污染东道国的资源(人力资源、自然资源等),导致东道国的资源受到损耗,因此国际企业对不同国家资源的使用就具有了一定的敏感性。③文化差异源于不同国家不同的历史和文化渊源,价值观和信仰的差异会对沟通、处事方式的判断产生影响,进而对国际企业的运营产生一定程度的阻碍。④技术结构的不同主要影响制造业企业和高科技产业企业的跨国运营,不同国家具有不同的科技水平,出于对本国或本企业科技开发成果的保护,技术流动的瓶颈始终存在,对国际企业的跨国运营产生了制约。

一、政治环境

政治环境指在一定区域内,由政治管理者的特性、管理方式、政权和管理状态等一系列因素构成的政治体系,以及这个体系产生的影响和氛围。一国的政治环境要素包括政治制度、政府体制、法律法规制度、政权稳定性、党派力量等。这些要素从不同角度、不同程度对国际企业产生影响。本书将从政策支持、政治风险和其他政治影响三个角度对这些要素的影响进行分析。

(一)政策支持

东道国之所以会为国际企业提供政策支持,是因为国际企业为东道国带来了很多利

---

① 谭力文等.国际企业管理[M].武汉:武汉大学出版社,2009:37-51.
② 弗雷德·卢森斯,乔纳森·P.多.国际企业管理:文化、战略与行为[M].北京:机械工业出版社,2009:34-38.

益,如为东道国补充大量资本、提升东道国人力资本质量、促进东道国技术进步等。东道国为了吸引外资,引入跨国公司,会为国际企业创造支持性的商业环境和政策。

早期,东道国为了吸引 FDI,直接向跨国公司提供激励性的支持,帮助跨国公司提高特定 FDI 的收益率,如减免跨国公司的税收、减免部分关税,提供政府资本支持,等等;后期,部分国家开始展开以规制措施辅助财政激励的 FDI 吸引竞争,如改革外国投资者进入和成立的条件、改革贸易政策等,并在不同程度上开放一些传统上不对外开放的行业(如通信、运输等公共事业);近些年,东道国开始意识到跨国公司和东道国之间资源互通的重要性,并逐渐鼓励当地企业通过市场关系与跨国公司形成供给关系。这种关联有助于跨国公司子公司的良性发展和资源利用,进一步提高 FDI 收益率①。

(二)政治风险

政治风险是跨国公司所遭遇的政治负面影响的表现。罗伯克将政治风险定义为:因东道国政府主权行为导致外国企业减少的随时可能发生的潜在可能性②。《布莱克韦尔国际企业管理百科辞典》对政治风险的定义是:政治风险与政府采取的行动有关,这些行动拒绝或限制投资者或所有者的权利。最主要的政治风险包括:战争、革命、恐怖主义事件、政府对资产的剥夺(征用、国有化或没收)、限制把某国内的利润或其他收入向其他国家流动③、制裁等。

不同的政治风险给国际企业造成不同程度的损失,这些风险存在着潜在性和随机性:其一,战争、革命以及骚乱、恐怖主义事件等,主要源于东道国内部或其他国家与东道国之间的政治派别、宗教纷争。虽然国际企业往往与这些事件无关,但很有可能被牵扯到冲突之中,人员和资产都容易受到极大的威胁和伤害。这种损失大多出现于政权不稳定、民族冲突多的国家和地区。其二,政府对资产的剥夺行为分为有补偿的剥夺行为和无补偿的剥夺行为,前者主要表现为征用和国有化,后者主要是没收行为。征用是东道国在一定期限内对外资公司进行有偿控制的行为,主要是对外资公司的使用而不是占有;国有化是指东道国将某外资企业购买为自己所有的行为。没收是东道国政府将外资公司占有而不进行任何补偿的行为。无论是哪种剥夺行为,都会导致国际企业的资产大量减少。其三,限制外资公司将在东道国产生的利润或收入向母国转移一般来说表现为两种形式:禁运和货币不可兑换。随着国际贸易的发展和跨国公司的发展,前一种政治风险已经大量减少,后者和东道国的财政政策和货币兑换行为有关。这种行为会导致跨国公司的子公司与母公司资金流通受阻。其四,制裁是东道国政府对外资企业施加压力的行为,通过一系列的规定和特殊政策要求外资企业大量缴纳费用,或限制外资企业使用部分资金。最严重的制裁结果有可能导致外资公司破产。

---

① 冼国明,葛顺奇. 跨国公司 FDI 与东道国外资政策演变[J]. 南开经济研究,2002(1):3.

② 田泽,马海良. 国际企业管理——文化、战略与行为[M]. 北京:清华大学出版社,北京交通大学出版社,2012:43.

③ 约翰·J. 奥康奈尔. 布莱克韦尔国际企业管理百科辞典[M]. 北京:对外经济贸易大学出版社,2001:246.

（三）其他政治影响

这里的其他政治影响并不对国际企业产生绝对好或绝对坏的影响,但也是国际企业不可忽视的、需要考虑和适应的因素。

1. 政治制度

当今世界主要存在两种国家政治制度,即社会主义政治制度和资本主义政治制度。社会主义国家主要包括中华人民共和国、越南社会主义共和国、古巴共和国、老挝人民民主共和国等;资本主义国家主要包括美国、英国、日本、意大利、德国、荷兰等。

社会主义国家和资本主义国家对于国际企业的影响在于政府力量和开放度不同,社会主义国家政府往往对资本和市场有较强的宏观调控,政府干预较资本主义国家明显;社会主义国家反对资产阶级对劳动人民的剥削,因此对垄断和寡头的出现也较为敏感,处理方式也较为强硬;对国家基础设施建设,社会主义国家往往进行国有控制,不允许道路桥梁建设、通信、医疗等行业完全私有化,这点也与资本主义国家有很大不同。

针对以上情况,国际企业在进行国际业务布局时,应考虑到东道国的政治制度可能对本企业、本行业的限制和管理,对涉足的行业类别、行业发展、自身发展速度、发展规模等都要进行严谨的计划,规避可能的政治风险。

2. 党派力量

党派力量与执政当局的关系密切相关,因此也对一国的政治局面和商业环境有很大影响。如在民主国家,往往存在两个以上的政党,通过民主选举决定管理国家的政党和当权方;在极权国家,则只有一个政党当权,党派力量的强弱和党派能力的高低会直接或间接地影响到政局的稳定。在一些国家,除了执政党,还存在反政府党派,这种情况比较极端,由于执政党派和反政府党派的关系尖锐,致使这些国家的政局动荡,商业环境也不稳定,容易给跨国公司带来很多问题。即使是党派关系不那么尖锐的多党派民主国家,为了争夺执政权力,各党派也会对商业施加自己的影响,如果国际企业看不清局势,做出错误的投资和合作决策,有可能给自己带来很多发展的障碍。即使是极权国家,当权政党的腐败程度、管理能力等也会通过政策和管理的执行等方面表现出来,对国际企业产生影响。

3. 法律体系

在国际商业活动中,法律体系对跨国公司的影响主要表现在东道国政府对跨国公司设立程序和运行的管理。不同国家的法律体系完整性和执行情况不同,这就直接导致跨国公司的设立面临着不同的约束条件,运行也会受到各种约束。如美国非常重视反倾销和版权保护,管理力度很大,在开展美国的跨国业务时就要格外注意其法律制度,避免受到制裁。一国政府对腐败现象的制裁力度和对环境保护的重视程度也间接影响到跨国公司设立和运行的难易。因此,国际企业不可以忽视东道国法律体系的相关情况,对条文和执行状况都要有很好的了解。

值得说明的是,政治制度和党派力量并不一定会给国际企业带来绝对好或者坏的影响。国际企业在规划国际业务时要对自身和所选国家的情况有良好的了解和理解,规避政治风险。具体而言,国际企业可以从以下几个方面进行政治风险的预防和控制:①在进行战略布局时,构建科学的风险评估体系,综合判断东道国政治风险,尽量减少在风险大的国家布置业务;②尽可能利用东道国有利的政策和优惠条件,提高自身投资获利能力,同时打造国际良好形象;③充分进行"本土化",通过增加当地人力资源的使用,减少可能的抵触情绪,并利用本地人才对当地情况的了解,减少政策环节的无用功;④善于使用海外投资保险制度。海外投资保险制度是资本输出国政府对本国海外投资者在国外可能遇到的政治风险提供保证或保险,若承保的政治风险发生,则由资本输出国国内的保险机构补偿其损失的制度。国际企业要善于利用这种保护制度,转移政治风险。

二、经济环境

经济环境与政治环境互不可分,作为商业发展的基础,经济因素同样对国际企业有着很大的影响。与政治环境所不同的是,经济环境在不同层面有不同的表现和影响力量,全球经济的整体局势和不同国家的经济情况都需要国际企业的关注。

(一)世界层面经济环境

世界层面的经济环境主要强调世界范围的经济整体状态和趋势,虽然不同的国家有不同的经济发展速率和起点,但无一例外地要受到全球经济浪潮的冲击和影响。本书主要从经济增长与经济危机、国际经济组织这两个方面探讨世界经济对国际企业的影响。

1. 全球经济增长与经济危机

全球经济增长与经济危机以全球经济一体化为前提,在各国将本国经济大门敞开的过程中,工业生产和国际贸易的规模不断扩大,不同的经济体呈现出越来越相似的发展趋势。各经济体相互促进,也容易受到其他主体的影响和大趋势的波动。如2014年2月,中华人民共和国国家统计局发布的报告显示,2013年世界工业生产增长速度放慢,增长率比上年放缓0.6个百分点,其中发达国家增长速率放缓1个百分点,发展中国家放缓0.1个百分点[①]。从这组数据可以看出全球经济一体化发展的痕迹。又如近十余年由石油价格和金融系统的波动带来的各国经济繁荣和受挫,都是世界层面经济环境的表现,而这种波动也会给国际企业的经营带来一定的机遇和挑战。

正是由于全球经济一体化的现状,导致国际企业对全球经济增长和经济危机的关注主要集中于纵向布局,即对经济整体发展趋势的估计影响国际企业对外投资时间的选择和评估。在整个世界经济发展势头上扬的阶段,国际企业可以依托生产和贸易的繁荣大范围开展跨国业务,借助良好的经济走势和汇率市场的作用,不断扩大资金和资源的使用;在遭遇经济危机时调整战略,以更平稳的投资保障资金链条和市场。

2. 国际经济组织

国际经济组织在世界层面的经济环境中起到非常重要的引导和管理作用,它们在不

---

① 中华人民共和国国家统计局.地区格局悄然变化　增长动力略有增强——2013年世界经济回顾及2014年展望[EB/OL]. http://www.stats.gov.cn/tjsj/zxfb/201402/t20140227_516899.html.

同程度和不同范围维持着全球经济秩序,并帮助各经济体完成凭一国之力无法完成的工作。国际经济组织有三种类型:

(1)论坛型。论坛型国际组织使会员国聚集在一起,讨论并解决一些主要的全球经济问题。代表性组织有世界贸易组织(WTO)、石油输出国组织(OPEC)等。

(2)独立权威机构型。独立权威机构型组织是多国权威管理机关,完成一国之力无法完成的职能。代表性组织有国际货币基金组织(IMF)、世界银行(WBG)等。

(3)多国联合型。多国联合型组织由某些特定国家作为成员国组成,在这些特定国家中进行政治、经济的管理等工作。如欧盟(EU)、经济合作与发展组织(OECD)、北美自由贸易协定(Nafta)等①。

大部分国际经济组织主要在各国贸易壁垒、关税、金融系统等方面发挥作用,为组织内成员国提供一定的优惠,同时也对成员国的跨国商业行为进行约束和管制。国际企业在不同的组织管理下得到不同的发展机会和限制,这些是企业无法选择的,但是可以对这些优惠和条件进行分析,促进自身发展。

(二)国家层面经济环境

在世界层面的经济环境之下,每个国家也有自己独特的经济体系和经济结构,不同国家经济体系之间的差异给国际企业的跨国业务带来或正面或负面的影响。这些差异主要体现在经济体制及经济开放性、资金与劳动力资源和汇率水平。

1.经济体制

一国的经济体制决定了该国资源的占有形式、生产、流通和分配,也规定了经济中各主体之间的利益关系。按照资源占有方式与资源配置方式的组合分类,经济体制可以分为四大类:公有制计划经济体制、私有制计划经济体制、公有制市场经济体制、私有制市场经济体制。现有的大多数资本主义国家属于私有制市场经济体制,但也不放弃必要的政府宏观调控,多数社会主义国家坚持公有制下的市场经济体制或计划经济体制。我国现行的经济体制是以公有制为主体、多种所有制经济共同发展,是在公有制基础上共同发挥市场和政府的作用。

经济体制的根本导向决定了该国的宏观调控手段、经济政策等一系列经济因素,尤其是对本国经济、资源的保护力度。这些因素对跨国公司在东道国的发展起着至关重要的影响。在政府宏观调控较强的国家,经济体系的开放程度较低,政府会为了保护本国利益对资源的国际流动实行管控和干预,并对大型的跨国公司实行严格的监管,防止垄断、恶意兼并、恶意控制市价、意图涉足本国关键领域等现象出现,此时国际企业的海外战略就有可能受到干扰和打断。经济体制还影响了一国市场的竞争自由度和劳动力市场的自由性,这些也会间接影响跨国公司在东道国的发展。

2.资金与劳动力资源

不同国家的资金与劳动力资源禀赋不同,这种不同不仅体现在总量上,还体现在结构

---

① 金润圭.国际企业管理(第二版)[M].北京:中国人民大学出版社,2009:81.

上,二者共同影响着国际企业的海外战略和运行。

国际企业在东道国进行产品的生产和销售,往往需要占用当地的资金和劳动力资源,这些资源的充裕度和价格会影响到国际企业的运行成本,因此对目标国家资源的分析和研究也是不可或缺的。例如很多大型跨国公司在伦敦、巴黎、东京、中国香港等地设立机构,主要因为这些区域存在全球性的金融中心,金融体系发达,跨国公司进行资金、资本操作时更为便捷。又如在近 30 年中,很多大型跨国公司将中国作为开设海外机构的目的地,一个重要的原因就在于中国有丰富的资源,尤其是劳动力资源。这些资源价格较国际水平更低廉,在中国设立工厂可以极大地降低生产成本。随后,低廉的人力成本也将印度等国家变为世界工厂。

每个国家都存在着资源的稀缺,这种稀缺是由资源结构、政府的配置和管控等因素导致的。这种稀缺性主要决定了国际企业设置海外机构的类型和资源的使用。例如,在十几年前,中国劳动力资源虽然丰富,但素质水平较低,知识型员工较少,大部分劳动力的价值还停留在体力而非脑力上。因此很多跨国公司倾向于在中国建立工厂,雇用大量中国劳动力从事生产工作,而非研发、创意等工作。近些年,随着中国劳动力素质的整体提高,一些跨国公司开始与中国的高校、研究所合作,或自行建立研发中心,在中国投入大量的 R&D 资金。据商务部统计,2010 年跨国公司在华设立的各类"研发中心"已超过 1200 家[①]。

3. 汇率水平

外汇市场是货币交换的金融系统,汇率可能会受到一国利率、国际收支状况、市场判断、国家政治稳定性等多种因素的影响。国际企业可能无法通过一己之力影响汇率水平,但国际企业的生存、发展却时时刻刻受到汇率水平的影响。由于国际企业的业务涉及两个或以上的国家,货币和资金需要在国际流通,且流通金额巨大,因此汇率水平的细微变化都会影响到国际企业的总资产。国际企业进行跨国业务时需要考虑汇率水平,选择东道国和资金流通方向,合理利用汇率还可以增加企业资金。

三、文化环境

与政治和经济环境相比,文化环境对国际企业的影响更为微妙,文化影响力往往渗透在国际企业经营的很多细节之中。文化因素主要体现在有人参与的活动中,不同的文化通过人的观念、行为特征而有所区分,也可以说文化因素体现在人际关系之中。对于国际企业来说,文化环境决定了国际企业与各方利益相关者沟通和处事的策略。在不同的宗教信仰、价值观、语言、教育及管理理念之下,国际企业需要调整开展业务的方式,根据不同的文化环境选择对方更易于接受、更认同的工作方法。

(一) 政府及相关部门

不同文化的差异体现在政府及相关部门的管理理念和执行活动中,文化不仅从根源

---

① 章文光.跨国公司在华研发人才本土化战略的人力资源效应[J].山东社会科学,2011(8):128.

上造成一国政治体系和经济体系的不同,也使政策、规定、办事流程有所区别。如在欧美国家,法律与利益是管理部门的主导准则,情感因素和人情因素在这些国家的管理中发挥作用较小;然而在亚洲国家,情感和人情是管理情境中不可忽略的因素。因此,在亚洲国家中开展业务还必须了解潜在规则,实行管理的本地化。

(二)合作伙伴

对于商业伙伴的选择,不同文化背景下的公司也会有特定的习惯和风格。如一些国家的企业管理者更倾向于利益主导,从公司发展的战略角度出发,以数据和理性分析作为挑选商业伙伴的标准。另一些国家则更愿意选择在价值和管理理念上与自身相契合的合作伙伴,更加注重共同成长。除此之外,不同国家的供应商和渠道商也有其不同的合作理念和习惯,如有些国家的供应商和渠道商十分强势,这也会影响到国际企业在海外业务的拓展和布局。基于此,国际企业要了解东道国商业主体的运作风格,选择适合自己文化和理念的合作伙伴。

(三)员工

对不同国家的员工进行跨文化管理、充分发挥员工价值是国际企业管理的一个热点问题。虽然国际企业中有来自各国、各种文化的员工,管理起来较为复杂,无法在工作中顾全所有员工的要求。但是国际企业应该避免触犯员工的文化禁忌,营造宽松的文化,为语言障碍者提供语言培训,防止员工归属感消退的现象出现。除了文化差异,国际企业的管理还应该避免在性别、种族等方面出现歧视性的言语和行为,不同国家员工对于这些敏感话题的关注程度不同,需要格外注意。

(四)消费者

消费者需求决定产品的市场属性,因此国际企业必须研究拥有不同文化观念的消费者群体,以市场调研为基础理解消费者的真正需求。对于同一种产品,来自不同文化的消费者往往拥有大相径庭的需求。如美国、英国崇尚个人主义,家庭规模普遍较小,大多是两代人居住在一起,而中国、日本等国家喜欢集体生活,有很多三四代人共同居住的家庭,这就出现了不同国家消费者对家具、家电、汽车的容纳量需求不同的现象。又如,大多信仰伊斯兰教的国家认为妇女衣着应该保守,不宜张扬,而韩国、美国等国家的青年人则追求时尚、美感,这些不同文化的消费者对于服装的设计和制作的要求也就有了很大的差异。

四、技术环境

全球范围的科技进步给国际企业的生存环境带来了极大的改变,使国家之间的业务往来更加便捷、频繁,商业环境更加融合。总体而言,国际企业的技术环境更为开放和多变,技术的外部性更为明显。科学技术对商业环境的影响可以分为两大类:直接影响,即促进各国信息流通和交流,以及间接影响,主要是对劳动力结构的改变。

(一)直接影响

信息技术的进步和快速发展是科技进步的一个重要表现,电信和互联网对商务往来起到了极其重要的促进作用。全球商业环境瞬息万变,信息的传递和决策的制定往往分秒必争,移动电话和互联网帮助公司管理者们及时得到商业情报,了解市场、金融、政策的变化做出正确的决定。同时,随着电子商务的发展,B2B、B2C、C2C,甚至更为复杂的C2B2C 模式逐渐出现,极大地拓展了商业网络,将更多的主体加入到业务关联中,这给国际企业带来了极大的机遇。

科技进步同样也给国际企业带来了很多风险和挑战,主要表现为:

1. 安全漏洞难以杜绝

现代商业活动的资金转移大多使用互联网和金融系统进行,这些服务虽然快捷,但难以避免安全漏洞的存在。无论是技术的缺陷还是人为导致,互联网支持的交易活动隐匿性更强,证据更容易销毁,出现问题后也需要一定的时间解决。

2. 商业机密不易保护

虽然电子商务服务的提供者非常注重保护客户隐私,但是偶尔也会出现被黑客盗取商业信息的情况,将数据存入计算机和网络云端的安全性尚未达到万无一失的程度。

3. 现有技术遭到打击

熊彼特认为,经济创新不断地破坏着旧的经济结构,新的技术和创新虽然能够以更高的盈利/成本比值带动经济,但也对现有的技术和生产形成了打击力量,而现有的技术和生产也是经过一系列的研发和投资得来的。创新的速度如果过快,周期过短,容易造成经济要素投入的浪费。

4. 外溢效应打击创新

由于跨国公司的技术创新存在外溢效应,使东道国大大获益,这也间接地提高了跨国公司的研发成本,对创新活动的积极性形成了一定的打击。

(二)间接影响

科技进步的一个主要间接影响体现在对劳动力结构的影响。科技的进步首先节约了人力资本,机器可以以高效率和高标准代替大量人力资源的劳动,因此会造成一部分体力工人的失业,使现有劳动力市场出现不平衡,使用体力的工人供给大大增加;其次,对创新的需求提高了企业对知识型员工的需求,然而知识型员工需要更高的人力资本投资,培训周期更长,导致创新型人才供不应求。科技进步通过这两方面的影响潜移默化地改变着世界劳动力结构和劳动力市场结构,反过来又受到劳动力结构变化的影响。

第二节　国际企业的战略管理

"战略"一词最早用于军事,强调战争中对全局的统筹,战略的制定往往决定了一场战争的胜败,由此可见战略的重要性。对于企业来说,企业战略同样发挥着引领企业方向、决定商场胜败的作用。现今,国际商业环境更加复杂多变,要在世界范围内稳定发展,需要国际企业综观全球商业趋势,充分分析所处环境,进行适合自身情况的战略管理。

一、全球战略

需要制定全球战略的主要群体是跨国公司,跨国公司有大量的海外规划和海外业务,需要对全球的商业环境有合理的分析和业务布局。制定全球战略有助于跨国公司充分利用全球资源和了解全球市场:首先,不同国家和地区拥有不同的资源优势,这些资源优势往往可以帮助企业以较高的收益/成本比率进行研发、生产、销售等活动,跨国公司可以通过海外业务充分利用这些资源优势;其次,不同国家和地区有不同的市场特征和需求,跨国公司可以通过海外市场的拓展,突破红海,寻找新的销售增长点。同时,充分利用产品生产周期还可以延长产品盈利期,将在发达国家要被淘汰的产品转移到欠发达的国家销售,充分弥补产品研发成本。

(一)全球战略的定义与类型

跨国公司的全球战略,指跨国公司在全球范围内进行资源的最优化配置,以期达到长期总体效益的最优化,即在正确战略思想指导下,在科学分析国际经营环境和自身经营条件的基础上,为求得长期生存和发展而做出的总体、长远的谋略[①]。

全球战略可以从多个角度进行分类,竞争战略之父迈克尔·波特(2007)指出,全球性产业主要有四种战略选择,即宽系列的全球竞争、全球集聚、国家性集聚、保护下的局部一隅市场。其中,宽系列的全球竞争强调了开展全球化业务的优势,以固有的丰富资源打开全球市场,实现差异化或总体低成本的目标;全球集聚是以全球市场为基础,以一个细分市场为重点,实现低成本或细分市场中的差异化;国家性集聚从国家性市场的差别出发,以某个独特的国家性市场为重点形成差异化或低成本;保护下的局部一隅市场把东道国的限制政策作为可利用的天然壁垒,将这些限制作为一种保护,保证差异化或低成本的实现[②]。

田泽、马海良从公司偏离战略起点程度、战略涉及地区范围、战略成功关键因素、战略

---

① 田泽,马海良.国际企业管理——文化、战略与行为[M].北京:清华大学出版社,北京交通大学出版社,2012:115 – 123.

② 迈克尔·波特.竞争战略[M].陈小悦译.北京:华夏出版社,2007:274 – 275.

符合主客观条件程度这四个角度进行全球战略的划分,得到 19 种全球战略类型,如图 2 - 1 所示。

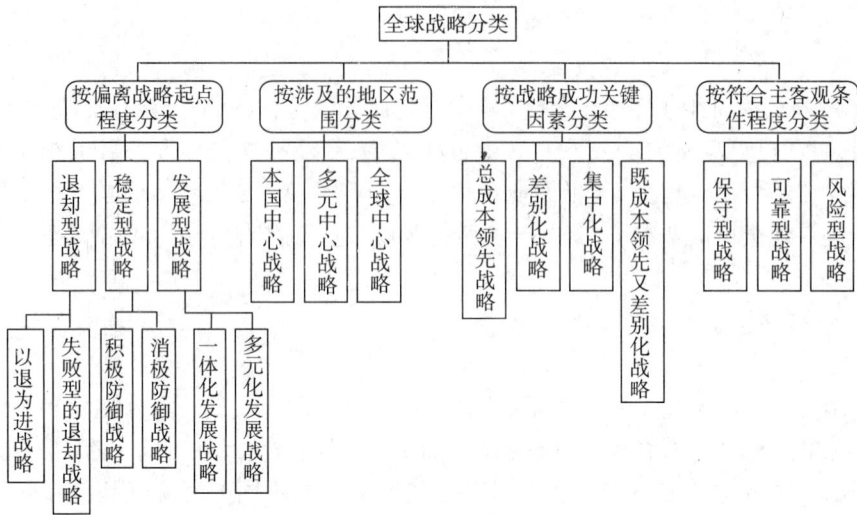

图 2 - 1   跨国公司全球战略分类

巴特利特和科斯特(Bartlelt & Ghostal,1989)以成本压力和地区调适压力两个维度进行划分,将国际企业的基本战略分为四种,即国际战略、多国战略、全球战略、跨国战略。其中,国际战略强调跨国公司通过向国外市场转让有价值的技能和产品来创造价值;多国战略重视地区覆盖的最大化,不断适应不同的国别条件;全球战略通过实现经验曲线经济和区位经济降低成本;跨国战略强调在资源从母公司流向子公司的同时,也要实现资源从子公司到母公司的流动,如图 2 - 2 所示。

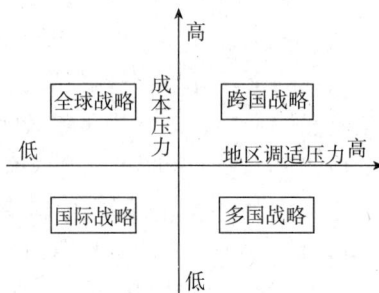

图 2 - 2   四种基本的国际企业战略类型

全球战略存在多种分类方式,然而对于企业的实践而言,总战略之下的进入战略和成长战略最为重要。因此,本书主要从国际企业的进入战略和成长战略两个方面分析国际企业如何实行全球化、拓展业务区域。

（二）进入战略

一般而言,国际企业选择进入海外市场的原因有开拓海外市场、利用海外资源、避开贸易壁垒、延长产品寿命等,选择适合的东道国对国际企业的业务拓展十分重要。然而,在大多数国家中,自然资源、人力资源、政府关系、企业群体等因素已经形成一个相对稳定的商业生态环境,为保证民族企业的发展、保护本国资源存量,政府或多或少会对国际企业的进入实行限制。正因为如此,国际企业应根据东道国的环境和自身总体战略的内容,制定具有可行性的进入战略,选择合适的进入方式。较为常见的海外进入方式主要有贸易进入(进出口贸易)、授权进入和投资进入。

1. 贸易进入

贸易进入的方式是最常见、最简单的海外进入方式,包括出口和进口,如表2-1所示。

（1）出口是国际企业进入海外市场的主要贸易手段,又可分为直接出口和间接出口:①直接出口是由国际企业直接对接海外市场,由本企业的员工负责开拓海外销售渠道,主要的方式有成立企业的出口部门、设立海外办事处等。这种方式可以帮助企业积累海外市场渗透的经验,及时得到海外市场的信息反馈,有利于企业的战略、策略变化。②间接出口指国际企业选择中间商进行产品的海外销售,并不使用自己的员工或建立机构负责渠道、客户的维护。这种方式是专业化的一种选择,中间商往往拥有大量的渠道和客户资源,十分熟悉海外市场,与中间商合作可以节约成本、降低风险。

（2）进口是一种间接的贸易进入方式,从资源流动的角度来看,国际企业在进口时并未渗透海外市场,但在进口海外资源、产品零配件和半成品的过程中,国际企业与海外的供应商、研发商已经形成了合作关系,这也有利于国际企业品牌的海外渗透。

表2-1　国际企业贸易进入海外市场的具体方式

贸易进入海外市场的方式		具体操作	优势
出口	直接出口	设立企业的出口部门,或在海外设立办事处等	积累海外渗透经验,及时得到海外市场反馈
	间接出口	寻找中间商	节约成本,降低风险
进口		与海外供应商、研发商合作	有利于品牌海外渗透

2. 授权进入

授权进入的具体方式主要有技术授权、特许授权和人员使用授权三种形式。

（1）技术授权。又称为许可证协议、许可证贸易、专利授权,是指技术、专利所有人在不转让所有权的前提下,依据专利法及其他法律的规定,采取与被授权者订立技术、专利实施授权合同的形式,允许被授权者在合同约定的条件和范围内实施其技术、专利的一种交易行为。技术授权实质上也是一种出口,但出口的并不是产品,而是技术、知识等。由于这些国际企业(尤其是高新技术企业)往往掌握着较高水平的技术,在进入东道国之后可以为东道国带去新的技术和知识,因此往往受到东道国的欢迎。

技术授权涉及的产业产权和技术主要包括专利、商标、技术诀窍或专门知识等。授权方转让的是技术的使用权而非所有权,并且技术授权常与贸易进入和投资进入的手段结合使用。按照技术授权收费的方式不同,可以将技术授权分为三大类,即固定费用授权、提成费用授权和混合费用授权。固定费用授权是技术授权方向被授权方收取固定数额的授权费;提成费用授权是授权方按照被授权方对技术的使用情况,按照产品数量或收益进行一定比例的提成收费;混合费用授权则是前两种方式的结合①。

(2)特许授权。又称特许经营,是特许方将自己拥有的商标、专利、生产方式等授权给被特许方使用,要求被特许方在使用过程中按照一定的要求、规定进行,并向被特许方收取一定使用费用。特许授权一个独特之处在于,特许方需要对被特许方进行授权内容的培训,传授其生产和经营的方式,并要求对方按照自己固定的业务模式生产经营,尽力保持授权关系发生在一个统一的、固定的经营模式之下。常见的特许授权收费模式是由被特许方预支一部分费用,随后以利润的一定比例向特许方支付。

(3)人员使用授权。主要是指国际企业以合同安排为主的、通过承包和咨询等形式拓展海外市场的方式。出现较多的是以劳务合同为基础输出劳动力,或通过签订合同向海外企业提供咨询服务,或通过管理合同为海外公司提供专业人才和管理经验。

3. 投资进入

对外投资进入包括对外直接投资和对外间接投资两种形式。

(1)对外直接投资是国际企业在东道国投入资本、资源等,建立受本企业控制的分公司、子公司或海外机构,或通过购买海外公司的股权,实现对海外公司的控股。对外直接投资的主要方式有:①开办独资的分公司、子公司或分支机构。这种方式的优点在于开设的海外机构直接受到母公司的控制,减少了利润被分割的风险和问题,缺点在于成本过高,需要投入大量的资金和人力资源。②与东道国公司合资或合作经营。这种方式可以充分利用东道国资源,通过与当地企业的合作减少与政府沟通过程中出现的问题,分担投资风险,更好地了解当地市场和政策,缺点在于合资双方的经营目标、战略计划需要高度统一,在经营过程中出现的冲突和分歧都会影响到合资企业的发展。③购买海外公司一定数量的股权,实现直接控制。这种方法不需要投入资金之外的其他资源,但需要对投资企业进行很好的风险和盈利评估,并要面对资金市场的价格变动,存在较大的风险。④并购海外公司。并购主要包括三种形式,即兼并、合并和收购。兼并是国际企业将海外企业吞并,后者不再存在法人资格,只是作为国际企业的一部分存在;合并指合并的两个企业共同构成一个新的实体;收购是国际企业对被收购的海外企业有控制权,但后者仍然保持企业法人资格。并购的方式可以帮助国际企业获得所需要的资源,且这些资源较为成熟,然而并购需要大量的资金,且存在较大风险,如表2-2所示。

---

① 柯忠义. 技术授权、技术创新与社会福利[D]. 暨南大学博士学位论文,2008.

表 2 - 2　对外直接投资方式对比

对外直接投资方式	优势	劣势
开办独资公司、机构	直接控制,减少利润分割分歧	成本过高
合资或合营	充分利用资源,分担投资风险,更好地实现本地化	要求双方经营目标一致,分歧影响较大
购买股权进行控股	只需要投入资金	需要较好的风险和盈利评估,风险较大
并购	可用资源成熟	需要大量资金,风险较大

（2）对外间接投资是指国际企业在国际市场上投资于股票、债券、基金等金融衍生产品,以获得收益的行为。这种投资不需要投入资金之外的其他资源,但需要投资方对被投资方进行很好的分析和评估,当购买被投资方的股票超过一定数量之后,这种间接投资就变成了直接投资中的控股形式。

（三）成长战略

西方学者对于企业成长理论的研究主要从两个方面进行:一是强调企业内部资源和资源使用能力,认为应从企业自身机制和管理入手促进企业的成长;二是强调企业所处外部环境的重要性,指出企业的成长战略必须与所处环境相匹配[①]。对于国际企业而言,其所处的商业环境更为复杂,因此需要国际企业拥有更强大的环境分析能力和判断能力。国际企业可制定和实施的成长战略主要有三大类:密集型成长战略、一体化成长战略、多元化成长战略。

1. 密集型成长战略

密集型成长战略是国际企业在现有领域的基础上寻求产品的开发或市场的拓展,从产品和市场的角度出发增加新的盈利点。密集型成长战略主要包括产品开发战略、市场渗透战略和市场开发型战略三种类型,如图 2 - 3 所示。

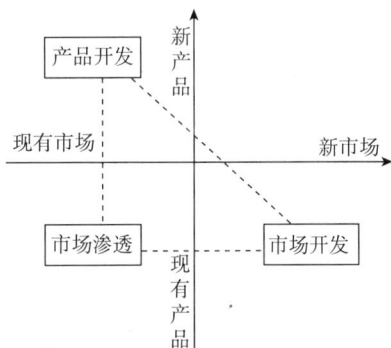

图 2 - 3　密集型成长战略类型

① 谢光亚,倪见. 发展中国家企业国际化成长战略模式选择[J]. 财经理论与实践,2007(3):101 - 105.

（1）产品开发型。产品开发型是在企业已有的市场中进行新产品的开发和推广,目的并不是拓展市场规模,而是更好地顺应已有市场的需求。市场结构和需求内容始终处于变化之中,仅对产品进行更新也可以帮助企业不断成长。产品开发的具体操作可以是增加产品的功能和品种、改进产品的造型、扩充产品规格种类等。开发新产品有时候也可以引导市场需求,激发已有市场中新的消费热点。

（2）市场渗透型。市场渗透型战略仍在已有市场中销售已有产品,但试图增加销量、提高获利,帮助企业继续成长。这种战略将重点置于销售手段和顾客群体,主要有三种方式:①针对已有顾客,试图通过促销方式增加其购买次数和购买数量;②提高品牌影响力,争取竞争者的顾客选择本产品;③开发潜在顾客,针对其未购买的原因进行产品价格、设计、购买方式等的调整,扩大购买群体。

（3）市场开发型。市场开发型是使用已有产品、不断开拓新的市场的战略形式。这种战略基于对产品生命周期的思考,通过选择不同的市场人为地延伸产品生命周期。如将在发达国家中已被淘汰的产品投放到欠发达国家中销售,虽然产品所包含的技术在发达国家中被淘汰,但在欠发达国家中仍处于较高层次,具有竞争优势。

采用密集型成长战略可以集中发挥企业资源的优势,同时也有其缺陷。①实行密集型成长战略的优点表现为:帮助企业在某个领域取得竞争;资源限制少,所需资源集中;战略规划和市场分析耗费较少的精力;如果所在行业发展前景好,企业的盈利可以得到保障。②密集型成长战略的劣势主要表现在:集中在一个行业中,如果该行业的发展出现问题,企业很难摆脱困境;产品有一定相似性,容易过时;当所在行业成熟后,难以进一步发展;可能面临严重的现金流问题①。

2. 一体化成长战略

一体化战略的中心思想是减少交易费用,通过与产业链中相关企业的合作、并购,拉长企业业务线,将原有组织与组织外的交易转变为组织内部交易,降低了费用,提高了效率。从产业链上下游的角度出发,一体化成长战略可分为纵向一体化和水平一体化战略两类,其中纵向一体化又可以分为前向一体化和后向一体化。然而对于国际企业而言,一体化成长战略的实施具有一定的难度,主要表现在与海外企业进行一体化时存在理念和管理上的差异。

（1）前向一体化。前向一体化指在产业链条中向消费者一方延伸的战略,这种延伸可能针对销售,也可能针对产品的深化。对于一些为下游企业提供原材料、半成品或一定种类完成品的国际企业来说,前向一体化战略很可能具有价值,重点是判断这些下游企业的盈利程度和双方合作的地位高低。如果下游企业的商业活动价值很高,或下游企业的议价能力高、资源占有多,国际企业就有必要考虑是否要实行前向一体化,在降低成本的同时获取更大价值。但在前向一体化的过程中,国际企业往往要处理多方关系,如与东道国政府、当地产业链中的多个企业的关系。专业性和渠道资源的限制也往往是国际企业前

---

① Jeffrey S. Harrison, Cathy A. Enz. Hospitality Strategic Management: Concept and Cases[M]. John Wiley & Sons, Inc., 2005:158.

向一体化时遇到的障碍。

（2）后向一体化。后向一体化是对产业链条上游的延伸，主要是通过自建原料工厂或者并购供应商的方式消除供应商对企业的限制和约束。这种战略不仅降低了供应商议价能力较强给国际企业带来的影响，同时也有利于企业自己控制原材料的供给数量和周期，尤其是保证特殊原材料的供应。但由于东道国会对当地资源实行保护措施，导致国际企业采用并购的方式会优于自建工厂的方式。

（3）水平一体化。水平一体化在减少交易费用的同时，还力求取得规模经济。对相关或优势产业的企业进行整合可以帮助国际企业获得更多资源，实现更优化的资源配置。但水平一体化涉及的范围较大，需要企业对所得资源进行规划，保证控制能力。

当完全一体化战略难以实现时，国际企业可以选择部分一体化的方式。部分一体化战略主要包括锥形一体化、准一体化和长期缔约：①锥形一体化允许企业在进行后向一体化的过程中，还可以依赖外部供应商，也就是同时选择内部供应和外部供应；②准一体化是指国际企业购买其供应商或经销商的一定数量股份，使自己的供应和销售得到保障；③部分一体化战略中的长期缔约要求缔约的双方保证排他性，即缔约双方不能再与对方的竞争对手合作①。部分一体化战略更为灵活，给国际企业一定的资源控制权，同时也降低了一体化的成本和风险。

3. 多元化成长战略

多元化战略帮助企业突破行业限制，不再拘泥于原有的业务范围。实行多元化成长战略的国际企业往往涉足多个行业，或涉足本行业的多个细分领域，试图同时占领多个市场，依托强大的企业品牌获得多个领域的成功。多元化成长战略又包括同心多元化战略、水平多元化战略和综合多元化战略三种。

（1）同心多元化战略。同心多元化战略是国际企业以其已有的产品、服务、技术、资源等为基础，开发新的产品以打开不同市场的战略。虽然新的产品与原有产品的用途和市场不同，但其所依赖的技术和资源有较强的关联。如从生产电视到生产电脑显示器，从生产汽车到生产工程机械等。

（2）水平多元化战略。水平多元化围绕市场进行，以现有市场的特征为中心，生产与原有产品有用途关联性的新产品。这种战略不进行市场的拓展，而是针对产品的用途进行产品种类的增加。如从生产灶具到生产其他厨房用具，从生产电脑到生产网络适配器等。

（3）综合多元化战略。综合多元化对国际企业的实力要求较强，是企业对其他行业的涉入，这些行业可能在技术、市场、资源等多个方面与企业并无关联。综合多元化战略要求企业有较强的资金实力和资源储备，风险最大，由于企业在其他行业的专业性不够，容易出现因信息不对称导致的评估失误和管理风险。

实行多元化战略对于跨国公司来说，有利于在多个国家和地区的多个行业占据一席

---

① Jeffrey S. Harrison, Cathy A. Enz. Hospitality Strategic Management：Concept and Cases［M］. John Wiley & Sons，Inc.，2005：163.

之地,扩大品牌影响,获得国际竞争地位,然而进行多元化也容易造成企业失去核心竞争优势、资金使用过于分散等问题。

二、国际企业战略管理流程

战略管理对于企业,尤其是对于国际企业而言十分重要,它从企业的内部状态、市场地位、组织间关系出发,明确企业存在的愿景、使命、目标,并帮助企业在各个发展阶段中不断调整方向和策略,应对竞争环境中的压力、科技进步带来的机遇和挑战。早期的战略管理主要来源于三种思想,即传统观点、资源导向观点和利益相关者导向观点,如表2-3所示。现在的战略管理概念包含了更多元素,要求企业对企业环境和商业环境有更为宏观的把握。战略管理并不仅仅指企业制定战略的过程,它是企业从环境分析、自我剖析到战略制定、战略实施、战略调整的一系列工作。战略管理也并不仅仅是高层管理者的工作内容,同时还需要企业中所有层级管理者的努力。

表2-3 战略管理的三种观点起源①

	传统观点	资源导向观点	利益相关者导向观点
起源	在经济学、商业规律和咨询公司指导下进行	由经济学、企业独特资质和一般管理能力而来	由商业准则和社会责任而来
对企业的看法	经济实体(无差别的)	一系列资源的集合体	企业和利益相关者组成
战略管理实施模式	对支持企业使命和战略的内外部环境进行分析	分析组织内资源、技能和能力;争取外部更优的资源等	分析经济和政治的影响、权益,以及利益相关者的各种需求
竞争优势来源	发挥优势,利用机遇,克服弱点及威胁	获取稀有的、难以被模仿的资源、技能和知识	建立与利益相关者更为亲密、信任的联系,促进业务往来,创造高绩效

(一)环境分析

已有的企业战略类型众多,需要企业结合自身情况进行选择,因此战略管理最初阶段的重点在于企业要对组织内部资源和外部环境有准确的分析。环境分析有助于企业找到发展的机会和阻碍,根据自身情况选择业务突破口,避免不利因素的重大冲击。常见的组织内外部分析工具有SWOT分析模型、PEST分析模型、PESTEL分析模型等。

1. SWOT分析模型

SWOT分析在企业的战略规划报告中非常常见,主要针对企业的优势(Strengths)、劣

---

① Jeffrey S. Harrison, Cathy A. Enz. Hospitality Strategic Management: Concept and Cases[M]. John Wiley & Sons, Inc., 2005:5.

势(Weakness)、机会(Opportunities)和威胁(Threat),是一种较为全面的分析工具和方法,对组织内外部均有考察。然而 SWOT 分析法在几十年中并没有过多的改变和发展,因此在现代企业战略选择的过程中,使用受到了局限。如 SWOT 分析法关注企业拥有资源带来的优势,但在现在的商业环境中,产业链的契合度、利益相关者的关系网络等因素对企业的成败也有着举足轻重的影响,这些在 SWOT 模型中并没有很好的体现。

2. PEST 分析模型

PEST 分析是考察企业战略环境的工具,主要使用于战略选择中宏观环境的判断。对于不同行业和企业,PEST 分析的内容会有所差异,但基本上都是针对于政治因素(Political Factors)、经济因素(Economic Factors)、社会文化因素(Socio-cultural Factors)和技术环境因素(Technological Factors)进行的分析。该模型中,这四种因素之下还有很多细分的变量,帮助企业从多个方面、多种层面进行宏观环境的把握。

3. PESTEL 分析模型

PESTEL 分析模型由 PEST 模型拓展而来,又称为大环境分析,也是针对企业所处宏观环境的分析工具。PESTEL 模型的分析范围更广泛,可以更好地判断环境中对企业有重大影响的因素。PESTEL 模型中包括了 PEST 模型的四个因素,还增加了环境因素(Environmental Factors)和法律因素(Legal Factors)。这里的环境因素与我们提到的大环境有所区别,是指自然和社会资源、行业和市场资源等环境因素。

在较为成熟的分析工具的帮助下,企业可以预测发展过程中可能出现的问题,并进行预先准备。值得注意的是,国际企业的环境分析比本土企业更为复杂和重要。由于本土企业对于商业环境熟悉,可能遇到的冲击和困境易于预测和理解,同时也不容易受到文化差异的影响;然而国际企业面对着多国文化,对这些文化的精髓并不了解,容易出现问题,同时,在国际市场中文化和国别差异带来的冲击往往致命,需要国际企业更加重视、花费更多精力进行环境和自身能力的分析。

(二)战略的选择与制定

在充分判断企业环境之后,企业要进行战略的制定。首先,企业要明确其使命、愿景和各级目标。企业的使命并不是一个具体的战略或目标,但为企业经营提供了一个可循的思想和观念,使命是企业存在的意义。企业愿景是对企业希望达到的未来目标及具体状态的描述。一个好的公司愿景应包括核心信仰与未来景象。前者规定企业的基本价值观念和存在的原因,是企业长久不变的东西;后者是企业要用 10～30 年努力来实现的宏大远景目标和对它的具体描述,它们是企业期望去实现、创造并需要重大改变和进步才能获取的东西,其作用是激发变革与进步①。企业的长期目标是基于使命和愿景做出的具体战略要求,一般来说,国际企业要设定盈利性目标、市场营销目标、财务目标、生产目标、人力资源管理目标等,再由这些目标出发设定整个企业、各个部门甚至到员工个体的各层目标,故企业的目标群往往表现为矩阵形式。这个矩阵也体现出战略层面的长期目标是如

①　陈佳贵主编. 企业管理学大辞典[M]. 北京:经济科学出版社,2000:149－150.

何逐步落地到策略层面的。

　　企业在环境分析和目标确定的基础上,可以更好地选择已有的战略模式,最大程度上发挥战略的作用。选择跨国经营战略的原则主要有五点:①选择的战略要与企业的长远目标相一致;②选择的战略要与企业所处环境协同;③选择的战略要与企业自身的经营和管理能力,以及资源优势相适应;④选择的战略中包含的风险要有一定的可控性;⑤选择的战略有较强的可实行性①。

(三)战略实施

　　战略落地是一项非常重要且难度较大的工作,如果组织不能通过协作使战略在每一个层面上得到落实,再好的战略也只能是一纸空文。战略实施的关键就是战略的具体化,只有将战略具体化为可理解、可实现的目标和要求,才能让组织成员明确怎样的行为是组织所需要的。为了更好地实现企业战略,国际企业可以从目标管理的做法出发,使用战略地图为工具,通过关键成功要素(CSF)和关键绩效指标(KPI)进行战略的层层落地。

　　1. 目标管理

　　目标管理由彼得·德鲁克提出,提倡组织中的上级和下级一起协商,根据组织的使命、愿景确定一定时期内组织的总目标,确定各级员工的责任和分目标,并把这些目标作为组织经营、评估和奖励每个团队和个人贡献的标准。目标管理体系实际上就是对高层管理者确定的组织总体目标进行层层细分,形成一个完整的、有层次的目标体系,使员工和团队的工作有依可循。

　　2. 战略地图

　　战略地图由平衡计分卡的创始人罗伯特·卡普兰和戴维·诺顿提出,可以帮助管理者和员工非常清晰地了解本企业的战略布局,使战略的表述更详尽和一目了然。集团或公司的战略地图存在一般性的分析思路,即关注的内容包括:集团战略任务系统设计、集团战略目标与业务组合分析、集团战略核心能力与关键战略举措等(见图2-4),然而企业必须根据自身的情况进行地图的修改和补充。

　　3. 关键成功要素

　　关键成功要素是指对组织使命、愿景与战略目标的实现起着至关重要的影响和直接贡献的领域,是决定战略绩效目标实现的关键要素的集合②。对于企业而言,资源永远都是有限的、稀缺的,因此企业应合理分配有限的资源,找出关键成功领域,并在这些领域中投入多且优的资源,寻求事半功倍的效果。

　　4. 关键绩效指标

　　关键绩效指标是对企业战略成功关键要素的提炼和归纳,并转化为可量化或可行为化的指标体系,关键绩效指标可以强化组织在关键绩效领域的资源配置③。企业应构建关键绩效指标体系,有层次地设置企业级关键绩效指标、部门关键绩效指标和个人关键绩效

---

　　① 田泽,马海良.国际企业管理——文化、战略与行为[M].北京:清华大学出版社,北京交通大学出版社,2012:125-126.

　　②③ 彭剑锋.人力资源管理概论(第二版)[M].上海:复旦大学出版社,2011:360.

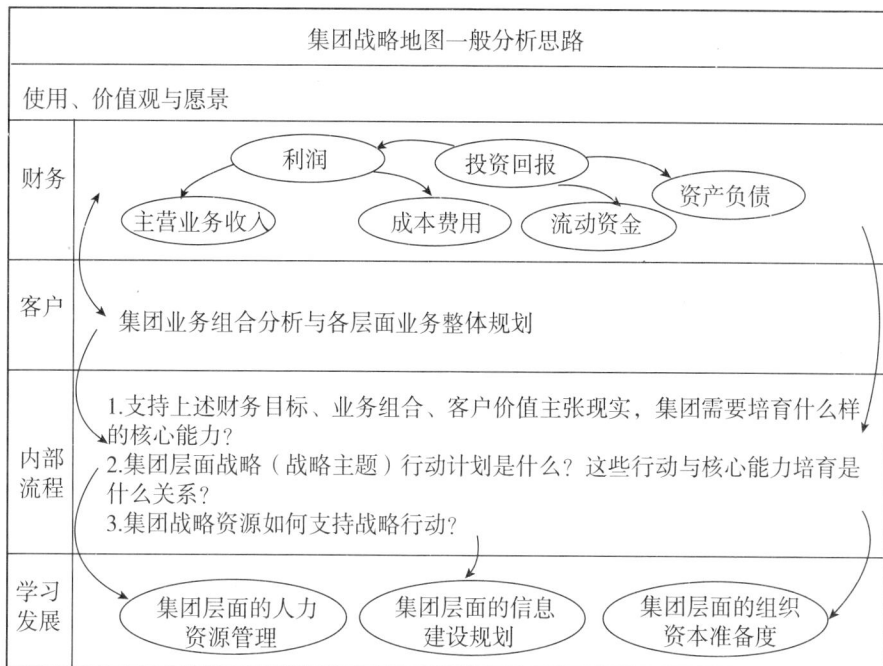

图2-4　集团战略地图一般分析思路[1]

指标,并为这些指标设置合理的标准。形成关键绩效指标体系后,企业还应该根据绩效结果实行动态的体系调整和完善。

(四)战略评估与调整

国际企业在战略实施的过程中,要不断进行战略的评估与调整,及时修正战略选择失误带来的问题。评估的思路是将原有的战略布局和实施一段时期后企业的实际表现进行对比,分析差距和偏离的原因,调整现有战略或具体策略。值得注意的是,这种偏差并不一定是负面的偏差,有时绩效可能好于企业的预期,这时对优秀绩效产生的原因进行分析,也可以达到经验积累的目的。

战略评估与调整的重要性不言而喻,直接关系到企业的兴衰,中国的电器品牌TCL发展手机业务的过程就是一个典型案例。2004年,TCL通讯选择并购法国的阿尔卡特手机业务,借此向海外扩张。然而当TCL通讯将关注点置于海外市场时,国产手机因产品质量受到重创,TCL通讯负担了两方面的巨大压力,终因集中整合阿尔卡特资产而错失了国内手机市场的变革机遇。之后TCL将注意力重新回归国内市场,加强与三大电信运营商的合作,发力争夺国内手机市场。虽然现在国内手机市场竞争激烈,TCL的市场份额并不突出,然而及时将资源回归到国内,无疑是避免了两面受"敌"、负担过重的压力。由于种种

---

① 秦杨勇.战略绩效管理:中国企业战略执行最佳实践标准[M].北京:中国经济出版社,2009:72-73.

原因,企业高管对环境的分析可能出现问题,制定出的战略也可能不合适企业发展,如果没有及时的战略评估与调整,企业很可能面临生存危机。在变幻莫测的国际市场中,国际企业更应该重视战略评估的地位。

本章课后习题

一、关键词

国际企业环境、国际企业全球战略、国际企业战略管理流程

二、复习思考题

1. 国际企业主要受到哪些环境因素的限制和影响?

2. 国际企业可以选择哪些进入战略来拓展市场? 这些战略的优缺点主要有哪些?

3. 在发展企业规模时,国际企业可以选择哪些成长战略? 选择这些成长战略的依据主要是什么?

三、讨论题

搜集关于 TCL 手机业务发展的资料,对其发展各阶段的商业环境和战略进行分析。

第三章 国际企业的组织结构

【本章提要】

组织职能是国际企业重要的基本职能之一。从国际化经营的实际情况出发,遵从国际企业全球战略部署的要求,设计合理的组织结构,是国际企业整合组织资源、发挥各个部门的专业优势,从而提高国际企业运作效益的前提条件和必然要求。

随着经济全球化和一体化的发展,国际企业的海外业务不断扩张,产品和地区多样化程度也不断加深,国际企业的组织结构随之调整以适应新的经营条件。那么,国际企业的组织结构经历了哪些形态的变化?组织结构的变化受到哪些因素的影响?国际企业组织结构的变革具有怎样的历史背景?国际企业组织结构的边界又基于怎样的动因、以怎样的方式发生变化?本章将就这些问题展开探讨。

【学习目标】

通过本章的学习,学生应该:

1. 掌握国际企业组织结构的主要设计类型。
2. 了解国际企业组织结构有哪些新的发展动态。
3. 了解20世纪90年代以后国际企业组织结构的演进背景与特征。
4. 理解国际企业重构组织边界的动因和方式。

【开篇案例】

宝洁公司组织结构的最新发展

1998年以前,宝洁公司按地区进行组织,共设有100多个利润中心。1999年7月,宝洁宣布了"组织2005"计划,一直到2011年,宝洁公司进行了为期6年的组织再造。该计划的主要内容包括:实现工作流程的标准化、再造组织文化、减少官僚层级以加速决策、裁员等。

宝洁新的组织结构被一些管理学者称为协作性多部门结构。公司共设立了5个全球业务运营部、8个地区市场发展部、1个全球业务服务部。

全球业务运营部为所有宝洁的品牌制定战略,负责本部门范围内的研发和生产;地区市场发展部的职能是负责所在地区市场产品的开发,并制定针对所在市场的营销策略;全球业务运作部和地区市场发展部之间是协作关系。全球业务服务部在全球三大地区设有中心,其中美洲2个、欧洲3个、亚洲4个。

案例解读:从案例中可以看出,随着时代的变化,国际企业的发展需要不断改进自身的组织结构,与时俱进,开拓创新,才能使其健康、长久地发展下去。

　　作为管理的基本职能之一，组织职能是企业实现既定目标不可或缺的工具。组织管理就是企业将任务、流程、权力和责任重新进行有效组合和协调的一种活动。企业基于分工原则，对企业的各部门和分支机构进行专业划分，并对其进行合理授权，从而形成企业的组织结构。在形成组织结构的基础上，企业内各部门和分支机构的专业优势得以充分发挥和利用，其各自的权力和责任、彼此的相互关系得以明确和协调。设计良好的组织结构有利于合理整合和优化组织资源，使组织资源价值最大化，最终实现企业效率与效益的提升。

　　国际企业不同于国内企业的是，其本身或其分支机构所在东道国的政治、经济、文化、技术和法律等环境因素与母国并不相同，国际企业的跨国生产与经营活动往往会受到影响和制约，因此国际企业的组织管理较之国内公司更具有复杂性和不确定性。国际企业必须基于企业的全球战略部署和自身的国际化经营水平与特点来选择和设计最佳的组织结构，以提升经营效率、规避经营风险。

第一节　国际企业组织结构的设计

　　可口可乐公司前总裁 Robert 说，世界上没有永久的组织结构图……最重要的是要随时做好准备利用新的机会。国际企业处于不同的时期、行业和地区意味着国际企业会制定不同的战略，其组织结构也会有不同的形态。国际企业在设计组织结构的同时会受到各方面因素的影响，并且随着时代的进步，组织结构也有了新的发展。

一、组织结构的类型

　　国际企业的组织结构并不是一成不变的，而是随着企业在海外销售业务的扩张及其产品和地区多样化程度的加深而不断调整的。早期的国际企业海外业务占企业所有业务的比重较小，企业只需要设立一个国际销售部或者出口业务部来负责商品输出，母公司与子公司之间没有紧密的联系。随着产品和地区多样化程度的加深，跨国企业开始设立国际业务部。20 世纪 60 年代中期以后，产品和地区的多样化程度不断深化，国际企业开始建立起更加复杂的全球性组织结构，包括全球性产品、地区、职能、混合和矩阵组织结构，大大加强了国际企业在全球范围内的业务联系，满足了国际企业一体化战略的要求。

(一)国际业务部

　　当国际企业的海外业务(如技术和产品的出口或转让)增多或者子公司的数目增多时，有必要设立国际业务部来应对更复杂的业务和更深刻的利益矛盾。国际业务部可以是独资子公司，其经理也可以由母公司的副总经理来兼任。国际业务部负责设计国际企业所有的海外战略，并且管理所有的海外子公司，为子公司提供有用的信息和必需的资源,利用转移价格等策略协调公司的整体利益。国际业务部组织结构如图3-1所示。

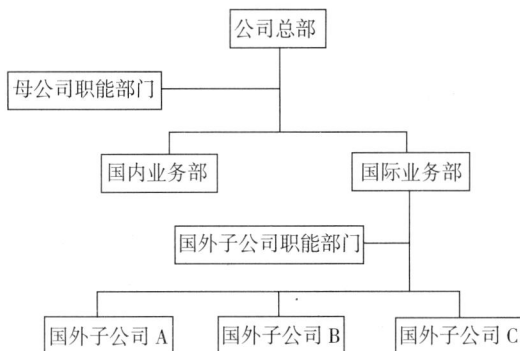

图3-1 国际业务部组织结构

1.国际业务部的优点

利于协调国外各子公司的资源,增加收益,避免子公司之间的恶性竞争;利于进行内部贸易,转移经营利润;能够强化国际业务管理,培养国际经营人才。

2.国际业务部的缺点

因人为分设国际业务部和国内业务部而降低企业资源的统一性,容易出现企业内部的资源竞争;制定转移价格时很难协调企业内各部门的利润分配;分管企业国内、国外业务的部门之间难以实现匹配的业务规模,从而影响整体的经营效率。

(二)全球性产品组织结构

为了实现多样化经营,国际企业采用不同的技术和方式来生产和销售不同的产品。国际企业在国外设立多个产品部门,并依据权、责、利统一的原则对各产品部门进行管理和控制。全球性产品组织结构如图3-2所示。

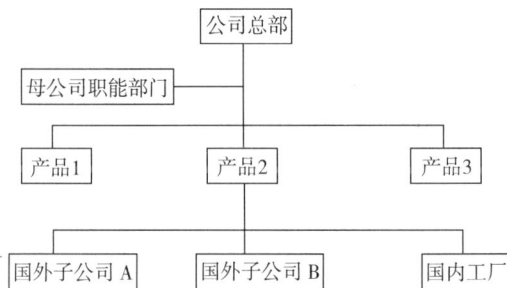

图3-2 全球性产品组织结构

1.全球性产品组织结构的优点

强调生产和销售的全球性规划,使国际企业的国内外业务形成相互补充;使产品的研发和销售立足于国际市场的需求,缩小国内外业务的差距;利于加强产品在技术、生产、销售等环节的统一管理。

2. 全球性产品组织结构的缺点

各产品部门会设置重复的机构,容易造成企业组织结构的臃肿和人力、财力等资源的浪费;各产品部门自成体系,有各自独立的利益,因此各部门协调难度较大。

(三)全球性地区组织结构

在全球性地区组织结构中,国际企业以地区为单位组织业务活动。公司总部制订全球整体经营目标、战略与计划,监督和管理各地区的子公司,各地区子公司只分管本地区的业务经营,分管各地区的副总经理向公司总经理汇报工作。全球性地区组织结构如图3－3所示。

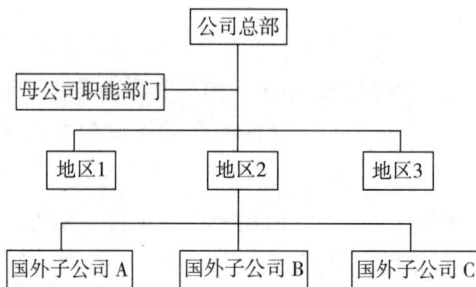

图3－3　全球性地区组织结构

1. 全球性地区组织结构的优点

各地区子公司有充分的自主权,可以根据该地区实际的市场特征与市场变化制定经营决策,经营效率高;使地区子公司成为地区性的盈利中心,便于其独立发展;使母公司的管理工作得以简化和集中。

2. 全球性地区组织结构的缺点

不易满足产品多样化发展的要求,难以协调多种产品的生产销售活动;各地区机构设置重叠,造成管理人员和生产资源的浪费,加大了管理成本;容易滋生各地区子公司的本位主义,形成地方割据,难以协调地区与整体的利益冲突。

(四)全球性职能组织结构

不同的职能部门负责公司不同的特定行为,比如研发、生产、销售等,职能组织结构就是国际企业将整个公司业务按其主要职能展开而形成的组织结构。在这样的组织结构下,各职能部门分管各自领域内的国内外业务,公司总部负责制订整体的业务目标和计划,并且协调各职能部门之间的关系。全球性职能组织结构如图3－4所示。

1. 全球性职能组织结构的优点

充分发挥各职能部门的专业特长,经营管理效率高;利于各部门的协调合作,实现公司的纵向一体化;便于公司进行统一的成本核算、集中管理资源和考核利润。

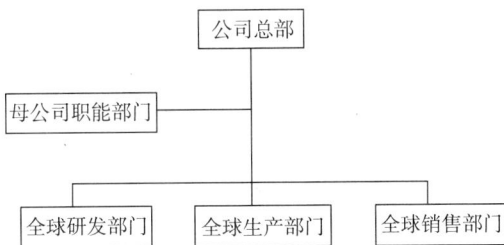

图 3－4　全球性职能组织结构

2. 全球性职能组织结构的缺点

各职能部门的经营业务与目标不统一,容易产生脱节和冲突,协调成本增加;管理人员的知识和能力是有限的,很难满足产品多样化经营的要求;各职能部门容易产生本位主义,缺乏横向沟通。

(五) 全球性混合组织结构

当国际企业的经营规模日益扩大,经营活动日益复杂,或当一家国际企业由两家组织结构不同的公司合并而成时,国际企业将根据现实需要采用全球性混合组织结构。这种组织结构更加灵活自如,是由全球性产品、地区和职能组织结构组合而成的。当前,越来越多的国际企业选择采用这样的组织结构,因为在产品经营的多样化要求下,全球性混合组织结构利于为各种产品提供多样的市场营销和支持服务。全球性混合组织结构如图3－5 所示。

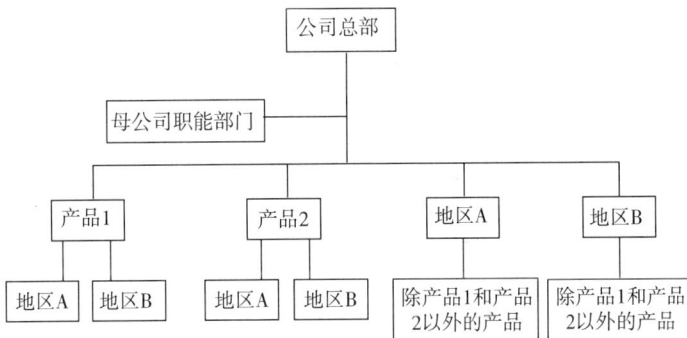

图 3－5　全球性混合组织结构

1. 全球性混合组织结构的优点

具有很强的灵活性,可以根据经营环境、业务需要的改变选择合适的组织结构,或者进行合理的调整;这样的非刚性结构利于进行组织变革;易于在企业内部控制资源流动,合理配置资源。

2. 全球性混合组织结构的缺点

由于各部门之间的差异较大,组织结构不规范,因此各部门的目标容易出现冲突,协调和管理的难度大、成本高;不利于树立公司的整体形象。

(六)全球性矩阵组织结构

全球性矩阵组织结构相对比较复杂,通常当国际企业的业务规模大、产品系列多、地区分布广、客户差别大时采用。在责权关系明确的基础上,公司的业务受到交叉管理和控制,一位下层的管理人员可能会同时受到两位或两位以上上司的管理,打破了统一指挥的原则。全球性矩阵组织结构通常具有二维形态(如图 3 - 6 所示)或者三维形态(如图 3 - 7 所示),有的国际企业甚至具有四维形态。

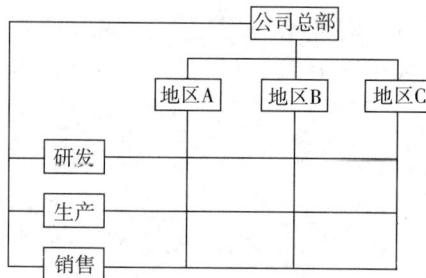

图 3 - 6　二维全球性矩阵组织结构

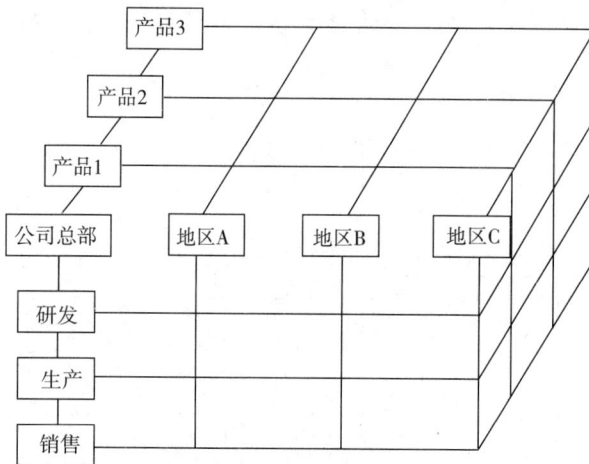

图 3 - 7　三维全球性矩阵组织结构

1. 全球性矩阵组织结构的优点

利于从宏观考虑国际企业整体的业务情况,促进各部门和各层次之间的合作与协调,提升国际企业的整体竞争力;在对公司经营情况进行分析判断时,便于结合市场竞争、环境变化、东道国政策等因素综合考虑;避免单一的组织结构带来的管理不足,利于根据实际需要灵活调整组织结构。

2. 全球性矩阵组织结构的缺点

各部门、各层次之间的利益关系复杂,协调难度大;组织结构复杂,容易出现由双重领导带来的管理冲突,需要多方协调;大大增加了组织管理和运作成本。

二、影响组织结构的主要因素

国际企业选择和设计怎样的组织结构取决于其制定怎样的全球化战略,企业应当从实际出发,根据战略目标选择和设计适当的组织结构。在这一过程中,主要的影响因素包括环境和企业自身两方面。

(一)环境因素

企业所面临的环境包括社会环境和工作环境。社会环境指国际企业所处的一般环境,包括政治环境、经济环境、文化环境和技术环境等;工作环境指国际企业的经营活动所涉及的各种因素所构成的环境,这些因素包括消费者、供给者、竞争者以及与公司所在行业相关的政治、社会和技术因素等。

环境对国际企业组织结构的影响表现在两个方面。首先是环境的不确定性,环境所具有的复杂性和多变性为国际企业带来诸多的不确定因素,因此企业的组织结构也应随环境的不同而做出不同的调整。环境越复杂,稳定性越差,企业就需要越多的部门和人员来协调各方面工作,组织管理的集权化程度就越低;反之企业则应采用较简单的组织结构和分权化的管理方式。其次是环境中资源的稀缺性,资源的稀缺程度越大,企业对经营活动一体化的要求就越高,对组织结构的选择就要更利于集权化的管理。

(二)企业自身因素

企业自身方面的影响因素包括企业规模、企业业务性质与技术特征、企业的产品战略、企业从事海外业务的经验与管理风格。

1. 企业规模

企业规模与企业的部门化管理的正规化以及海外业务量有直接的关系。规模较小的企业较多采用直线制的组织结构,因此管理相对集中和非正规,并且因为海外业务量较少而只需出口业务部或国际业务部即可。当国际企业的规模逐渐扩大,企业需要更多元的部门来应对更多、更复杂的海外业务,此时企业采用部门较多的全球性组织结构,管理也更加分权化和正规化。

2. 企业业务性质与技术特征

如果国际企业的业务是简单、重复的,那么企业适合采用正式的、集权化的组织结构,如果国际企业的业务是复杂灵活的或者具有很强的创造性,那么企业适合采用分权化的组织结构。类似地,如果国际企业采用专业化的技术进行大批量生产时,生产形式多为流水作业,企业则适合采用集权化的组织结构,如果国际企业采用相对灵活多变的技术进行小批量生产时,企业则适合采用分权化的组织结构。

3. 企业的产品战略

企业的产品战略也是国际企业在选择组织结构时应当考虑的因素之一。如果企业生产的产品种类较少,市场空间不大,则企业适合采用全球性职能组织结构;如果企业拥有较少的产品线、较类似的营销手段和渠道,则企业适合采用全球性地区组织结构;如果企业拥有较多的产品线、较分散的终端用户,则企业适合采用全球性产品组织结构。

4. 企业从事海外业务的经验与管理风格

如果国际企业从事海外业务的历史较短,拥有的经验不足,企业可以将海外业务从企业的整体业务中抽离出来进行独立管理,选择更简单、更易于运作的组织结构。如果国际企业从事海外业务的时间较长,拥有丰富的经验,则可以驾驭相对复杂一些的组织结构。此外,在国际企业管理者不断积累业务管理经验的同时也会形成一定的管理风格,这也会对企业组织结构的选择与设计产生一定的影响。偏向于集权管理的跨国企业多采用职能组织结构,偏向于分权管理的跨国企业多采用产品或地区组织结构。

三、组织结构设计的新发展

由于受到企业创始人的影响,早期国际企业的组织结构基本长期保持不变,即使企业更换新的管理者,企业组织结构的变化幅度也非常小。到 20 世纪七八十年代后,科学技术的进步、全球性债务危机、新兴经济体的兴起和利率浮动等使得国际环境不断发生深刻变革。因此,国际企业也随之不断调整跨国经营的战略目标,组织结构也出现了一些新的形态,以适应复杂多变的国际环境、应对新型的国际业务。

(一)流程型组织结构

企业基于消费者的需求和满意度,对当前的业务流程进行根本的重新思考和彻底的重新设计,即业务流程重组。企业的业务流程重组意味着传统金字塔式的职能型组织结构将被打破,建立一种以企业关键业务流程为核心的、更为扁平的新型组织结构。这种流程型组织结构由三个维度构成:流程团队主导维、职能辅助维和组织保障维,如图 3 - 8 所示。

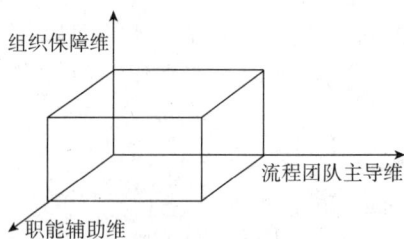

组织保障维

流程团队主导维

职能辅助维

图 3 - 8 流程型组织结构三维模型

资料来源:田泽,马海良. 国际企业管理——文化、战略与行为[M]. 北京:清华大学出版社,2012.

流程团队是流程型组织结构的主导维度,是企业流程的基本活动单元。在流程团队成立之前,代表企业战略的核心流程是分散在各个职能部门的;在流程团队成立之后,它可以独立负责企业的核心流程。流程团队的成员不隶属于其他的职能部门,这样可以大大降低不同职能部门之间的沟通成本,提高流程运作的效率。

其他的两个维度虽然并不是流程型组织结构中发挥主要作用的维度,但它们也是不可替代的角色。职能辅助维是为了保障流程团队更好地运行核心流程而发挥辅助作用的维度,它是由对企业核心流程运作具有辅助作用的职能部门构成的;组织保障维是指为流程团队成员提供激励因素的维度。激励是使团队成员保持高昂的积极性,从而具有高工作效率的最重要的保障因素,因此组织保障维也具有十分重要的作用。

(二)模块化组织结构

模块是指具有某种确定独立功能的半自律性的子系统,模块化是指多个半自律性的子系统按照一定的规则相互联系而构成的更加复杂的系统或过程。当前,国际企业在组织结构设计方面已广泛应用模块化的思想。

模块化组织结构,又称"集束式组织结构",适于被大型国际企业采用。如图3-9所示,这一组织结构是由多个具有强独立性的功能模块围绕管理协调模块构成的。各功能模块分别通过界面规则与模块产品产生联系,并且各功能模块之间又通过模块产品彼此维系起来,它们之间可以共享和交流信息、协调工作。每一个功能模块具有很强的专业性,可以独立地完成一项任务。各功能模块的专业分工以及"管理协调模块"的协调作用大幅提高了国际企业的组织运作效率。

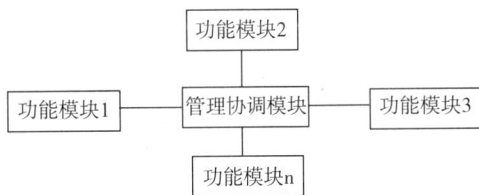

图3-9　大型企业模块化组织结构

资料来源:田泽,马海良.国际企业管理——文化、战略与行为[M].北京:清华大学出版社,2012.

20世纪90年代出现的"虚拟企业"概念就是模块化组织结构的一种表现。虚拟企业将产品流程的价值链进行模块化分解,除了其中交由核心企业负责的核心环节外,其他的环节全部外包给各个成员企业,如生产企业负责产品的生产环节、销售企业负责产品的销售环节等。这样的组织结构有利于各个成员企业集中优势资源负责自身所专长的领域,避免成员企业在资源集成中产生利益冲突,降低企业内部交易成本,最大限度地满足消费者多样化的需求。

（三）网络型组织结构

网络型组织结构是一种非常特殊的组织形态,它是介于市场化和企业化之间的一种制度安排。国际企业在全球范围内,与其他同类型的国际企业、分支机构或者其他的社会组织进行正式或非正式的经济联合而形成的有机网络系统就是网络型组织结构。网络系统中的每一个组织都是具有一定知识和技术的独立组织,是一个完善的独立系统。网络中的子组织地位平行,它们之间的关系随着经营业务的不同而灵活改变,避免了传统组织形态行动迟缓、反应呆板的缺点。将不同的国际企业或分支机构进行合理联结可以从更大程度上提升每一个子组织的自身价值和运作效率,获得整体效应。

在跨国组织网络系统中,各子组织之间可以彼此交换和共享信息,有利于知识和技术在更广的范围内传播,实现全球学习和知识的协同效应,这是网络型组织结构最大的优势所在。国际企业网络系统中的信息流支配着物质流,其知识资源通过与传统生产要素的结合而增加了附加值。由于跨国组织网络系统中的各子组织可能具有很大的文化与技术差异,加之网络型组织结构的传播效应,各个子组织特别容易在这样的网络平台上学习其他组织所专有的、在要素市场上不易得到的知识和技术,最终形成全球学习。另外,知识和技术在所有子组织间的传播与共享利于加快新的知识整合和技术创新的出现,获得知识的协同效应。

由于国际环境的复杂多变,网络型组织结构具有不稳定的特性。为此,网络总部及其各个子组织可以根据具体的市场特征建立具有弹性的、以团队为基本单元的局部网络,从而可以根据市场情况灵活应变。

（四）学习型组织结构

近年来,为了将学习提升到企业的战略高度,通过动员企业的全体员工将不断学习融入到工作当中以谋取企业的长远发展,越来越多的国际企业选择建立学习型组织结构。荷马斯(Hermes,1999)认为,组织结构中包含有组织的认知结构模式,将学习体制引入企业必须基于对企业认知结构的合理调整,应当根据个人的学习模式来建立和调整整个企业的组织结构①。为了更好地实现学习型组织结构模式,国际企业应当从以下几个方面展开努力:

1. 实现组织结构的灵活性

企业的战略需要不断地调整,企业的外部环境也是不断发生变化的,因此要求组织结构具有灵活性,才有利于吸收和消化不同的信息。学习型企业应当以团队作为基本的工作单元,打破职能部门之间的界限,灵活自如,促进知识、技术和信息的流动。

2. 实现组织结构的开放性

学习型企业必须成为一个开放的系统,使企业内部的团队与外界市场和消费者产生

---

① Hermes T. Flexible learning Systems and obsolete Organzation Structure;Steps Towards Briding the Gap[J]. Scandinawian Jounal of Management,1999,15(Z):89－110.

直接的接触,这样企业的业务具有明确的客户导向。知识信息的内外流通可以使企业具有明确的学习目标。

3. 实现组织结构的扁平化

扁平化组织结构是与以团队为单元的组织形态相契合的。组织结构的扁平化有利于打破知识在组织内部流通中的障碍,推动决策权的下放和横向延伸,促进团队间的合作与交流。

4. 实现组织结构的网络化

将企业内的不同团队编制成一个有机的网络,人人都有表达自己想法的机会和渠道,有利于知识信息快速而有效地流通。

5. 实现组织结构的分权化

分权使企业员工具有更多的决策机会,从而激发了员工的自主学习,有利于形成良好的学习氛围。

第二节　国际企业组织结构的演进

国际企业随着其海外业务所占公司总业务量比重的变化而在不同的阶段对组织结构进行不同的调整和改变。事实上,国际企业并不是仅仅具有单一的组织结构,往往是同时具有多种组织结构的特征,因环境条件的改变而不断发生着变化。通常来讲,国际企业的组织形态经历了四个阶段。

在国际企业刚刚经营海外业务时,多以承接国外订单的形式来从事产品出口业务,规模小,也比较被动,企业的组织结构不需要做太多改变。随着出口业务初具规模,具有持续性和稳定性时,企业便设立出口部,通过国内外贸易公司从事进出口业务;当企业逐渐受到各种贸易壁垒影响、海外业务逐渐复杂时,企业通过在国外设立子公司、在当地独立地进行生产和销售来缓解企业内部各部门之间的利益冲突;当国外子公司的业务规模进一步扩大,对母、子公司之间的资源和关系的协调要求也更加迫切时,国际企业开始设立完整、独立的国际事务部,统筹管理公司在海外的投资、生产和销售等业务活动。国际事业部的组织结构成为20世纪60年代后最常见的国际企业组织结构类型;随着全球化程度的加深,国际企业则建立全球组织结构,从全球视角来协调整个企业的海外业务。这样,企业在全球范围内的业务被视作一个整体,突出了企业的全球化战略。

进入20世纪90年代以后,西方出现了一次国际企业大规模调整组织结构的热潮,这次热潮具有很强的战略意义,同时背后也有深刻的原因,下面针对这场组织结构演进热潮进行介绍。

一、国际企业组织结构的演进特征

进入20世纪70年代以后,在西方整体经济环境出现萧条的背景下,各大国际企业的经营业绩也连连下滑,大量的亏损与大企业病也给国际企业带来巨大的困扰。因此,许多企业不得不做出精减人员的决定,以降低企业的经营成本。然而,裁员给企业带来的也只有一时的效应,企业仅可以在短时间内获得较大的效益。由于没有从本质上认识到经营环境的深刻变化而对组织结构进行根本上的重新设计,许多国际企业在短暂的恢复元气后又再一次陷入困境。一直到20世纪90年代之后,各大国际企业才纷纷深刻认识到调整组织结构的必要性,并且将其上升到战略高度。这一次战略性的组织结构调整具有如下几种特征:

第一,之前国际企业以降低企业经营成本为目标精减组织人员,而之后的组织结构调整是以提高国际企业的"灵活性"和"适应性"为目标,从而提高企业的市场竞争力。在西方国家经济逐渐升温的背景下,许多大型国际企业也随之遇到了良好的发展机遇。它们越来越认识到,能够为企业在市场竞争中带来巨大优势的不仅仅是成功的战略,还有一个很重要的影响因素就是企业的组织管理能力。好的组织结构可以更有效率地协调企业的资源,实现组织目标,因此组织管理的灵活性和适应性成为许多国际企业进行组织结构调整的目标。其中,包括一些绩效良好的知名国际企业也加入了调整组织结构的行列,如荷兰皇家壳牌石油公司和美国通用电气公司均通过大量裁员精简了其职能部门。

第二,这次组织结构调整规模大、程度深。数据显示,1993年美国大型国际企业宣布裁员60万人,比1991年高出25%。在被裁掉的员工中,集中了大量的白领人士和管理阶层的员工,这是不同于以往裁员改革中最突出的特征。据统计,1995~1999年,全球最大的500家企业中平均减少管理层次的企业数为3个左右。其中包括一些知名的大企业也采取了较大的裁员举措,如美国通用电气公司经过多年精简机构,取消了部门经理和生产副董事长两个管理层级,而IBM将之前的七个管理层级最终压缩为四个。此外,如前述,流程化的组织结构和网络型的组织结构都是国际企业组织结构发展的新形态,是其发生深刻变革的重要体现。通过将组织结构进行流程化改变,国际企业将改变之前地区和产品部门的多头管理方式,而转向以业务范围为单元进行管理;通过将组织结构进行网络化改变,国际企业内部的信息传递不再是按从前自上而下的方式进行,各部门和人员之间的横向联系得到加强,公司的经营也更具灵活性和高效率。

第三,之前国际企业将公司总部拆分为诸多的独立决策单位,整个的跨国业务由母、子公司共同协调配合完成,而之后国际企业越来越关注负责核心环节的子公司。比如耐克公司只从事研发、营销、管理等具有高附加值的经营活动,而将生产环节全部外包。这样一来,生产商和母公司并不属于同一个公司,但却在同一个战略框架下进行经营活动,这样的组织结构变革成本低、适应能力强、经营效率高。

二、国际企业组织结构的演进成因

国际企业出现对组织结构的战略性调整,主要出于以下三方面的原因:

首先,科学技术的不断进步为国际企业进行组织结构调整提供了物质和技术的基础。在第二次世界大战以后,特别是20世纪70年代以后,信息技术在全球范围内蓬勃发展,以此为核心的科技进步深刻地改变了社会分工、市场需求以及产业组织,因此国际企业的经营组织方式受到巨大的影响,国际企业不能再追求产品品种少但生产数量多的规模化生产方式了。科技进步使得产品的生命周期大幅缩短,产品更新换代、市场日新月异使得国际企业的组织结构必须具有灵活性和适应性,必须打破传统的自上而下等级森严的组织形态。此外,信息技术的发展使得信息的传递和交换的成本大大降低,国际企业从而可以拓展其经营活动的地理范畴,新的组织联系和控制方式也得以产生。

其次,世界经济一体化和区域经济一体化极大地刺激了国际企业进行组织结构的战略性调整。在 20 世纪 80 年代之前,贸易壁垒和投资限制等条件阻碍了大量的中小企业进入市场,因此大型的国际企业可以凭借其巨大的垄断优势获得利益。但是随着贸易和投资自由化程度的提高,市场竞争变得日益剧烈,中小企业凭借灵活性和适应性强的优势给大型的国际企业带来威胁,国际企业面对市场的变化必须对组织结构进行调整。

最后,国际企业的全球一体化战略直接推动了其组织结构的调整。国际企业的国际化经营战略经过三个发展阶段:独立战略、简单一体化和全球复合一体化,20 世纪 90 年代之后国际企业已经进入第三个发展阶段。在这种战略的指导下,国际企业进行跨国经营的目标不再是实现全球范围内的成本最小化,而是追求全球产品的多元化以满足市场的不同需求。因此,国际企业改变了之前以地区为单位建立不同的分公司或子公司的做法,而是根据不同国家或地区的特点与优势,将研发、生产和销售等部门分布在不同的地方,将分布在各个地方的所有部门整合成为一个有机的体系,产生协同效应。这样,全球一体化的战略得到最大程度的体现。

三、国际企业组织结构的演进方式

来自于欧美和日本的国际企业都加入了这次组织结构的调整热潮当中,这些国际企业的组织结构主要以下面三种方式来演进。

(一)欧洲、美国和日本国际企业的组织结构融合发展

进入 20 世纪 90 年代以后,美国的企业管理模式受到了全世界的认可,对欧洲和日本的企业管理方式产生了深刻的影响。但是在经历了 21 世纪美国经济泡沫的破灭之后,美国的企业管理模式受到了质疑。韩国最大的民间经济研究所三星经济研究所,曾在 2007 年的一份报告中指出,美国企业的经营管理所具有的问题主要有三点:第一,股票期权的过度发放使得经营者过于追求短期效益;第二,美国式的会计准则无法准确界定形式多样的金融商品及其交易方法的合法性;第三,企业与会计法人、股市评论师相互勾结为企业做假账。

日本的企业在经济泡沫破灭之后也曾大举引进美国模式,然而效果良莠不齐,有些企业经过组织管理的改革后收效良好,有些则不然。之后日本企业界对是否应该引进美国企业的管理模式进行了深入思考,通过日本引用美国模式的企业和没有引用美国模式的企业做了对比分析后认为,企业是否优秀与是否引用了美国的管理模式并无关系。

美国企业界自身也对其管理结构进行了调整。美国基于《证券法》修订并颁布了《萨班斯—奥克斯利法案》,该法案对企业首席执行官、首席财务官、审计委员、审计师、会计师等职务的责任和义务进行了严格的规定,进一步保障了企业信息的准确性和真实性,保护了投资者的利益。此外,美国企业管理咨询公司麦肯锡公司针对美国企业的董事会改革也提出了具体的方案建议。

(二)改变传统的事业部管理体制

在传统的事业部体制下,国际企业的母公司直接控制投资,有利于公司的一体化经营和管理,母公司与事业部之间的协调成本低。进入 21 世纪以后,全球经济一体化和信息化的快速发展给国际企业的发展格局带来了变化,也给国际企业的市场竞争带来了新的挑战。因此,传统的事业部制已经不再适合当前的形势。许多国际企业开始改变这样的管理体制,最具代表性的是日本的松下公司与东芝公司。

松下原本是一家拥有 200 个事业部的大型国际企业,但随着技术融合趋势的蔓延,出现了信息家电产品,原来的事业部需要开发跨事业部的新产品,一方面单一事业部的力量不足,另一方面企业内的不同事业部之间会产生竞争,因此事业部制已经不再适用。松下推出了“创生 21 计划”,提出要将企业彻底地“破坏和创造”。松下对母、子公司进行了业务重组,摒弃了没有增长空间的业务,将海外业务作为企业的主要经济增长点,最终成立了 14 家子公司,缓解了企业之前重复投资和研发、内部封闭等问题。这 14 家子公司自主经营海外业务并承担相应的责任,同时接受母公司的集中管理。另外,松下为了加强管理结构中的横向联系,还在全球范围内设立了五个地区本部,包括中国东北、东南亚、北美、中南美和欧洲。每一个地区本部都包揽本地区业务的各个环节,即研发、生产、销售和售后等,实现了地区业务的一体化。

东芝起初设立了四个分管研发、制造、销售和售后环节的事业部,后出于产品生产的多样性和规模要求,将事业部逐渐增至 20 多个,在 1981 年还设立了事业本部。但是在 20 世纪 90 年代以后,东芝认识到事业部制已越来越力不从心。一方面,在全球化竞争中,市场特点不同的产品其竞争条件不同,因此不能以同样的判断标准管理所有的事业;另一方面,各事业部之间具有依存关系,这样容易出现事业责任不明确的问题。对此,东芝公司进行了企业内部公司制改革。东芝将企业内部各公司重新组合,加强了各分公司的独立性、自律性和专业性。各分公司在东芝整体的战略框架内自主进行经营决策,甚至可以自主决定进行公司的兼并和重组。各分公司还负责管理与事业部直接相关联的各个部门以备未来成为控股公司,东芝实行企业内部公司制的同时也实行董事制度。

(三)完善“纵向管理”与“横向管理”的结合

分工与合作历来是国际企业在经营管理过程中的两难选择,分工利于提高生产和经营效率,但不利于统一化管理,而合作获得了整体效应却容易导致权责模糊。随着国际企业全球化战略的不断深入和海外业务比例的不断加大,国际业务部门的横向管理和事业部门在全球的纵向管理之间出现了越来越大的冲突。实现“纵向管理”与“横向管理”的结合是国际企业调整组织结构的目标之一。

英荷壳牌公司成功地做到了这一点。在 20 世纪 90 年代,壳牌公司在建立事业部体制的基础上,保留了地区公司的协调作用,实现了地区与业务单位之间的平衡。壳牌公司要求各个地区的事业部业务单位在向公司总部上报项目时必须得到该地区总部管理者的同意,从而实现了各个地区投资与经营的一体化,增强了业务经营的协调性。

第三节　国际企业组织结构的边界

全球与区域经济一体化以及信息技术的发展影响着国际企业的经营方式,其组织结构的边界也随之不断发生着变化。企业既可能通过兼并和重组扩大组织边界,实施扩张战略,也可以出于成本优势的考虑将部分业务外包从而使得企业的实体边界缩小。下面将就国际企业组织结构边界发生变化的影响因素、重构组织边界的动因以及构建组织边界的方式展开讨论。

一、影响国际企业组织结构边界发生变化的因素

一般来讲,使国际企业组织结构边界扩大的因素有交易费用与企业组织的相互作用、隐性知识的垄断性和难交易性、企业核心能力的构建以及契约的重构,使其缩小的因素有模块化的生产方式和信息技术知识的运用。

(一)交易费用与企业组织的相互作用

随着国际企业的不断成长与发展,出于交易费用不断增加的原因,国际企业可以采用收购、兼并等方式来使企业向其他盈利行业延伸,实现产业融合,并在组织融合的过程中获得交易成本高昂的知识和技能,从而得以在动态的国际竞争中生存。同时,组织的扩张与成长也会对交易费用产生影响。经过长时间的业务经营,国际企业在市场营销与运作方面积累了大量的经验,并逐渐拥有良好的声誉和品牌效应,吸引更多的资金和人才,拥有更多优质的客户和供应商资源,从而可以提高交易效率、降低交易费用。只要国际企业边界的扩大可以带来更多的效益,实现规模经济,企业就会在可承受的范围内不断扩张边界。因此,交易费用和企业组织之间互相影响,促进了国际企业组织结构边界的扩张。

(二)隐性知识的垄断性和难交易性

生产所需要的知识,特别是隐性知识难以通过市场交易来实现流动,并且具有被潜在的购买者所占用的隐患。正是因为隐性知识具有难交易性和垄断风险,所以企业并不对相关的知识进行买卖,而是在企业内部对其加以应用。企业有能力创造和整合各种专业知识,协调拥有不同类型知识的专家。国际企业是合理利用、有效学习和广泛传播隐性知

识的重要平台,比如国际企业的特许经营者通过在母公司内"干中学"获得必要的知识与技能,从而可以实现特许经营权的交易,又如国际企业往往是重要的知识载体,通过设立知识管理职位或知识管理机构来有效实现知识传播。国际企业不以买卖隐性知识作为盈利途径,使得企业可以规模化运用知识,实现企业组织边界的扩张。

(三)企业核心能力的构建

国际企业的核心能力是无法通过市场交易而得到的,因此,如果企业需要得到某种生产经营所需的能力时,国际企业就会进行组织扩张。如果企业需要长久地拥有该能力,那么企业需要扩大组织边界范围,通过与其他组织合作、收购或兼并来获取核心能力;如果企业只是需要暂时获得该技术,那么可以通过设立"虚拟企业"来实现。此外,国际企业还可以与和其纵向相关的组织进行价值链整合,这样,国际企业便对企业边界之外的、之前由不同企业分别负责管理的生产经营环节进行统一管理和协调,实现管理输出,国际企业的组织结构边界便在无形之中得到扩张。

(四)契约的重构

一方面,在当今世界动态的竞争环境中,将生产经营各个环节集中在一个组织内完成已经不能适应国际企业的发展要求了。国际企业可以通过外包或者建立虚拟企业来重新调整契约组合。具体而言,企业细分了生产环节,以每一个生产单元的比较优势为根据来重新选择各个生产环节的缔约方式。契约结构变得更加灵活,由商品契约变为了超市场契约,因而原来各个孤立的企业和组织之间彼此联结成为企业网络,实现了准一体化,企业边界得以扩张。除了生产环节外,另一方面,国际企业也需要在交易环节上进行创新,打破固定企业边界的限制。企业是一组要素契约的集合,是通过要素契约集合形成的知识经验集合和承载知识信息的信息系统,企业可以将要素契约效率和商品契约效率进行比较,确定不同的契约组合,或者运用知识信息权威使商品契约变为超市场契约,从而扩大企业边界。

(五)模块化的生产方式

国际企业为了提高经营效率,往往倡导信息共享,这样使得部分企业的规模变得过大,因此模块化生产成为一种很好的选择。模块化生产是指企业在生产过程中以技术和工艺结合便利为原则将各个产品线划分为若干个模块进行独立生产,同时每一个模块内部都能做到信息流通和共享,这样整个企业组织结构的灵活性因模块的划分而大大提高,复杂性降低。核心企业负责制定模块划分的标准并协调各个模块的工作,保证信息在整个系统中的透明。模块化的生产方式不再需要大规模的信息系统和快速处理信息的能力,企业规模和组织边界因而得以缩小。

(六)信息技术知识的运用

企业进行规模化生产、建立虚拟企业或战略联盟,都使得企业内部的交易费用增加。

而信息技术的普及有效地降低了交易成本,因此在模块化的生产方式下,同一功能模块内的不同制造者之间因信息传递效率的提高而变得更加具有竞争性。运用先进的信息技术,如"计算机辅助设计(CAD)"或"计算机辅助制造(CAM)",降低了资产的专用性和重要性、减少了交易要挟的隐患。总之,信息技术知识的应用使得信息的传递成本与企业的交易成本下降,有利于企业的业务外包,从而企业组织结构的边界不断缩小。

二、国际企业重构组织结构边界的动因

国际企业在动态的全球竞争环境中往往出于一些战略考虑需要重新构建组织结构边界,这些战略动因大致有以下两个方面:

(一)在全球范围内获取资源

国际企业在内部培养资源会受到路径依赖的影响,随着经济全球化、一体化的深入和全球市场的形成和发展,国际企业越来越需要在全球范围内获取资源,以满足国际化经营的需求,从而获得长期的全球性竞争优势,这是国际企业的一种重要的战略目标。以获取全球范围内的资源为目标的行动必然会促使国际企业重新构建组织边界,摆脱固定边界的束缚,增强企业的核心能力。

国际企业走出国门,以一定的方式寻求、协调和管理全球范围内有利的研发、生产或销售资源,具有四个方面的好处。首先,国际企业可以获得"张伯伦租金",即凭借全球范围内的经济规模和高昂的转移成本等进入壁垒获得超额垄断利润;其次,国际企业可以获得"李嘉图租金",即凭借在全球范围内搜寻到的稀缺资源获得超额利润;再次,国际企业可以获得"熊彼特租金",即凭借全球知识和技能获得基于创新的超额利润;最后,国际企业可以获得"协同租金",即凭借全球范围内异质性、战略性资源之间的协调与组合获得协同利益。

(二)研发全球化与技术溢出效应

知识经济要求国际企业将科学技术的研发作为其核心竞争力以赢取市场、获取利润。而为了适应全球经济一体化的环境,更快更好地实现技术进步,国际企业需要放眼全球,集聚全球范围内的优质创新资源来进行研发。因此,许多的国际企业选择在海外设立研发机构,或者与海外企业建立合作伙伴关系,从而及时地跟踪和学习全球的前沿技术,吸收其他企业的比较优势,更好地利用技术在全球范围内的溢出效应。此外,国际企业在目标国家的本土市场进行研发,有利于国际企业深入了解国外市场动态、及时地响应当地消费者的需求,从而有针对性地进行研发、生产和销售等活动。出于研发全球化的战略考虑,国际企业需要调整自身的组织结构边界。

三、国际企业重构组织结构边界的方式

国际企业组织结构边界的改变直接影响到企业自身的能力以及其对相关企业的控制

力的改变,也影响着国际企业在全球竞争中的参与度以及经营风险。那么,国际企业可以通过哪些方式来重新构建组织边界呢,总结起来主要有新设投资、实施并购、跨国外包、建立战略联盟四种。

(一)新设投资

投资国投入资金或者其他生产要素在东道国设立新的企业,就叫作"新设投资",也叫作"绿色投资"。在国际企业兴起的初级阶段,许多国际企业都以独资或者合资的形式在东道国设立企业,成为当时扩张企业组织边界的主要方式。由于"新设投资"需要大量的资金,因此投资方往往为发达国家中实力比较雄厚的大型企业,而资金和生产要素流入的东道国往往为发展中国家。

(二)实施并购

随着时间的推移,国际企业的并购行为逐渐取代了新设投资。越来越多的国际企业通过合并与收购的方式,投入资金和其他的生产要素来控制另一个国家的企业。从而,企业的控制权被转移到了东道国外,两家企业的企业法人合并成为一个新的法人实体,东道国的企业成为外国国际企业的子公司,企业的组织边界得以扩张。

(三)跨国外包

出于比较优势的原因,一些国际企业将自身价值链中的部分环节外包出去,将主要精力只集中在自身具有比较优势的环节,从而降低成本,培养和突出自身在国际竞争中的核心竞争力。国际企业的组织边界因为部分业务的外包而得以缩小。

(四)建立战略联盟

国际竞争环境复杂多变,许多新的战略行动也应运而生,建立战略联盟便是其中的一种。两家或者多家国际企业之间以任何股权或者非股权的形式展开共担风险、共享利益的合作,从而实现一定的战略目标,就叫作建立战略联盟。国际企业之间缔结的战略联盟既高于正常的交易关系又低于合并,是一种长期的协议与合作状态,使企业的组织边界也得以扩张。

本 章 课 后 习 题

一、关键词

组织结构、组织边界、演进

二、复习思考题

1.国际企业具有哪些主要的组织结构类型?

2. 国际企业组织结构出现了哪些新的形态?

3. 国际企业为什么要重构组织边界,以怎样的方式重构?

三、讨论题

20 世纪 90 年代以后,为什么会出现一次国际企业大规模调整组织结构的热潮? 这次组织结构的调整具有怎样的特征和方式?

第四章 跨文化管理

【本章提要】

本章归纳了国际企业跨文化管理的概念、文化差异对跨国公司经营的影响,重点介绍了跨文化管理的主要理论:克拉克洪—斯乔贝克六大价值取向理论、霍夫斯泰德的文化维度理论、蔡安迪斯的个人主义—集体主义理论、强皮纳斯的文化架构理论,详细描绘了主要国家或地区文化的特征,阐释了跨文化管理能力的培育:文化差异的识别能力、有效的跨文化沟通能力、跨文化价值的创建能力以及跨文化管理的三种策略。

【学习目标】

通过本章的学习,学生应该:

1. 了解国际企业跨文化管理的概念及文化差异对跨国公司经营的影响。

2. 掌握克拉克洪—斯乔贝克六大价值取向理论、霍夫斯泰德的文化维度理论、蔡安迪斯的个人主义—集体主义理论、强皮纳斯的文化架构理论四大跨文化管理理论的内涵。

3. 了解世界主要国家或地区文化的特征。

4. 掌握跨文化管理能力培育的主要内容。

【开篇案例】

"海底捞"海外首秀陷困难

在国内火爆异常的火锅连锁品牌"海底捞"2013 年秋天在美国南加州 Arcadia 开张了第一家海外分店。作为"海底捞"的创始人张勇虽然很谨慎地选择了 Arcadia 这个华人聚集区,但是"海底捞"的美国梦并不顺利。

"海底捞"自 1994 年发展至今,已经成为了凭其独特的品牌形象和周到贴心的服务而著称的时尚川味火锅第一家。除去它火锅店的本质,"海底捞"的一系列"增值服务"可谓是其品牌的象征,客人在门口等位时可免费享受擦皮鞋、美甲等休闲服务并可免费品尝各类小吃,入位后的服务员更是无微不至,包括提供保护手机的塑料小袋、眼镜布、皮筋等贴心赠品,更有欢快的现场甩面舞供用餐客户欣赏。

可这一系列的"特殊服务"却并不被美国客户所买单,中国的大众点评网"海底捞"的评分可高达满分 5 分,而美国的点评网站 Yelp. com"海底捞"的评分却只有 3 分(满分 5 分),很多评价反映"海底捞"的价格偏高,而且并没有觉得店里的服务员训练有素,甚至都没有能力应对排队人群。还有评价说"海底捞"在美国应该定价偏低,因为美国的文化是要给小费的。另外,店里的饭后甜点竟然是咸味的也很难被美国人所接受。

事实上，"海底捞"在美国的麻烦事儿在门店开张前就已经初现端倪，2013年7月，当地一家媒体就报道过"海底捞"的木匠工人曾在其门店建筑工地上打出"Shame on Haidilao"的示威条幅，原因是雇用非工会的工人。而"海底捞"一直以员工待遇好而著称，这样的丑闻无疑是对"海底捞"一个巨大的挑战。

案例解读:跨文化管理是国际企业跨国经营中极为重要的一环。"海底捞"在其开拓美国市场的过程中，并没有强烈地意识到这个问题，最后导致"海底捞"的"美国梦"频繁受挫，这对于其他国际企业的跨国经营而言是一个警示，对于国际企业的跨文化管理，值得深入研究。

文化作为一系列观念、习俗、规范和准则的总和,它有着自身的特性和运行规律。不同的国家、地区和民族有着不同的文化,正如哲学家帕斯卡在其《沉思录》中所说的那样:"在比利牛斯山这边是真理的东西,在比利牛斯山那边就成了谬误。"[①]诚然,经济全球化带来了跨国企业前所未有的蓬勃发展。然而在面对文化差异时,跨国经营不可避免地要遇到文化碰撞与文化冲突。与此同时,跨国公司也面临着由不同文化背景、市场状况、管理方式、技术水平、人力资源等带来的良好市场前景和众多发展机会。下面介绍如何有效地规避跨文化冲突,充分利用跨文化优势,对跨国企业进行高效有序的跨文化管理。

第一节　跨文化管理概述

为更好地把握国际企业跨文化管理的内涵,下面对跨文化管理的概念、文化差异对跨国公司经营的影响进行详细介绍。

一、跨文化管理的概念

跨文化管理(Cross – culture Management)理论是 20 世纪 70 年代后期在美国逐渐形成和发展起来的一种管理理论。它研究的是在跨文化条件下管理者如何克服异质文化的冲突,改变传统的单元文化的管理观念,把管理重心转向对企业所具有的多元文化的把握和文化差异的认识上,进行有效的管理。其目的是在不同形态的文化氛围中,运用文化的协同作用,克服多元文化和文化差异带来的困难,充分发挥多元文化和文化差异所具有的潜能和优势设计出切实可行的组织结构和管理机制,最合理地配置企业资源,特别是最大限度地挖掘和利用企业人力资源的潜力和价值,从而最大化地提高企业的综合效益。

跨文化英文(Cross-culture)"cross"译为"交叉,相交";中文的"跨"字意为"涉足、步入、迈出和超越"。可见跨文化暗含了不同文化交织和混合的寓意。跨文化管理的特点是:其一,跨文化问题的产生必须是在两种或两种以上文化相遇这一先决条件下;其二,跨文化问题必须有文化参照方。当人们以主国文化为准绳对客国文化进行要求时,跨文化问题便暴露无遗。不同文化相遇时,文化的个人载体会面对各种陌生的价值观、操作规范、行事准则以及生活方式等,群体则会面临因不同文化结构造成的来自另一群体的压力和差距。文化作用的结果使主客国文化特质中可融合的部分相互吸收和融合,不相容部分产生相斥和碰撞,跨文化问题由此产生[②]。

---

①　陈辉荣. 企业国际化中的跨文化管理策略[J]. 商业时代,2006(10):92.

②　周建临. 国际企业管理[M]. 上海:立信会计出版社,2009:273 – 274.

二、文化差异对跨国公司经营的影响

(一) 对组织架构设置的影响

文化差异对组织架构设置的影响可以从组织结构和决策程序两个方面说明。一方面是对组织结构的影响,以美国企业和中国或韩国企业为例,可以看见美国的企业结构比中国或韩国的企业要扁平些,层级更少。相对来说,西方国家强调平等的理念比东方国家要强。另一方面是对企业决策程序的影响。具体来说就是企业决策程序究竟是以自上而下为主还是以自下而上为主。在这点上,与企业的层级架构相对应的,亚洲国家的企业决策通常是自上而下,一般都是上面做好决策之后往下传达贯彻,很少听取下面意见;而西方社会更多的是由下至上的决策,通常会给予员工反馈意见的机会①。

(二) 对战略制定和战略实施的影响

首先文化差异常常会带来跨国公司经营管理中交流不畅的问题,加上不同文化下企业员工的工作动机、期望、激励不同,导致跨国公司决策更为复杂;其次决策者往往依据自身文化对来自不同文化背景的信息做出价值判断,很多时候难以避免经验主义的出现;最后对于跨国公司的决策方案,不同文化背景的员工往往有着不同的理解,因而在工作中采取不同的行为。因此,在跨国公司的经营过程中,常常出现子公司不理解母公司的总体战略和宗旨,母公司制定的战略目标也不能充分考虑子公司的实际情况,使母、子公司之间难以形成统一的经营目标。

(三) 对人力资源管理的影响

由于各种背景下的人们价值观不一样,必然导致其行为方式的不同。随着跨国公司经营区位和员工国籍的多元化,这种日益增多的文化差异要求跨国公司的管理活动必须能够针对不同文化的特点进行人员配备、沟通、激励和领导。因此必然导致管理费用的增大,增加组织协调的难度,使跨国公司的管理变得更加复杂。

第二节　跨文化管理主要理论

20 世纪 50 年代,美国的跨国公司发现将其在美国国内取得巨大成功的管理理论和管理方法套用到其他国家时,屡屡受挫;而在 20 世纪 60 年代末和 70 年代初,日本企业在跨国经营活动中取得了巨大的成功。美国学者开始重视对日本管理的研究和探讨,掀起了

---

① 陈晓萍.跨文化管理[M].北京:清华大学出版社,2005:21.

世界范围内跨文化理论研究的热潮①,其中最具代表的理论成果有:美国人类学家克拉克洪与斯乔贝克(Kluckhohn & Strodtbeck,1961)的六大价值取向理论、荷兰管理学者霍夫斯泰德(Hofstede,1980,1991)的文化维度理论、强皮纳斯(Trompenaars,1993,1998)提出的文化架构理论、蔡安迪斯(Triandis,1994)的个人主义—集体主义理论。

一、克拉克洪—斯乔贝克六大价值取向理论

较早提出跨文化理论的是两位美国人类学家——克拉克洪和斯乔贝克(1961)。第二次世界大战后不久,哈佛大学加强了对文化价值研究的支持力度,并与洛克菲勒基金会一起资助克拉克洪和斯乔贝克等人在美国得克萨斯州一片有 5 个不同的文化和种族的社区共存的方圆 40 英里的土地上展开了一项大规模研究。六大价值取向理论就是研究成果之一,发表在《价值取向的变奏》一书中。他们认为,人类共同面对六大问题,而不同文化中的人群对这六大问题的观念、价值取向和解决方法就能体现这些群体的文化特征,从而绘出各个文化群体的文化轮廓图,而将不同的文化区分开来。他们提出的这六大问题是:①对人性的看法;②对人与外部自然环境的看法;③对自身与他人关系的看法;④人的活动导向;⑤人的空间观念;⑥人的时间观念。

克拉克洪与斯乔贝克指出,不同文化中的人群对这些问题的观念、价值取向和解决方法能体现其文化特征,可以描绘出各自的文化轮廓,而将不同的文化区分开来②,具体内容如表 4 - 1 所示。

表 4 - 1　克拉克洪与斯乔贝克的价值取向理论

六大价值取向	美国文化	他国文化
对人性的看法	性本善和性本恶的混合体,有可能变化	善或恶,改变很难
对人与外部自然环境关系的看法	人是自然的主人	和谐并受制于自然
对自身与他人关系的看法	个体主义	集体主义(重视等级)
人的活动导向	重视做事或行动	重视存在
人的空间观念	个人、隐秘	公共
人的时间观念	未来/现在 一个时间做一件事	过去/现在 同时做多件事

资料来源:陈晓萍.跨文化管理[M].北京:清华大学出版社,2005:33.

---

① 李亚民.企业文化学[M].北京:机械工业出版社,2012:220.
② 陈晓萍.跨文化管理[M].北京:清华大学出版社,2005:28.

(一)对人性的看法

这一问题关注于文化把人视为善的、恶的还是两者的混合物,探讨人在本质上是善还是恶,人性能够改变与否。

不同文化的人对人性的看法有很大的差异。比如说,美国文化对人性的看法比较复杂,不单纯地认为人生来善良或生性险恶,而认为人性可善可恶,是善恶混合体。他们同时认为人性的善恶有可能在出生以后发生变化。基督教的原罪说反映的是人性本恶的理念,人原本就是"罪人",只有通过一定的宗教信仰和行为,人的罪行才能被饶恕。而通过忏悔和行善等行为便可以洗脱罪孽升上天堂,则又体现了其人性可变的信念。相反,有的社会对人性采取较单一的看法,比如,中国的"人之初性本善"表现的是对人性的乐观态度,而人们常说的"三岁看老"则又有人性难变的假设①。

(二)对人与外部自然环境关系的看法

不同文化对人与自然环境关系的看法主要有三种:①人类是受制于自然的,自然是不可战胜的;②人类能够控制自然,人类是环境的主宰,人类可以通过改变自然环境去实现自己的意图、达到自己的目标;③介于前两种看法之间的一种中立的看法,即人能够与自然建立和谐的关系。

(三)对自身与他人关系的看法

对自身和他人之间关系的看法,主要有个人主义与集体主义两种。个人主义认为:人应该是独立的个体,每个人都应与众不同,有自己的独特之处,每个人也应该都对自己负责而不是对别人负责,或者是先对自己负责再对别人负责;集体主义则把个体看成群体的一员,个人不可以离开群体而存在,具有从属性,而且个人不应有与他人不太相同的特征,强调"从众"和"合群",在个人利益与集体利益发生冲突时,应毫不犹豫地牺牲自己的利益,集体利益永远是第一位的。

(四)人的活动导向

这一问题描述的是一个文化中的个体是否倾向于不断行动。从活动导向出发,可以分为三种不同类型的文化:①自为型,这种文化强调做或行动,注重是否达到目的;②自在型,这种文化强调此时此刻的存在,崇尚淳朴的自发性,行动受感情支配;③自控型,这种文化处在自为型和自在型两种极端文化之间,把活动的焦点放在控制上,强调行事受理性支配②。

在自为型文化中,以北美为例,北美人认为人必须不断地做事,不断地处在动之中,才有意义,才能创造价值。他们工作勤奋并希望因为自己的成就而获得晋升、加薪以及其他

---

① 陈晓萍.跨文化管理[M].北京:清华大学出版社,2005:28.
② 李亚民.企业文化学[M].北京:机械工业出版社,2012:221.

方式的认可。而在自在型文化中,以亚洲地区为例。在许多亚洲社会里,静态取向、内敛耐心仍然被视为美德之一,有时候甚至提倡"以静制动",并将其作为一种策略、战术,强调"无为而治"。

(五)人的空间观念

这一问题关注特定文化环境中对空间的拥有程度。有些文化非常开放,倾向于把空间看成公共的东西,没有太多的隐私可言,并公开从事商业活动。而另一些文化则极端地把空间看成是个人的私密之处,他人不能随意走近,极其注重个人隐私的保护①。

(六)人的时间观念

不同文化对时间的看法主要涉及两个层面。一个层面是关于时间的导向,即一个民族或者国家是注重过去、现在还是未来。另一个层面是针对时间的利用方面,即时间是线性的,应在同一时间里做一件事;或者认为时间是非线性的,在同一时间里可以做很多件事。

综上所述,用克拉克洪与斯乔贝克提出的六大价值取向理论来区分文化,能够使我们理解许多平时观察到的文化差异现象和有些"异常"的行为。但是,该理论并没有深入讨论不同国家和民族的文化在这六大价值取向上存在差异的原因。并且,将人的价值观在二元对立中予以区分,是一种极端的情形,现实中只能对他们作趋向性判断而非唯一性判断。因此,在具体应用中,只能是具体问题具体分析②。

二、霍夫斯泰德的文化维度理论

跨文化理论中最具价值及影响力的理论是荷兰管理学者格尔特·霍夫斯泰德(Geert Hofstede)提出的文化维度理论。霍夫斯泰德从20世纪60年代后期开始研究文化差异对管理的影响,并且之后的30年一直没有间断。最初的研究是通过对IBM公司在40个国家的11.6万名员工进行调查完成的。霍夫斯泰德通过调查人们对管理方式和工作环境的偏好,归纳了4个随国家不同而不同的识别民族文化的维度,即权力距离、不确定性的规避、个人主义、刚毅性。1980年,他在《文化的后果》一书中发表了该研究成果。20世纪80年代后期,霍夫斯泰德又重复了十年前的研究,这次包括了更多的国家和地区,研究的初始数据前后共涉及全球70多个国家,这也是迄今为止最大范围的研究。此次研究不仅证实了前4个维度,而且还发现了一个新的维度——长期和短期导向③。该研究的结果发表在他1991年出版的《文化与组织》中④。

---

① 王朝晖.跨文化管理[M].北京:北京大学出版社,2009:76.
② 晏雄,李永康.跨文化管理[M].北京:北京大学出版社,2011:58.
③ 王朝晖.跨文化管理[M].北京:北京大学出版社,2009:48.
④ 陈晓萍.跨文化管理[M].北京:清华大学出版社,2005:34.

（一）权力距离

所谓权力距离（Power Distance）是指组织或机构中权力较少的成员对于权力分配不平等这一事实的接受程度。接受程度高的国家，社会层级分明，权力距离较大；接受程度低的国家和民族，人与人之间则相对更加平等，权力距离小。在低权力距离国家，组织通常是分权式的，拥有更扁平化的组织结构；而高权力距离的国家组织通常是集权式的，拥有金字塔式的结构，存在着一定数量的监督人员。权力距离的管理内涵如表4-2所示。

表4-2　权力距离的管理内涵

管理过程	低接受程度	高接受程度
人力资源管理 　管理者选拔 　培训 　评价/晋升 　报酬 领导风格 激励假设	受教育的成绩 针对自主能力 业绩 管理者与工人工资差别少 参与；直接监督较少 人们喜欢工作；固有的和额外的报酬	社会阶层；名校教育 为了一致/服从 服从；值得依赖 管理者与工人工资差别大 X理论；权利主义、密切监视 假设人们不喜欢工作；强制执行
决策/组织设计	分权化；扁平化的组织结构；监督者所占的比例小	高大的金字塔结构；监督者所占的比例大
战略	多样的	支持掌权或者政府

资料来源：Adapted from Hofstede 1980；Hofstede 1991 and Hofstede in Pucik，Tichy，and Barnett 1993b. 转引自：约翰·B.库伦（John B. Cullen）.跨国管理战略要径[M].赵树峰译.北京：机械工业出版社,2003:42.

（二）不确定性的规避

不确定性规避（Uncertainty Avoidance）是指人们受到模糊不清的情境威胁的程度以及为规避这些威胁而形成的信念和机制。在不确定性规避程度较低的社会中，组织活动的结构和成文规则较少，敢于冒险的管理者较多，员工流动率较高，富有野心的员工较多。在不确定性规避程度高的社会，则恰恰相反。不确定性规避的管理内涵如表4-3所示。

把权力距离和不确定性规避两个维度结合起来，可以发现如下情况：权力距离大而且具有高不确定性规避倾向的国家，一般更为"机械化"，通常被称为"官僚化"；那些权力距离小而且具有低不确定性规避倾向的国家，一般是更为"有机"的——层次更少，权力更加分散，正式条文和规范更少；然而，在权力距离小但有高不确定性规避倾向的社会里，组织更具有"有机性"——不重视等级，决策分散化，但是有非常正式的条文和规范，而且角色分工和责任也界定得很清楚；在权力距离大但有低不确定性规避的社会里，组织类似于家族或氏族，家长式作风很明显，没有明确地界定角色分工和责任（正规化），而只是界定了社会角色[1]，如图4-1所示。

---

[1]　晏雄,李永康.跨文化管理[M].北京：北京大学出版社,2011:65.

表4-3　不确定性规避的管理内涵

管理过程	高不确定性规避	低不确定性规避
人力资源管理		
管理者选拔	资深者:期望忠诚	过去的工作表现;教育
培训	专业化	适应性培训
评价/晋升	资历;专长;忠诚	个人表现的客观资料:调整工作晋升
报酬	根据资历和专长	根据表现
领导风格	任务导向	非导向的:人员取向;灵活
激励假设	人们寻求安全,避免竞争	人们是自我激励,互相竞争
决策/组织设计	较大的组织:高的等级关系;正规化:许多准则程序	较小的组织;扁平的层级结构;缺乏规范性;成文的规章制度和标准化程序很少
战略	避免风险	承担风险

资料来源:Adapted from Hofstede 1980;Hofstede 1991 and Hofstede in Pucik,Tichy,and Barnett 1993b. 转引自:约翰·B.库伦(John B. Cullen).跨国管理战略要径[M].赵树峰译.北京:机械工业出版社,2003:42.

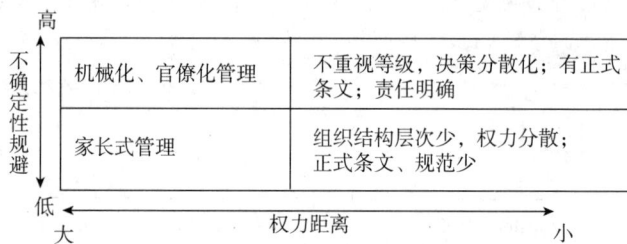

图4-1　权力距离与不确定性影响下的国家特点

(三)个人主义—集体主义

所谓个人主义(Individualism),是指人们只考虑自己和家庭的趋向。个人主义将每个人都视为独一无二的,人们对自己的评价主要依据自己的成就、地位以及其他特征。霍夫斯泰德用一个两级的连续统一体,测度了该维度上的文化差异性。其中,一端为个人主义,另一端为集体主义。所谓集体主义(Collectivism),是人们归属于一个组织或集体并根据对集体的忠诚度来互相照顾的趋向。集体主义文化主要依据人们所属的群体加以评价。家庭、社会阶层、组织和团队等社会群体皆优先于个人。

高个人主义的国家有如下准则、价值观和信念(Hofstede,1980):①人们对自己负责;②个人成就是理想;③人们不必动情地依靠组织和群体。相比之下,高集体主义的国家有如下准则、价值观和信念(Hofstede 1980):①个人的身份以群体成员关系为基础;②群体做出决策是最好的;③群体保护个人来换取个人对群体的忠诚①。不同国家的个人主义程度

---

① 约翰·B.库伦(John B. Cullen).跨国管理战略要径[M].赵树峰译.北京:机械工业出版社,2003:44.

如表 4-4 所示。

表 4-4 个人主义—集体主义的管理内涵

高个人主义文化的国家	低个人主义文化的国家
1. 人长大以后,期望只照顾自己和家庭	1. 人生长于一个不断对其进行保护的家庭,忠于自己的家庭
2. 人的个性以个人为基础	2. 人的个性以社会网络为基础
3. 小孩从小就被教育要以"我"来想问题	3. 小孩从小就被教育要以"我们"来想问题
4. 表达自己的思想是诚实正直的表现	4. 应该保持谦和的态度,应避免直接对抗
5. 教育的目的就是学习如何去学习	5. 教育的目的就是学习如何做事
6. 文凭增加了个人的经济价值,使人更加尊重自我	6. 教育和文凭提供了得到更高地位的可能性
7. 雇主与雇员的关系是以互利为基础的合同关系	7. 雇主与雇员的关系被视为家庭关系
8. 工作胜于关系	8. 关系超过工作

资料来源:G. Hofstede. 1991. Cultures and Organizations:Software of the Mind. London:McGraw-Hill. 转引自:晏雄,李永康.跨文化管理[M].北京:北京大学出版社,2011:60.

个人主义程度不同的文化对于管理实践也有着明显的影响。低个人主义文化的组织倾向于从其喜爱的群体中选拔管理者,而高个人主义文化的社会或组织则认为对家庭和朋友的偏袒是不公平的,也许是不合法的,其信念是公开竞争会使最优秀的人得到工作。个人主义的管理内涵如表 4-5 所示。

表 4-5 个人主义的管理内涵

管理过程	低个人主义	高个人主义
人力资源管理		
管理者选拔	群体成员;中小学或大学	以个人特征为基础的,公认的标准
培训	集中于公司需要的技能	取得个人成就所需的一般技能
评价/晋升	缓慢的;重群体;重资历	根据个人业绩
报酬	根据群体成员身份与组织家长制	以市场价值为基础的外部报酬(金钱、晋升)
领导风格	体现于职责和承诺	基于业绩的个人奖惩
激励假设	道德参与	精算的;个人的成本/收益
决策/组织设计	群体;缓慢的;偏好较大的组织	个人职责;偏好较小的组织

资料来源:Adapted from Hofstede 1980;Hofstede 1991 and Hofstede in Pucik,Tichy,and Barnett 1993b. 转引自:约翰·B.库伦(John B. Cullen).跨国管理战略要径[M].赵树峰译.北京:机械工业出版社,2003:45.

(四)刚毅性

按照霍夫斯泰德的解释,所谓刚毅性(Masculinity)是指,"社会主导价值观是成功、金钱等类似东西时的情景"。霍夫斯泰德把刚毅性和柔弱性当作一个连续变化的序列,并依此来测度各种文化的差异性。与一般的成见和内涵不同,他把柔弱性(Femininity)描述为"主导价值为关心别人,重视生活质量时的情景"。

刚毅性指数高的国家,如德语系国家,注重收入、认可、提升和挑战。社会鼓励个人独立决策,并依据认可和财富决定成就的大小;刚毅性指数低的国家,如挪威,则更看重合作、友好的气氛以及雇用安全。社会鼓励个人集体决策,依据个人关系和生活环境决定成就[1]。刚毅性的管理内涵如表4-6所示。

表4-6　刚毅性的管理内涵

管理过程	低刚毅性	高刚毅性
人力资源管理		
管理者选拔	与性别无关;与学校的联系并不重要;男子女化	工作依性别划分;学校的表现和联系重要
培训	工作取向	职业生涯取向
评价/晋升	工作表现;较小按性别指定	不断的性别跟踪
报酬	各种水平的薪金差别较小;更多的闲暇时间	宁愿工作时间加长,而不放弃任何薪资收入
领导风格	更富有参与性	更富有 X 理论特征;权利主义
激励假设	强调生活质量、闲暇、休假工作不是中心	强调业绩和增长;追求卓越;工作是中心;工作认同感重要
决策/组织设计	本能的/群体的;较小的组织	果断的/个人的;较大的组织

资料来源:Adapted from Hofstede 1980;Hofstede 1991 and Hofstede in Pucik,Tichy,and Barnett 1993b. 转引自:约翰·B. 库伦(John B. Cullen). 跨国管理战略要径[M]. 赵树峰译. 北京:机械工业出版社,2003:46.

(五)长期和短期导向

霍夫斯泰德对第五个文化维度的定义如下:长期导向(Long - term Orientation)意味着培育和鼓励以追求未来回报为导向的品德——尤其是坚韧和节俭。与之相对应的另一端,短期导向(Short - term Orientation),意味着培育和鼓励关于过去和当前的品德——尤其是尊重传统、维护面子,以及履行社会义务[2],长期导向与短期导向的主要差异如表4-7所示。

---

① 弗雷德·卢森斯(Fred Luthans),乔纳森·P. 多(Jonathan P. Doh). 国际企业管理——文化、战略与行为(原书第 7 版)[M]. 赵曙明译. 北京:机械工业出版社,2009;77.

② 吉尔特·霍夫斯泰德,格特·扬·霍夫斯泰德. 文化与组织——心理软件的力量(第二版)[M]. 李原,孙健译. 北京:中国人民大学出版社,2010;222.

表4-7　长期导向与短期导向之间的主要差异:一般规范

短期导向	长期导向
付出的努力应该迅速见效	坚韧,愿意为长远回报而不断努力
有较强的消费倾向	节俭,节约资源
尊重传统	尊重环境
强调个人的立场坚定	强调个人的适应性
重视社会和身份赋予的责任	愿意为最终目标而奉献自己
重视面子	知廉耻

资料来源:吉尔特·霍夫斯泰德,格特·扬·霍夫斯泰德. 文化与组织——心理软件的力量(第二版)[M].李原,孙健译.北京:中国人民大学出版社,2010:224.

长期导向文化和短期导向文化中的人们行动的切入点是不同的,如图4-2所示。中间的星点表示目前要谈的生意。图4-2(a)表示的是长期导向的人的行为习惯,他们喜欢从边缘切入,了解清楚全部情况之后,再进入中间的星点谈"正事"。图4-2(b)表示的是短期导向的人喜欢从中间的星点"正事"开始谈起,如果成功,再拓展关系,了解其他方面的情况①。

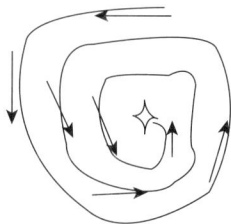

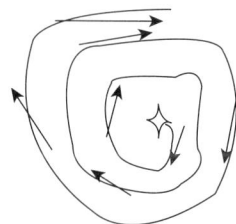

(a)长期导向的人的行动轨迹　　　　(b)短期导向的人的行动轨迹
图4-2　长期导向和短期导向的人的行动轨迹
资料来源:陈晓萍.跨文化管理[M].北京:清华大学出版社,2005:42.

但是,由于第五个文化维度的提出时间较短,霍夫斯泰德及其他学者对这种取向与工作和组织之间的关系研究较少,对这种导向的讨论更多的是基于理论推测。他们认为,倾向短期导向的西方文化在组织决策的方法上注重逻辑分析和好的战略计划。由于管理者总是假定雇员不会长久地在公司工作,因而并不能保证在雇员培训与社会化方面的任何投资将会得到回报,且组织总是集中于直接应用技能的训练;而长期导向的东方文化在组织决策中重视综合分析。长期导向文化的管理者选拔也主要基于与公司相适应的个性与受教育的特点,处于此种文化之中的雇员注重工作保障,且领导者致力于发展社会义务②,

---

① 陈晓萍.跨文化管理[M].北京:清华大学出版社,2005:42.
② 约翰·B.库伦(John B. Cullen).跨国管理战略要径[M].赵树峰译.北京:机械工业出版社,2003:47.

长期导向与短期导向的管理内涵如表4-8所示。

表4-8 长期导向与短期导向的管理内涵

管理过程	短期导向	长期导向
人力资源管理		
管理者选拔	客观评价公司可以直接使用的技能	与个人及背景特征相结合
培训	限于公司的目前需要	投资于长期就业的技能
评价/晋升	快速的;基于技能贡献	缓慢的;培养技能和忠诚
报酬	工资;晋升	安全
领导风格	利用增加经济收入的刺激方式	建立社会责任
激励假设	必要的直接的奖酬	当前的报酬次于个人和公司的长期目标
决策/组织设计	对问题进行逻辑分析;根据公司环境的要求进行设计	综合分析以达到协调一致;为社会关系而设计
战略	快速的;可计量的回报	长期利润与增长;渐进方式

资料来源:Adapted from Hofstede 1980;Hofstede 1991 and Hofstede in Pucik,Tichy,and Barnett 1993b. 转引自:约翰·B.库伦(John B. Cullen).跨国管理战略要径[M].赵树峰译.北京:机械工业出版社,2003: 44-45.

可以说,霍夫斯泰德的文化分析框架是迄今为止在跨文化管理研究中较为完整、系统的文化分析模式。它说明一个国家的管理原则与方式是建立在其文化基础上的,只有通过文化的差异性观察不同国家的管理方式的差异性,才能提升跨文化管理活动的目标性及有效性[1]。另外,由于该模型主要是基于在工作目的上存在的价值观和信念差异来建立其文化模型的,且明确了国家文化与企业文化之间的联系。因此,霍夫斯泰德模型对于企业跨文化管理来讲,就有更易于辨别的含义[2]。

三、蔡安迪斯的个人主义—集体主义理论

个人主义—集体主义理论是蔡安迪斯(Triandis)经过近30年对文化差异的研究后提出的。他在《个人主义与集体主义》一书中,总结了自己几十年来在跨文化领域的研究。

霍夫斯泰德的文化维度理论曾提到个体主义—集体主义这一维度,很显然,霍夫斯泰德认为个体主义—集体主义是同一维度上的两级,一种文化如果在个体主义上得分很高,就意味着在集体主义上得分很低,反之亦然。但是,蔡安迪斯完全不同意这种观点。他认为,个体主义—集体主义是一个文化综合体,包括许多方面,而不是简单的一个或两个维度的概念。同时,他将这个概念降到个体层面,用它来描述个体的文化导向,而非民族或

---

① 晏雄,李永康.跨文化管理[M].北京:北京大学出版社,2011:69-70.

② 约翰·B.库伦(John B. Cullen).跨国管理战略要径[M].赵树峰译.北京:机械工业出版社,2003:38.

国家的文化导向。

蔡安迪斯提出五个定义个体主义—集体主义的重要方面：①个体对自我的定义；②个人目标和群体目标的相对重要性；③个人态度和社会规范决定个体行为时的相对重要性；④完成任务和人际关系对个体的相对重要性；⑤个体对内群体和外群体的区分程度。

（一）个体对自我的定义

个人主义者和集体主义者在自我定义这点上的倾向大相径庭。个人主义者通常将自我看成独立的个体，可以脱离他人而存在且应与众不同；集体主义者则把自我看成群体的一员，且与他人有相互依赖的关系，不能脱离他人而存在。个人主义者常常把别人对自己的看法用来验证自己对自我的定义，但不直接影响或进入自我概念的范畴；而集体主义者则十分看重别人对自己的看法，且常常因此而影响到自己对自我的评价。

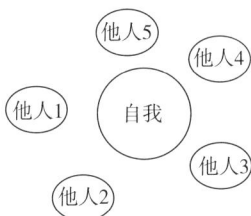

图4－3　独立自我　　　　图4－4　互赖自我

关于自我的跨文化系统研究表明，个人主义文化中的个人与集体主义文化中的个人之间的差异可以通过表4－9说明。

表4－9　个人主义文化与集体主义文化中个体的特点差异

个人主义文化中的个人	集体主义文化中的个人
对自我的了解比对别人的了解要多	对别人的了解比对自我的了解要多
认为朋友与自己的相似程度比自己与朋友的相似程度要高	认为自己与朋友的相似程度比朋友与自己的相似程度要高
有许多与自我有关的回忆，并能写出较好的自传	只有很少与自我相关的记忆，不能准确写出自传
让环境适应自我，而非改变自我去适应环境	更倾向于改变自我去适应环境，而非让环境适应自我

资料来源：Harry C. Triandis，Cultures and Social Behavior，New York：McGraw-Hill，1994. 转引自：王朝晖. 跨文化管理［M］. 北京：北京大学出版社，2009：80.

（二）个人目标与群体目标的相对重要性

在个人主义社会中，个人利益当然高于集体利益，在法律允许的范围内追求个人利益不仅合法，而且提倡且为他人所看重；当个人利益与集体利益发生冲突时，首先考虑的是如何保全正当的个人利益,然后才是集体利益。在集体主义社会中,追求个人利益是自私的表现,不仅不被提倡,还应该加紧防范;当个人利益与集体利益发生冲突时,应该毫不犹豫地牺牲个人利益,顾全集体利益,倡导大家要"大公无私",要"毫不利己,专门利人"。

(三)个人态度和社会规范决定个体行为时的相对重要性

社会心理学中的合理行动理论(阿杰生和费希本,1980)指出,影响个体行为的因素不外乎两个,一个是个体对该行为的态度和兴趣;另一个是个体感知到的别人对该行为的看法。在个人主义社会,个体的行动动因主要来自于自身对该行为的态度和兴趣,而在集体主义社会中,个体行为的主要驱动因素主要来自自己对他人可能将有的看法的认知①。

在个人主义社会,人首先想到的是怎样最大程度地满足自己的利益和需求。个人的态度决定个人的行为,每个人都对自己的行为负责,个人遵循的信仰是:"走自己的路,让别人说去吧";在集体主义社会中,人们更多地考虑他人的看法,更多地随波逐流,即使自己的态度与别人的看法或社会规范不同,个人的行为还是更多地迎合大众的态度和看法。

(四)完成任务和人际关系对个体的相对重要性

个人主义社会中的个人因为强调独立的自我,把完成任务看成自己能力和特点的体现。因此,个人任务的完成就显得尤为重要。同时,个人是通过自己的行为举止、取得的成就证明自己,而不是通过人际关系证明自己,因此,在个人主义社会中,完成任务比人际关系更加重要。

在集体主义社会中,情况则正好相反。集体主义者对于自我的定义,与那些与其有着亲密关系的人对他们的评价密切相关,完成任务并非终极目标,而是用来帮助其与他人建立关系的工具,于是与他人建立并保持良好关系就显得尤为重要。

(五)个体对内群体和外群体的区分程度

内群体是指与个体有密切关系的群体,如家人、亲朋好友、工作群体、团队,甚至同乡、同胞。外群体则是指与自己毫无关系的人的总和,如完全陌生的人、其他组织的成员等②。

一般来讲,个人主义社会不注重内外群体之分,常常对所有人一视同仁,待人接物上采取的是"对事不对人"的态度;而在集体主义文化中,人们对于内外群体进行严格的区分,采取"内则亲,外则疏"的态度。

(六)个人主义—集体主义理论新进展:水平—垂直个人主义、水平——垂直集体主义

以上六个方面的讨论展示了个人主义文化和集体主义文化之间的差异。但是,这些差异并不能解释另外一些现象,比如同为个体主义文化,美国与澳洲并不相同:美国人强

---

① 陈晓萍.跨文化管理[M].北京:清华大学出版社,2005:43 - 59.
② 王朝晖.跨文化管理[M].北京:北京大学出版社,2009:82 - 83.

调竞争;澳洲人却更为悠闲自如。又如同为集体文化,中国和以色列的"科布兹"也不一样:中国人爱攀比,喜欢"出人头地",希望"我们比他们强";而科布兹人更喜欢群体之间平等友好。针对此,蔡安迪斯在后来的论著中又提出了"水平—垂直个体主义"和"水平—垂直集体主义"的概念。水平个人主义文化中的个体追求个人利益最大化,但并不追求一定要比别人得到更多;而垂直个人主义文化中的个体不仅追求个人利益最大化,而且要去同他人攀比,要比他人更好。水平集体主义文化中的个体追求内群体利益最大化,但并不关心自己的群体是否好过他人的群体;而垂直集体主义文化中的个体不仅追求内群体利益最大化,且追求自己的群体好过他人的群体①。

四、强皮纳斯的文化架构理论

荷兰经济学家强皮纳斯(Trompenaars)围绕文化对经营管理的影响这一问题,进行了十多年的研究,研究成果在 1994 年发表。他向 28 个国家和地区超过 15000 名管理人员发放研究调查问卷。并从每个国家和地区回收至少 500 份有效问卷②。根据研究结果强皮纳斯提出了 7 个文化维度③。这 7 个体现国家与民族文化差异的维度包括:①普遍主义—特殊主义(Universalism-Particularism);②个体主义—集体主义(Individualism-Communitarianism);③中性—情绪化(Neutral-Affective);④关系特定—关系散漫(Specific-Diffuse);⑤注重个人成就—注重社会等级(Achievement-Ascription);⑥序列时间—同步时间(Sequential-Synchronous);⑦主观能动对外部影响(Inner-directed/Outer-directed)④。前面已介绍了这 7 大维度中的 3 个维度,即个人主义与集体主义,序列时间—同步时间(长期和短期导向)以及主观能动对外部影响(人与自然的关系)。下面将注重讨论另外 4 个维度。

(一)普遍主义—特殊主义

普遍主义与特殊主义最早是由社会学家帕森斯提出的。普遍主义者强调按照法律和规章的指示来行为,而且这些原则不应因人而异。特殊主义者却强调"具体问题具体分析",应当因人而异,因地而异;特殊主义者认为世间没有绝对真理,也不存在唯一正确的方法。

基于发现的这些类型,强皮纳斯建议:当来自特殊文化地区的人在普遍主义文化地区从事商务活动时,应该为理性的行为、职业的特点以及"一切只为商务活动"的态度做好准备。相反地,当来自普遍主义文化地区的人在特殊文化地区从事商务活动时。应该对那些似乎毫无原则的看人行事、凡事找熟人关系的态度有所准备。

---

①　王朝晖.跨文化管理[M].北京:北京大学出版社,2009:79 - 86.

②　弗雷德·卢森斯(Fred Luthans),乔纳森·P.多(Jonathan P. Doh).国际企业管理——文化、战略与行为(原书第 7 版)[M].赵曙明译.北京:机械工业出版社,2009:82.

③　See Trompenaars F. Hampden-Turner C.,Riding the Waves of Culture,New York:MeGaw-Hill,1997.

④　朱晋伟.跨国经营与管理[M].北京:北京大学出版社,2011:120.

（二）中性—情绪化

中性与情绪化这个维度主要是指人际交往中情绪外露的程度。情绪表露含蓄、微弱的文化则被称为中性文化,而情绪表露鲜明、夸张的文化则被称为情绪文化。在中性文化中,人们不愿表现出他们在想什么以及感受如何,人与人之间很少有身体接触以及有夸张的面部表情;而在情绪文化中,人们则会将想法和情绪不加掩饰地表现出来,人与人之间身体的接触比较公开、自然,沟通时充满丰富的肢体语言以及夸张的面部表情。

鉴于此,强皮纳斯建议:来自于情绪文化的人在与那些来自中性文化的人做生意时,他们应该尽可能地写成书面的东西交给对方。他们应该意识到,缺少感情并不意味着无聊和无趣,只是来自中性文化的人不喜欢把感情表露出来而已。相反地,来自于中性文化的人在与那些来自情绪文化的人做生意时,当对方对一件事情变得积极主动时,应该尽量不要放慢步调,而是热情地回应对方的感情偏好。

（三）关系特定—关系散漫

这个维度可以用来解释在不同文化中生活的人在人际交往方式上的巨大差别。它是由著名心理学家科特·勒温提出的,他在 1934 年发表的《拓扑心理学原理》一书中,提出了两类交往方式:一类为特定关系类型,把人与人之间的界限划分得清清楚楚,特定领域,特定人群,不渗透、不混淆,对事情一是一、二是二,从来都对事不对人;另一类被称为散漫关系类型,散漫关系文化中的人倾向于把所有的生活领域都联系起来,他们认为所有的事情都有千丝万缕的联系,比较注重面子。

针对这一认识,强皮纳斯建议:当特定关系类型的人在与散漫关系类型的人做生意时,应该尊重他人的头衔、年龄和背景,不能因为他人的间接和迂回而失去耐心。相反地,当散漫关系类型的人在与特定关系类型的人打交道时应该直接和高效,学习明智地运用议程来组织会议,且在讨论不相关的问题时不要用他们的头衔或者技艺。

（四）注重个人成就—注重社会等级

注重个人成就的文化是指在该文化中,一个人的社会地位和他人的评价是按照他最近取得的成就和业绩记录进行的。注重社会等级的文化则意味着一个人的社会地位和他人的评价是由该人的出生、血缘关系、性别或年龄决定的,或者是由该人的人际关系和教育背景决定的。在管理上,个人成就导向的文化中,人们尊重那些有知识和技能的管理员,按照业绩付酬是大家都能接受的原则。在社会等级导向的文化中,人们尊重那些资历深的管理人员,而不只是有知识和技能的人员,很难推行 100% 的业绩与薪酬挂钩制度①。

对于此类情况,强皮纳斯建议:当一个受个人成就文化氛围影响的人与一个受社会等级氛围影响的人做生意时,他最好确定他的组织里有更年长、地位更高、具有正式决策权的人并能给对方留下印象。相反地,当一个受社会等级氛围影响的人与一个受成就文化

---

① 李亚民.企业文化学［M］.北京:机械工业出版社,2012:222 - 223.

氛围影响的人打交道时,他应该确定他的组织里有充足的资料、技术顾问和有学识的人,从而向其他组织证明自己的组织是专业的,并且应当尊重对方组织里的对手的知识和信息①。

第三节 主要国家或地区文化的特征

受地理环境、发展历程、历史背景以及其他因素的影响,不同国家和地区的文化具有不同的特征。了解不同国家或地区的文化特征,明确彼此之间的文化差异,在跨国域、跨民族、跨文化的经济和社会交往中,当面对一个陌生的文化时,才能更好地处理由于文化差异引起的一系列问题②。下面主要对美国、日本、欧洲以及中国的文化特征进行讨论。

一、美国文化的特征

美国历史很短,至今只有 200 多年。由于美国是一个典型的移民国家,而移民的多源性则直接构成了美利坚民族的多元性和美国文化的多样性③。各移民所带来的各国文化,经过优胜劣汰进行相互融合和进一步发展,形成了独特的美利坚民族文化和民族性格。美国文化特征如下:

(一)移民文化的"大熔炉"

移民文化是美国文化的最重要特征。先是英格兰人,再是操着非英语的天主教、东正教、犹太教等教派的移民,还有非洲黑奴以及亚洲移民的进入,使新生的美国成为一个多元文化的聚集地,各种文化兼容并蓄构成了独特的美国文化。

(二)民主共和

美国经历了北美独立革命和南北战争的洗礼,逐渐形成了争取独立、自由与民主的传统,体现在政治上是建立的民主共和制,在制度允许的条件下,各方政治力量可以在内政、外交、经济政策上开展公开竞争。可以说,民主不仅是美国政治制度和社会架构的基本元素,而且是渗透到社会生活方方面面的基因。

(三)崇尚自由竞争

美国经济以自由竞争为主,自由占有土地、自由经营、生产要素自由流动使自由经济得到充分发展。虽然后来出现了托拉斯、大型控股集团公司等垄断力量,但美国的经济立

---

① 田泽,马海良.国际企业管理——文化、战略与行为[M].北京:清华大学出版社,2012:65-68.
② 王朝晖.跨文化管理[M].北京:北京大学出版社,2009:5.
③ 李其荣.美国文化解读:美国文化的多样性[M].济南:济南出版社,2005:1.

法仍以反垄断、鼓励自由竞争为宗旨,这些称谓缔造了现代市场经济的基本价值和信念。

(四)平民主义与"美国梦"

美国号称"自由之邦,机会之都",是许多年轻人实现梦想的地方,美国人乐观开朗,相信命运由自己做主,主流价值认同平民主义、公平和宽容,蔑视不劳而获的食利者阶层。美国是崇尚个人奋斗和个人英雄主义的国度,许多依靠白手起家和艰苦拼搏而成功的杰出人士是美国人心目中的偶像,比如一代歌王迈尔克·杰克逊和现任美国总统布拉克·奥巴马等都是集平民出生和个人奋斗于一身的成功实现美国梦的典型[①]。

二、欧洲文化的特征

恩格斯指出:"没有希腊文化和罗马帝国奠定的基础,也就没有现代欧洲。"欧洲文化的来源是古希腊文化和基督教文化。古希腊给欧洲留下了科学与民主这一精神财产,而基督教则给欧洲提供了理想人格的道德楷模。前者表现为崇尚理性,后者则诉诸宗教信仰,"文艺复兴"是欧洲文化的一场极为重要的革新运动,它奠定了近代欧洲文化的基本精神——人文主义,即突出人的地位,反对宗教迷信及神学信条对人的精神的愚弄,主张自由、平等和博爱,提倡个性解放,反对强权。

(一)追求精神自由

这种自由不是来自政治上和肉体上的自由,不是为所欲为、毫无约束的自由,而是精神上的自由,这种自由缘于宗教信仰,它依靠基督的福音,凭借对上帝的信仰,是真正的自由。

(二)倡导人文主义,追求民主精神

人文主义的主要精神是突出人的地位,主张自由、平等、博爱精神,提倡个性解放,崇尚个人主义,反对强权。

(三)强调理性与科学

欧洲人强调理性思维和逻辑推理,崇尚科学和理性主义。亚里士多德认为生活的最高层次是理性的活动,从文艺复兴乃至近代,理性主义态度和科学实验精神在欧洲各国得到进一步发扬,理性科学的思维方式对他们的生活和管理有着极其深远的影响[②]。

(四)工作观念

欧洲人倾向于把人的精神社会生活和工作场所区分开来,8小时工作的内外界限分

---

① 田泽,马海良.国际企业管理——文化、战略与行为[M].北京:清华大学出版社,2012:70-71.

② 赵曙明.东西方文化与企业管理[M].北京:中国人事出版社,1995:89-92.

明,认为在工作单位无须个人感情,上司与下属之间应保持一定的距离,人际关系的亲密只存在于家庭、教堂、俱乐部等场所①。

三、日本文化的特征

日本是一个发达的资本主义国家,又是一个东方国家,具有浓厚的东方传统文化色彩。自从中国儒家文化传入日本后,日本社会就接受了儒家文化的基本价值观,并把儒家文化的核心概念"仁"改造成"忠"和"诚",逐步形成了大和民族的文化传统。日本文化主要表现在以下几个方面:

(一)强调群体至上,弱化个人意识

传统的日本文化,强调群体统一的特征,倡导群体合作。强调群体和谐统一的行为规范,个体要维护和尊重群体的利益。个人的成功主要是依靠个人对集团的忠诚和献身精神,而不是靠"最大限度发挥个人的能力"。

(二)强烈的家族意识和等级观念

在日本社会组织的上下级系统中,两个日本人之间的基本关系是"父子式"关系。这种双边关系的延长产生了一种类似于血统宗族关系的组织。在这种"父子式"的组织中,每一个成员都按照他进入组织的时间顺序确定了这种相互依赖关系。

在日本的公司或群体中,权威受到绝对的尊重。这主要是由习惯、传统和长幼之间的"父子"关系所决定的。下级对上级要绝对尊重、绝对服从②。

(三)强烈的理性精神

日本式理性至少由三个因素构成:①生存理性。由于日本的资源极其缺乏,日本人从来不对现实产生一种安逸感,他们深知只有拼命地努力才能取得生存权利。②危机理性。在历史上,日本曾数次落后于包括中国在内的邻国和西方国家。与邻邦和强国相比所产生的危机感时刻鞭策着日本民族,只有自强、敢为人先才能发展自己,从而取得主动权。③人文理性。日本自"文化革新"后,开始接受儒家文化。儒家文化属于理性文化,这便使日本民族的实用理性上升到人文理性,巩固了日本民族的理性精神。具体表现在,日本民族善于在逆境中寻求机会,在工作中力求尽善尽美,而且永不满足③。

(四)强调"家内和合",弱化雇佣意识

日本企业普遍认为尽管现代企业实行的是雇佣制度,但日本传统文化中的道德观、秩序观,为企业提供了另一种管理思想,即在企业内部不过分地强调雇佣与被雇佣的关系,

---

① 田泽,马海良.国际企业管理——文化、战略与行为[M].北京:清华大学出版社,2012:72.
② 胡军.跨文化管理[M].广州:暨南大学出版社,1995:228 – 232.
③ 陈荣耀.内协外争——东方文化与管理[M].广州:广东人民出版社,1994:220.

而强调企业是家庭和家族的延伸,企业内部形成一种"家内和合"的气氛,将雇佣关系转化为亲情关系。在这种思想引导下,日本企业普遍实行"终身雇佣制"和"年功序列工资制",不管企业发生什么困难,都不愿随意解雇员工,这是企业对员工勤奋工作的承诺,而员工的努力则是对企业承诺的回报[①]。

四、中国文化的特征

中国文化博大精深,源远流长,当代中国文化既传承了几千年的文化传统,又经过了百年的东西文化碰撞,与时俱进。总体而言,中国文化的特征体现在以下几个方面:

(一)人本精神

中国文化数千年的历史,一直将人作为宇宙的中心,万物的主宰,强调人是天地间最灵秀的生灵。孟子曰"天地之性,人为贵",所以中国文化中有以追求人的自由、人的尊严、人的价值为主题的文化传统。

(二)天人合一

"天人合一"是古代中国人处理自然界和精神界关系所持的基本思想,其突出特征是:人是自然界的一部分,服从自然规律,人性即天道,道德原则与自然规律一致,人生理想就是天人协调。由此而形成的统一和谐的观念,强调发挥集体主义精神,不以个人得失为重,培养谦恭有礼、忍让耐劳、顾全大局的价值取向。

(三)中庸之道

何谓"中庸"?不偏不倚谓之中,恒常不易谓之庸。儒家文化的核心价值观便是"中庸之道",从而塑造了中国人的中庸之德,使中国人形成了中庸的思维与行为方式。面对现实人生有很多具体的两极选择,人们试图有效地在对立的两极之间找到了一个平衡的支点,并使对立双方归于统一。在今天的语境下,"中庸"就是要正确把握度并协调好各种关系,以益于社会的和谐、稳定、持续进步。中庸之道的真谛在于:坚守中正,寻求适度,不偏不倚,无过不及[②]。

(四)关系导向

在中国,社会关系导向是极为明显的,这里"关系"是指社会关系与交际网路。中国人做什么事,都首先要看看有没有"关系",人们非常看重非正式渠道关系,并以此作为其正式发展的社会资源[③]。

---

① 田泽,马海良.国际企业管理——文化、战略与行为[M].北京:清华大学出版社,2012:72.
② 张中科.消费者行为学[M].北京:中国人民大学出版社,2011:288-289.
③ 田泽,马海良.国际企业管理——文化、战略与行为[M].北京:清华大学出版社,2012:73.

第四节　跨文化管理能力培育

如何在意识到文化差异,并且明确了文化差异对跨国公司经营的重要影响后,利用跨文化管理的理论指导实践,进行跨文化管理能力的培育和发展,是保障跨国公司跨文化管理高效开展的关键内容。

一、文化差异的识别能力

由于文化冲突是由文化差异造成的,因而在进行跨文化管理时首先要分析和识别文化差异。根据霍夫斯泰德教授的观点,文化不是一种个体特征,而是具有相同的教育和生活经验的许多人所共有的心理程序[1]。当跨国公司的管理人员到具有不同文化的东道国工作时,往往会因为东道国的语言、价值观念、思维方式、行事习惯等差异而遇到很多困难,甚至产生冲突,从而影响跨国经营战略的实施。所以,识别并理解文化差异是培育管理人员跨文化管理能力的一个极其重要的内容。

理解文化差异有以下几层含义:①理解东道国文化与母国文化的差异;②理解东道国文化如何影响当地员工的行为;③理解母国文化如何影响母国公司派去的管理人员的行为;④理解跨国企业内部主文化与亚文化的差异及两种文化对企业员工行为的影响。企业管理人员只有以理智和稳重的态度认识和理解文化差异、以包容和积极的心态接受并适应文化差异,才能消除在跨国经营过程中的种种文化因素障碍。

按照美国人类学家爱德华·郝尔的观点,文化可以分为三个范畴:正式规范、非正式规范和技术规范。而不同类型的文化差异可以采用不同的措施去克服。正式规范是人的基本价值观、判断是非的标准,它能抵抗来自外部企图改变它的强制力量。因此正式规范引起的摩擦往往不易改变。非正式规范是人们的生活习惯和风俗等,因此引起的文化摩擦是可以通过较长时间的文化交流克服。技术规范则可通过人们技术知识的学习而获得,很容易改变[2]。

二、有效的跨文化沟通能力

在跨国公司和全球性的大企业中,要想成功协调所有活动,沟通扮演着越来越重要的角色。管理者一天有80%的时间用于沟通。全球化遍及世界的各个角落,文化的多样化在跨国公司和全球性的大公司中显得越来越突出,这也使得跨国企业在其经营过程中,更

---

①　王竹青. 论跨国公司的跨文化管理[J]. 重庆工学院学报,2002(2):79－82.
②　周建临. 国际企业管理[M]. 上海:立信会计出版社,2009:279－280.

容易面临由语言障碍、文化障碍、认识障碍等而导致的沟通障碍,那么如何通过有效的手段减少甚至消除这种障碍,这对于跨国公司和全球性公司的生产力有着极其深远的影响①。

(一)改进反馈机制,拓宽沟通渠道

对于跨国公司而言,在母公司与世界各地子公司之间建立有效的反馈机制甚为重要。这种机制既包括面对面会谈、电话交谈和电子邮件等人际沟通方式,也包括汇报、预算、计划等方式②。同时,在沟通中也应注意及时反馈,接受者对得到的信息进行领悟、理解,然后通过某种方式将自己的意见、态度反馈给对方,进行逆行传递。此外,在利用正式沟通渠道的同时,可以开辟高级管理人员至低级管理人员非正式的直接沟通渠道,以便于信息的传递③。

(二)使用正确简单的语言

由于语言是产生沟通的重要障碍之一,因此信息发送者应该选择准确的措辞,以使信息清楚明确,易于接收者理解。在跨文化沟通中,信息的发送者还要学会区分高语境和低语境,通过简化语言并注意使用与听众一致的言语方式从而提高理解效果。

(三)发展共感

缺乏共感一般表现为不能正确解释和评价别人的价值观,缺乏共同的背景,缺乏对与我们所拥有的特定的世界观和价值标准不同的人的宽容态度,是导致沟通失败的原因之一。发展共感的含义有如下几个方面:①要承认个人之间、不同文化之间存在许多差异。②要正确认识自己,消除优越感和民族中心主义的偏见,脱离自我和环境相分离的状态。③要站在他人的立场上看问题,从他人的角度考虑问题,学会"换位思考"④。

三、共同经营理念:跨文化价值的创建能力

在许多方面,正是不同文化之间的相似之处使得人们有可能去发现共同的基础并建立起联系。能力卓著的跨文化管理者应该意识到这些相似点,并且寻求、发展它们作为建立自己和他人之间联系的一座桥梁。

(一)求同存异

下面这个例子并不是有趣的:美国儿童伸出舌头表示蔑视,中国藏族人以此表示对异

---

① 阿尔温德·V. 帕达克(Arvind V. Phatak),拉比·S. 巴贾特(Rabi S. Bhagat),罗杰·J. 卡什拉克(Roger J. Kashlak),石永恒. 国际管理(中国版)[M].北京:机械工业出版社,2006:309.

② 马春光. 国际企业管理[M].北京:对外经济贸易大学出版社,2005:377.

③ 周三多,陈传明,鲁明泓. 管理学——原理与方法(第五版)[M].上海:复旦大学出版社,2008:458.

④ 晏雄. 跨文化管理[M].北京:北京大学出版社,2011:114.

地生客的礼貌,中国汉族人则用以表示惊讶。但更为重要的是,他们共享着一些关键的特征,这些特征将他们联系在一起。

(二)利益关联

文化整合并不代表双方和解,也不意味着任何一方做出什么让步,它只存在于某一实际环境中。当人们从事着"与文化无多大关系"的事时,它才会被发生(Samovor,1981)。这种"与文化无多大关系的事",多半与人们共同的利益相关联。在跨国公司经营中,寻求双方共同的利益,建立共同的经营理念,是唯一有效的选择。

(三)独自负责

国际合资经营是一种典型的跨文化合作方式。《跨文化条件下管理有效性及中外合资企业成功因素研究》的结果显示(范徵,1993):合资企业的最高管理者对合资企业本身利益(而不是他们各自的母公司的利益)负责,是中外合资企业成功的关键①。

四、跨文化管理的三种策略

除却探寻跨文化共性、创建共同的经营理念外,跨国公司还可以利用跨文化差异。跨国公司对待和处理不同文化关联方式的战略是不同的。如果用两个圆来表示两种公司文化,从几何逻辑的角度来讲,两种文化相关联的方式可以有三种跨文化解决方案,见表4-10:即文化平行/并存,文化交叉/融合,以及文化包含/覆盖。针对不同的情况,需要采取不同的"跨文化管理"策略。

表4-10　两种文化相关联的方式与三种跨文化解决方案

文化关联图示			
特点	文化平行/并存 母子公司各自为政 海外子公司地方化	文化包含/覆盖 全球化经营 强文化压倒弱文化	文化交叉/融合 公司文化虽有差异,但也有融通之处
优点	地区差异化 地区应变能力强	标准化管理效率高 注入新的管理思想	文化创新 能联合整体优势
缺点	诸侯割据 错失可能的协作 工作有重复性	难得到各方面认同 管理无灵活性	实际实施时阻力大 部门之间存在摩擦

① 范徵.跨文化管理:全球化与地方化的平衡[M].上海:上海外语教育出版社,2004:24.

	文化差异较大企业间的合作、 海外业务占有大比例 非参与管理式 非100%收购或合资控股公司	全球标准化企业 参与式 100%收购一方为主合资 独资兴建	母子文化协作性高 参与式 非100%收购或合资其他联盟方式
适用条件			

资料来源:冯雷鸣,范徽.跨国公司管理[M].北京:北京大学出版社,2007:243.

(一)文化平行/并存

从几何逻辑的角度来看,两个圆平行代表两种公司文化并存的关系。这种方法反映了母公司与子公司之间的多元文化共存的关系,母公司与子公司各自为政,地方公司自治程度很高,可以自由做决定,做他们认为合适的事来完成业务目标。也就是说,母公司决定应该做什么,而子公司自己决定应该如何做。跨国公司在做跨国经营时,将每一个国家和地区都视为独立的个体,并不把母公司的文化模式加于各子公司之上,而是根据各子公司的具体情况,将母公司的文化与子公司的文化平行并存。

(二)文化包含/覆盖

这种情况在几何中表现为一个圆包含另一个圆,如果大圆圈表示一种"强文化",而小圆圈表示"弱文化",那么这种情况下就是"强文化"压倒"弱文化"。对于选择文化完全覆盖的跨国公司而言,可以通过两种方法来实现。一种是文化转移与学习,这一般适用于全球标准化的企业;另一种是文化灌输,这可以适用于收购企业。

(三)文化交叉/融合

这种情况是两个圆相交叉,企业的母文化与子文化之间有比较高的协作性,可以进行文化创新,这种解决方案一般适用于合资等联盟企业。两个圆代表两个合资企业的母公司文化,虽然有所差异,但也有共同之处,将两者的共同之处相融合并发展创新,用创新出的文化作为合资企业的文化,也是一种跨文化管理的解决方案①。

---

① 冯雷鸣,范徽.跨国公司管理[M].北京:北京大学出版社,2007:243-245.

本章课后习题

一、关键词

跨文化管理、跨文化管理理论、跨文化管理能力培育

二、复习思考题

1. 文化差异对跨国公司的经营有哪些影响?

2. 克拉克洪—斯乔贝克六大价值取向理论、霍夫斯泰德的文化维度理论、蔡安迪斯的个人主义—集体主义理论、强皮纳斯的文化架构理论,各自的理论内涵是什么?

3. 跨文化管理能力培育的主要内容包括哪些?

三、讨论题

组织学生分组研究知名国际企业的跨文化管理案例,之后撰写调研报告。

第五章　国际企业人力资源管理

【本章提要】

人力资源是国际企业的核心资源,需要国际企业投入大量的精力和资本进行管理与开发。由于国际企业的人力资源对文化认可要求高、技能禀赋有差异、所处环境变化快、培训开发周期长、价值创造能力高,管理工作难度更大。

从实践角度来看,国际企业人力资源管理的工作主要包括人员招聘、培训与开发、绩效管理和薪酬管理。除此之外,国际企业的特性也决定了跨文化沟通、员工关系管理和员工激励工作在国际企业人力资源管理中的重要性。

【学习目标】

通过本章的学习,学生应该:

1. 掌握国际企业人力资源管理的概念、特点和模式。

2. 熟悉国际企业人力资源管理的四大职能模块。

3. 了解国际企业中员工跨文化沟通的重要性,对员工关系管理和员工激励的难点和策略有一定的掌握。

【开篇案例】

员工情绪和数字哪个更重要

进入 A 公司做人力资源部经理是张欣努力争取来的机会。这家外资公司有着悠久的企业历史和完整的企业文化。张欣非常喜欢这里有条不紊、规则明确的工作氛围,相信自己在这样成熟的企业中一定会大有作为。

然而不到半年,张欣就遇到了一个大难题。根据公司的规定,作为人力资源部的经理,每个季度他都必须给本部门员工评定绩效等级,并将评定的结果量化,提交给总经理过目。评定时他必须选出15%的员工作为优等,10%的员工作为末等,前者可以得到可观的奖励,后者则要接受公司的惩罚。可是人力资源部门的工作本来就很难量化,并且部门中有不少工龄较长的老员工,他们有较强的威信和影响力。当评定结果显示几位老员工绩效最差时,由他们引发的抵触情绪就在部门中蔓延开来。张欣觉得很为难,按照 A 公司的风格,数字就能说明一切,然而一些中国员工难以摒弃"人情管理"的思维,对量化评定的结果无法接受。张欣心里犯嘀咕,员工情绪和数字,到底哪个更重要?

案例解读:跨国企业中往往会存在这类文化冲突。不仅仅是绩效评定,在员工招聘、培训、薪酬制定等工作中,不同的文化和思维方式都给国际企业的人力资源管理带来了不少难题。因此,跨文化管理工作是人力资源管理者不可忽视的重点。

在"经济全球化"的浪潮席卷世界各个行业的同时,文化全球化、资源全球化、信息全球化等潮流也紧随而来,各国文化和思想在融合碰撞中给跨国公司的管理带来了机遇和挑战,其中一个热点领域就是国际人力资源管理。人力资源作为企业的核心资源,其承载的知识、技能、信息等为企业带来巨大的价值,拥有不同文化背景的员工聚集在一起工作,也对公司中不同文化的融合起到了决定性作用。由于涉及国际人力资源管理的公司主要是跨国公司,因此本书中将跨国公司的国际人力资源管理作为主要研究对象。

第一节　国际企业人力资源管理概述

跨国公司将不同国家的人力资源、物质资本、金融资本、信息等资源联系在一起,对不同的文化进行融合,国际人力资源管理就是在这样一种多元化的文化氛围中进行的。管理实践与文化情境不可分离,且两者相互渗透。这也是跨国公司人力资源管理与本土公司的最大区别。

一、国际企业人力资源管理概念

国际企业人力资源管理尚未有统一定义,在研究相关问题时很多学者还会使用战略性国际人力资源管理、跨国公司人力资源管理等相似概念进行阐述。

舒勒和道林(Schuler & Dowling,1992)等认为,所谓的战略性国际人力资源管理实际上就是在考虑了企业多国战略活动以及企业国际经营目标以后,有关企业人力资源管理职能、政策、实践等相关问题的企业人力资源管理理论[1]。此概念突出了跨国公司人力资源管理相关问题在多国文化情境中的处理。

国内学者赵曙明(2001)认为,国际人力资源管理实际上包括三个维度:①人力资源管理活动,即包括人力资源的获取、分配和利用;②与国际人力资源有关的三个国家,即东道国、母国和第三国;③跨国公司的三种员工,即东道国员工、母国员工和第三国员工[2]。这三个维度分别以人力资源管理的职能、跨国公司涉及的经营范围以及跨国公司人力资源管理对象的角度进行概念的理解。

埃德尔和加达尔(Adler & Ghadar,1989)认为,跨国公司中的国际人力资源管理实践是一种机制,帮助企业处理内部和外部的控制权和跨文化问题[3]。

林新奇(2011)认为,国际人力资源管理的定义可以从四个视角进行剖析:制度比较视

---

①　Schuler,R. S.,Peter J. Dowling and Helen DeCieri. An Integrative Framework of Strategic International Human Resource Management [J]. International Journal of Human Resource Management,1992(Dec):717 – 764.

②　赵曙明. 人力资源管理研究[M]. 北京:中国人民大学出版社,2001:264 – 275.

③　Adler,N.,Ghadar,F. Research in Global Strategic Management:A Canadian Perspective[J]. In A. Rugman (Ed.),Globalization and Human Resource Management. vol. 1,1989:179 – 205. Greenwich,CT:JAI Press.

角、跨文化管理视角、跨国公司视角和问题导向的新视角。其中,制度比较视角是比较管理学对人力资源管理的研究,以比较分析为基础;跨文化管理视角以文化和价值观为出发点,重点关注文化观念的异同和引起的行为价值特征;跨国公司视角的定义着眼于跨国公司层面的人力资源管理及由此产生的职能活动特征;问题导向的新视角对国际人力资源管理中存在的问题直接进行研究,着眼于现实需要①。

　　国际人力资源管理、战略性国际人力资源管理、跨国公司人力资源管理这三组概念都强调了跨国公司人力资源管理与本土公司人力资源管理相比较的特殊之处,然而国际人力资源更偏重于对不同国界的员工进行管理,战略性国际人力资源管理强调要将公司发展战略作为人力资源管理的指导,相比之下,跨国公司人力资源管理研究的范畴有所缩小,主要以跨国公司内的人力资源为研究对象。通过对多位学者研究的考察和梳理,本书认为,国际人力资源管理就是拥有跨国业务的公司在公司战略的指导下,对公司涉及的人力(包括母国员工、东道国员工和第三国员工)进行选拔、有效开发、合理使用、关系维护等一系列制度与实践。国际人力资源管理的主要任务是为跨国公司的母公司、子公司及海外机构提供和维护所需的、可胜任的人力资源,制定可为不同文化背景的员工接受的管理方法,并使用合理的激励手段,引导这些员工帮助企业实现战略目标。

二、国际企业人力资源管理特点

　　拥有跨国业务的公司与本土公司相比,其人力资源有五大独特之处:第一,文化认可要求高。不同国家和民族的员工拥有不同的信仰、价值观和行为准则,这些千差万别的文化背景使得不同国别的员工拥有不同的性格特征、理解倾向、人际处理方式,对企业的文化存在适应和认可的问题。同时员工也会要求企业尊重和认可自己国家、民族的文化。第二,技能禀赋有差异。由于不同国家和地区重点发展的产业不同,遵循的管理理念也不同,往往会导致不同国家的劳动力有不同的技能禀赋。如中国台湾地区的文化创意产业发展突出,因此来自台湾地区的员工往往具有较强的创新意识。第三,所处环境变化快。随着世界范围内各种资源的流转速度加快,跨国公司在进行人力资源管理时要根据全球人才市场供求情况等多个指标及时进行策略的调整和落地。第四,培训开发周期长。对于要离开母国工作的员工和管理非本国员工的管理者来说,必要的文化和语言培训是不可或缺的,同时,对于管理人员的跨文化管理技能和领导力提升的培训也具有长远意义。第五,价值创造能力高。本土企业人力资源一般来源于本国,其所拥有的技能、知识等要素也受到一定的限制。跨国公司人力资源来自不同国家,拥有不同教育背景下的多种知识、技能,从而拥有更多维度的人力资本价值,可以为企业构建更强的竞争力,带来更多的利益。

　　正是由于国际人力资源管理面对的文化融合问题更为明显、管理环境更为复杂,跨国公司应对人力资源投入更多的关注,建立更为完善的沟通机制和市场监测机制,以消除可

①　林新奇.国际人力资源管理(第二版)[M].上海:复旦大学出版社,2011:8－11,59－66.

能出现的文化冲突和问题,最大程度发挥人力资源的作用。其中一个关键问题是要处理好子公司的管理本土化和母公司、子公司文化统一的关系。统一的文化可以帮助企业员工形成一致的目标系统和价值观念,但跨国公司也要尊重子公司所在地的管理方式,与子公司所在地相匹配的管理制度和观念有可能带来更为有效的管理效果①。同时,跨文化管理对跨国公司的中高层管理人员提出了新的要求,即要求管理者具有较强的文化敏感性,对子公司所在国家的经济、政治、文化风俗等有一定程度的了解,这可以帮助决策者理清发展方向,及时修正管理方式。

三、国际企业人力资源管理模式

对跨国公司人力资源管理模式进行研究时,不同学者有不同的观点。比较常见的模式主要有人力资源来源选择模式和典型国家管理特征模式两种,前者从不同来源的人力资源特点和与企业文化匹配程度的角度确定管理模式,后者则从几个典型国家不同的管理观念出发确定管理模式。

(一)人力资源来源选择模式

国际企业往往采用四种人力资源管理模式来支撑战略的达成,包括民族中心的国际人力资源管理模式、多中心国际人力资源管理模式、地区中心国际人力资源管理模式和全球国际人力资源管理模式。其中,民族中心的国际人力资源管理模式是指公司在管理的各个方面,都应该倾向于遵循母公司的管理习惯;多中心人力资源管理模式认为东道国的员工更了解当地的经济、政治情况,故应设立多个中心,按照东道国的管理习惯运行不同中心的小公司;地区中心与多中心的区别在于前者按照地区划分,后者按照国家划分,同样是遵循当地的管理方式;全球国际人力资源管理模式主张将不同岗位和最适合的员工匹配起来,而不关注该员工来自哪个国家、哪种文化,这种模式是真正的全球化管理模式,但实施起来最为复杂,难度大②。

(二)典型国家管理特征选择模式

按照文化特征的不同将国际人力资源管理模式分为美国、欧洲、日本和中国四种模式。美国模式崇尚劳动市场的自由性,职业分工制度化管理,强物质刺激以及对抗性的劳资关系;欧洲模式在自由度上不及美国,组织在较大程度上受到所有制结构的影响,员工受到企业的重视;日本模式最突出的一点就是存在长期稳定的雇佣关系,员工与企业的心理契约很强;中国模式还受到人事管理思想的较大影响,严管方式和以人为本并存,同时还没有完全脱离"官本位"思想的影响③。

---

①　林新奇.国际人力资源管理(第二版)[M].上海:复旦大学出版社,2011:61－62.
②　曹洪军.国际企业管理[M].北京:科学出版社,2006:328－331.
③　林新奇.国际人力资源管理(第二版)[M].上海:复旦大学出版社,2011:76－120.

四、国际企业人力资源管理的瓶颈

　　跨国公司进行人力资源管理时可能会遇到各种各样的问题,这些问题可能来自企业外部,也可能来自内部。处在全球企业争夺人才、竞争越发激烈的环境中,跨国公司对全球人才的吸引和布控受到多方面的影响:

(一)东道国政治与政策障碍

　　子公司虽然受控于母公司,但其实际经营活动发生于东道国。不同的国家有不同的政治体制和政权稳定程度,相应地,子公司的管理活动就会受到当地政治稳定性的影响。在某些国家,民族冲突和反政府组织挑衅频发,当地的员工可能会响应召集参与一系列政权活动而导致企业活动中断,外派到该国的员工也可能受到安全的威胁。为解决这种问题,跨国公司对员工的安全培训至关重要,同时应使外派员工清楚地了解东道国的政治局面,防止员工无意的政治言论引发不必要的纷争。

(二)东道国与母国经济差异影响

　　各国经济发展水平和物价水平的不同对跨国公司人力资源管理也有一定的影响,较明显的是对子公司员工薪酬制定的影响。子公司员工的薪酬要考虑东道国当地的市场薪酬水平,综合员工平均生产率和人力成本预算进行确定。某些地区的薪酬水平较高或者较低,都会给子公司薪酬体系的设计带来一些限制。同时,不同国家经济发展阶段和现状都会影响本国劳动力对薪资的预期,跨国公司在进行薪酬管理时要充分考虑东道国经济的影响。

(三)社会因素制约

　　社会因素主要是指东道国长年累月流传下来的文化传统、风俗习惯、宗教信仰和长期发展的教育水平等,主要影响着人员的招聘、培训和企业文化建设。首先,不同国家的员工接受和认可的文化、价值观、生活习惯、伦理观念、思维方式、管理方式和观念都有不同程度的差异,因此在招聘时要克服文化差异,创造宽容的企业文化,吸引来自不同民族的人才;其次,由于不同国家的教育水平有所差异,国家劳动力的平均生产率和胜任能力也影响着招聘的质量和数量;再次,跨国公司保持人力资源队伍稳定的难度也高于国内公司,要做到企业文化为全体员工认可是非常困难的,需要跨国公司对企业文化和规章制度进行不断的修正和完善,提升企业认可度;最后,文化融合和文化认同是一个长期的过程,需要对外派人员和管理人员进行持续的、有针对性的培训,避免对不同文化和信仰的误解导致的冲突,逐渐消除社会因素的制约。

(四)不同法律体系产生的约束

　　法律体系和执法情况的差异也会对跨国公司的人力资源管理产生一定的影响,尤其是与劳动关系、员工派遣、公民出境等相关的法律法规直接影响了母公司和子公司的员工调配和管理。如在美国,劳动关系相关法律较为健全,对工作环境中的性别歧视、残疾人歧视、性骚扰等问题有明文规定,工会的势力也较强。在美国设立分支机构的跨国公司在处理相关问题时,应注意美国的劳动法律,并对管理制度做相应的调整,避免触犯其法律法规。

(五)管理人员素质和能力不足的制约

为更好地应对人才全球化的挑战,提升管理人员的素质和能力非常重要,适应跨文化管理情境的管理人员可以更好地判断改进管理方式的方向,帮助母公司和子公司建立顺畅的沟通机制,并在子公司员工遇到问题时独当一面,合理解决急迫的问题。然而有些跨国公司对管理人员跨文化管理能力培育重视不够,培育不足,导致子公司出现某些特定文化引发的冲突而难以解决,严重影响着跨国公司的发展。

第二节 国际企业人力资源职能管理

企业人力资源管理涉及的重要模块主要有人力资源战略规划、职位分析与评价、人力资源获取与配置、绩效管理、薪酬管理、培训与开发、劳动关系维护及人力资源外包等工作。其中较为核心的职能模块主要包括人员招聘、培训与开发、绩效管理和薪酬管理,本节主要针对跨国公司的这四种职能模块进行分析。

一、国际企业人力资源招聘和甄选

跨国公司人力资源招聘与国内公司招聘的最大区别在于招聘方式和考察重点与东道国的文化有紧密联系。如由于美国文化隐含英雄主义和个人主义的观念,并且追求高效率,因此招聘美国员工时要重点考察其个人工作能力和技能;日本文化以"和"为重,提倡高忠诚度和强人际交往能力,因此招聘日本员工时就要对其团队合作经验进行考核。充分了解东道国文化,采用个性化的招聘方式有利于甄选合适的员工,最大程度地减少之后的文化冲突。

(一)人力资源战略规划

进行员工招聘前,跨国公司要对人力资源进行战略性规划,分析人力资源供与求的情况。

1.人力资源供给分析

跨国公司人力资源供给来源主要有三个:母国外派人员、东道国人员和第三国人员,如表 5-1 所示。

表 5 - 1　跨国公司人力资源供给来源评析

	人力资源优势	人力资源劣势	适用情况
母国外派人员	了解母公司战略、文化,有利于母公司、子公司的统一管理;减少用工风险	培训投入大,易引发文化冲突	适用于管理人员或技术人员,在子公司初建时人力资源招聘中尤为常见
东道国人员	节省文化和语言的培训投入;有助于避免文化差异引发的决策失误,节约公关投入;使子公司人力资源队伍更加稳定	有可能缺乏对母公司意图的理解	适用于子公司人力资源招聘
第三国人员	更为适应跨文化工作环境	人才寻找和培训的投入大;可能受到移民政策的约束	适用于复杂文化情境中部分人员的招聘

　　跨国公司经常向海外选派管理人员和技术人员。经过良好培训的外派人员对母公司的文化和管理理念熟悉,可以清楚地了解母公司的意图,能和母公司进行顺畅的沟通和交流;技术人员可以在产品质量和开发过程中把关和控制。母公司对这些外派人员的素质也有足够的了解,有助于减少用工风险。在子公司设立的初期,外派管理人员可以在制度、管理、文化等多方面帮助子公司形成与母公司一致的价值观念。然而由母国派出的管理人员也有可能出现一些问题,如培训费用过高、出现文化冲突等。

　　招聘和甄选东道国员工对配置子公司人力资源十分必要。东道国员工由于熟悉当地的文化和语言,不需要再针对这些进行培训投入,同时帮助母公司和子公司更加了解当地的市场情况、政府工作流程等,避免因为文化差异导致的决策失误,节省了一部分公关成本。招聘东道国员工也有利于子公司人力资源的稳定性,减少因居住地和国籍问题带来的人才流失。但东道国员工对母公司战略和文化的理解有可能存在偏差,只招聘东道国员工会导致母公司对子公司的管理效率低下。

　　从第三国选聘人才的实践可以进一步提高公司人力资源水平和价值,超越国界的人力资源流通促进着生产效率的不断提高。这些来自第三国的优秀人才常常在多个国家从事相关工作,往往能够很快适应跨文化的工作环境。但对这些人才的寻找和培训投入也相当大,同时对这类人力资源的使用也容易受到一些国家移民政策的制约。

　　2. 人力资源需求分析

　　跨国公司人力资源需求的分析包括对人力资源的数量、结构和质量三个方面的规划,同时由于存在母公司和子公司之间的人员流动配置,因此比国内公司的人力资源规划更为复杂。

　　对母公司和子公司的人力资源数量进行规划,就是要确认公司已有人数和未来需要的人数,以职位为分析基础,根据战略要求明确关键职位的绩效目标,进而可以通过劳动定额确定该职位的任职者数量;其他非关键职位的人力资源数量可以根据各职位种类的比例确认。需要注意的是,跨国公司的人力资源需求较国内公司更为复杂,机动性较大,要对母公司、子公司之间的派遣员工进行需求预测和规划,并要为关键人才和急需人才的岗位进行人才储备。

人力资源需求分析下的结构规划主要是根据公司的战略要求和行业特征进行职位的分层分类,确认各职位的贡献价值,以此确定人力资源的分布结构和需求结构。与国内公司不同的是,跨国公司的总部与海外公司在人力资源结构上并不一定相同或相似,一方面,母公司与海外公司的运营目标并不一定一样(但有一致性);另一方面,职类和职级的设置和管理效率与当地文化和管理风格有一定关联,组织扁平程度、集权程度都有差异,这些也直接影响到了人力资源结构。

跨国公司的人力资源需求与国内公司的不同,还表现为员工素质模型构成更加复杂,同时要求更高。跨国公司需要大量的国际人才,对这些人才的要求不仅仅局限于工作所需的技能、知识和一定的人际沟通能力,还在多语言使用能力、跨文化适应力等方面有所需求。特别地,对外派人员和高频率往来于各国家的员工,企业对他们的家庭也有一定的要求,需要家属愿意接受或愿意跟随员工去往海外。这些因素都在不同程度上组成了跨国公司人力资源需求和评估的标准。

(二)人力资源招聘及甄选流程

通过人力资源的战略规划,跨国公司可以清楚地了解到公司对新员工的需求和员工结构调整的方向。但应注意,人力资源规划并不是在起始阶段完成就可以一劳永逸,这种对员工结构和数量、质量的了解和调整需要动态地进行,其结果会成为跨国公司进行人力资源招聘和甄选工作的一个参考。

跨国公司人力资源招聘甄选的流程与国内公司相似,招聘过程一般包括四大步骤:

1. 需求申请

当组织中出现了空位需要员工填充,就出现了人力资源的需求,此时需要人力资源部门依据公司人才战略的要求做出人才需求申请,或各部门依据本部门的人员空缺情况向人力资源部门提出申请,一般需要填写正式的人员需求表。

2. 确认需求

在得到员工需求的申请之后,人力资源部门开始依据空缺职位的职位说明书确定所需人员的素质要求,并与申请部门核对,确保需求信息和要求符合申请部门的意图。

3. 确定招聘途径

在完成需求的确认后,人力资源部门应依据空缺职位的特征和申请部门的要求,选择招聘的途径。招聘途径有两种,即内部招聘和外部招聘。

(1)内部招聘。内部招聘的优点是候选人对组织熟悉,可以更快地进入工作状态,同时企业也了解员工,减少了可能的用工风险,内部招聘还为员工提供了升职机会,可以提高员工的积极性,招聘成本也较低;缺点是容易出现"近亲繁殖"的现象,并且可能导致竞争员工之间的矛盾。

(2)外部拓聘。外部招聘的优点是可以接收更多优秀人才,并且通过吸纳新员工激励原有员工提高工作效率和工作质量;缺点是可能会因为甄选效果不好出现新员工不认可企业文化而退出的用工风险。公司还需要对新员工进行企业文化培训,会致使一部分原有员工感觉受到忽视等。

4.招聘渠道选择与发布信息

在确认招聘途径后,人力资源部可以进行招聘渠道的选择以发布招聘信息,常用的外部招聘渠道主要包括广告招聘、员工推荐、校园推荐、猎头服务等,常用的内部招聘渠道主要是员工竞选和推荐,针对不同渠道可以通过不同方式发布招聘信息吸引候选人申请,如图5-1所示。

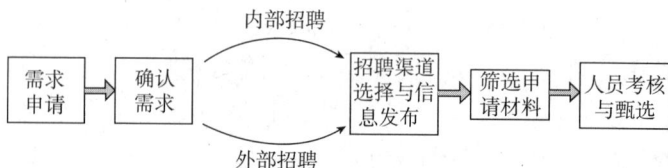

图5-1　国际企业人力资源招聘及甄选流程

跨国公司通过上述流程可以获得一定数量的候选人,但由于部分候选人对自身的认识和评价有偏差,或对工作的了解存在局限性,并不一定真正适合该空缺职位,此时需要对候选人进行甄选。初步的人员甄选主要是对候选人申请材料的筛选,通过对一些"硬性指标"的考察进行候选人任职资格的初步评判,其中主要包括候选人的性别、年龄、学历、专业、工作经历、语言能力、性格兴趣等。对通过初步筛选的候选人,组织会对其进行更为深入的考察,通过笔试、面试、人格测试、管理评价中心技术等了解候选人的语言掌握情况、应变能力、适应能力、抗压能力、团队合作意识、性格特征等,最终选择出适合空缺职位的人才。

(三)人力资源本土化

跨国公司人力资源本土化的优势十分明显,进行人力资源本土化的原因主要有以下几方面:外派管理人员的工资、补贴、福利及其他费用太高;东道国人员更了解当地情况;管理人员本土化可以鼓舞当地员工的整体士气;管理人员本土化有利于子公司组织内部的沟通;外派管理人员失败率高;东道国政府鼓励本土化①。但跨国公司人力资源本土化同时也会出现很多问题,如由于当地特殊文化和管理方式导致的管理效率低下,或做出与母公司战略目标不符的决策和行为。

为更好地保证海外公司人力资源的工作效率,跨国公司需要选用东道国人力资源,但应明确哪些职类或职级适合选用本地人才。对于承担母公司与海外机构沟通责任的职位,应采取外派人员与本地人员共用的方式,保证反馈和执行都可以顺利进行。加大对东道国员工尤其是管理人员的培训十分重要,这种方式在本土化的趋势中更为明显。随着

---

① 崔洛燮.中韩文化差异对跨国公司组织信任的影响实证研究[D].北京:清华大学,2006.

世界人才全球化的加深,很多国家的员工对跨国公司的认识和了解也越来越多,适应能力也越来越强,经过公司的培训足以承担起管理当地跨国公司海外机构的责任。

二、国际企业人力资源培训与开发

随着全球化进程的持续深化,跨国公司面对着更加复杂的商业环境,这也对跨国公司的人力资源提出了更高的要求。仅仅依靠招聘和甄选工作来保证组织中人力资源的竞争力已远远不够,需要对员工进行持续的、有针对性的培训和开发,不仅满足员工的学习需求,也能激发员工的潜能,推动组织发展。构建培训开发系统的流程主要包括三个步骤:培训与开发的需求分析和计划制订、培训实施、培训效果评估与体系改进。

(一)培训与开发的需求分析和计划制订

培训与开发的需求分析是培训开发工作的起点,决定了培训工作的有效性,有针对性地进行培训工作可以达到事半功倍的效果。一般来说,在以下几种情况中开展培训十分必要:①新员工入职,帮助新员工理解企业文化,熟悉企业各项规章制度;②员工重新配置,需要熟悉新的工作部门和工作环境;③员工绩效无法达到要求,且问题是由员工自身技能、态度等可改善的问题所导致的;④市场、行业或公司有重大变革,需要员工及时跟进;⑤定期或不定期的日常技能提升培训;⑥针对某些职位员工的特殊培训等。

跨国公司的培训体系较国内公司更庞杂,除了以上几种情况,还特别需要对管理人员的跨文化管理能力和敏感性、外派人员语言和文化认知能力、外派人员归国后的适应进行一系列的培训,这三部分的培训工作对顺利推广海外业务、保证海外机构运营顺畅起着十分重要的作用。

培训需求确认后组织需要着手构建培训体系,制订培训计划。需要注意的是,培训计划的制订并不仅仅是一个短期的、临时性的工作,要切实提高培训效果,还需要对培训体系的构建进行长期的经费、人力等相关资源的投入。

1.制订长期培训计划

培训工作的长期计划主要包括对培训师团队的培养和建设、培训教材的编写及培训课程的开发。

企业培训师一般有两种来源,一种是来自企业内部的有资格的培训人员,他们可以是人力资源部门的专职培训师,也可能是相关部门有一定经验、资历的培训人员;另一种是外聘的专业培训师或者高校教师。这两类培训人员各有千秋:内部培训师比较了解企业内部文化和运营现状,可以有针对性地结合本企业的案例和情况进行培训,更容易引发员工的共鸣,提升培训效果,但是内部培训师的水平有限,同时培养内部培训师也需要较大的投入;外部职业培训师有较好的技能和知识储备,培训方式更加科学,但是由于外部培训师对企业的培训意图、效果要求等存在理解上的偏差,部分来自高校的讲师有可能缺少实战经验,从而导致培训针对性不强,效果不佳。综合而言,在进行培训师队伍构建时,组织应该根据内部培训师水平进行培训师来源的选择和配合,同时注意确认外聘的培训师的资历,并依靠内、外部培训师的搭配来提升内部培训师的水平。

培训教材的编写要结合本企业的实际情况,避免出现"空洞"的理论汇总。针对不同培训对象和培训需求进行培训教材分类,多使用案例和数据,使教材内容更加直观、易于理解、便于迁移。

2. 制订短期培训计划

短期培训计划的制订针对某次培训而言,主要由人力资源部门或接受培训的员工所在部门配合组织。计划包括培训课程次数、各次时间、地点、参训人员、培训师、使用教材、培训所需硬件设备,同时要与培训师和参训人员所在部门负责人做好沟通,保证参训人员可以按时参加。

值得注意的是,培训不局限于讲座、课程、"师徒"等形式,工作轮岗、跨国公司外派员工进行短期海外机构考察、短期海外任职等也可以看作培训的一种形式,在进行初步文化和语言培训之后,这种实践性质的配置也可以帮助员工直接接触不同的文化,同时更容易发现之前潜在的问题,有助于更进一步的培训安排。

(二)培训实施

跨国公司进行的新员工引导培训、技术人员的技能培训、本公司企业文化培训等培训活动与本土公司相同,下面主要针对跨国公司中比较重要和有难度的管理人员培训和外派人员培训进行阐释。

1. 管理人员培训

管理人员在面对跨文化情景时,首先,要对员工的民族、国家有所了解,理解其价值观的差异,才能在未来的人力资源决策中进行重点考虑;其次,要有良好的适应能力和沟通能力,可以灵活处理不同文化背景中出现的问题;最后,管理者还需要有能力将来自不同文化的团队成员维系在一起,增加团队凝聚力。因此,对管理人员的跨文化管理非常重要,同时也有一定难度。目前,较为常见的培训方法是组建拥有不同国籍成员的训练团队,采用模拟训练和实地体验的方法,帮助参训者在模拟的跨文化环境中熟悉管理氛围,另外也可以直接外派管理人员到不同国家考察或短期工作,以接触并适应真正的管理环境。

2. 外派人员培训

对外派人员的培训往往持续较长时间,且需要母国公司和海外机构的共同参与,多方的投入可以最大程度地帮助外派人员在不同文化的转化中减少不适带来的问题。

外派人员去往海外机构之前,母公司要对其及随行家属进行目的地相关信息培训和跨文化工作技能的培训:①目的地相关信息培训,主要是对目的地国家的系统介绍,这部分培训的目的是尽快帮助外派人员及其家属了解目的地的生活、工作环境,消除其不安情绪,避免陌生环境可能给工作带来的问题。目的地相关信息培训的内容包括目的地国的政治、经济、文化、社会等宏观内容及交通、医疗、教育等日常内容。②跨文化工作技能培训,主要是向员工讲解在不同的文化情境下工作技能的需要,帮助他们掌握跨文化工作技巧,并帮助员工达到一定的外语交流能力。其内容主要包括海外机构的工作环境、工作内容等的介绍,跨文化沟通技巧、跨文化谈判的形式和技巧等。对语言掌握情况较差的员工要进行必要的日常和工作语言辅导,强化语言使用能力。

外派人员到达公司的海外机构之后,该组织需要为员工介绍工作部门、同事、上下级、工作职责等,针对机构的管理制度、文化等进行培训,同时帮助员工尽快处理好生活所需事项。对携带家属的员工,海外机构要提供必要的生活帮助,尽快辅助员工安顿家庭、熟悉环境、安心工作。

外派人员完成工作任务归国前期,海外机构要对其进行归国前的培训。培训内容主要涉及母国公司在其离开的一段时间内的主要变化,以及外派人员回国后可就职的职位情况,帮助员工做好职业的规划和安排。

外派人员归国后,母国公司要对归国人员在海外的工作情况进行总结,并帮助归国人员尽快了解与其相关的工作内容变化,准确定位,重新融入原企业文化,寻求和规划畅通的职业通道。

在外派人员身处国外的阶段,母国公司要注意与其进行良好的沟通,帮助员工及时了解公司总部情况,明晰自己职业发展的可能性,防止员工归属感缺失的现象出现。

(三)培训效果评估与体系改进

培训体系搭建完成后,就会成为跨国公司培训工作的依据。然而由于组织环境和培训需求会不断变化,因此公司要在培训体系搭建及培训工作的始终进行培训效果评估。

培训效果的评估工作主要基于参训者的反馈获得,这种反馈可能是培训期间或培训后员工的意思表达,也需要对员工受训后工作改进情况进行考察。为判断培训工作是否完善、效果是否明显,组织可以采用调查问卷、笔试、个体访谈、绩效考核等方法来收集必要的资料和数据。特别地,个体访谈法对了解培训是否存在不足以及如何改进等问题尤为有效。同时,组织还要衡量培训投入和培训产出(主要是绩效结果)的关系,确认培训投入是否得到回报。

培训是开发组织人力资源潜能、提升素质的有效方法之一,除此之外,还存在其他方法满足员工学习的需求,如现在广泛提倡的学习型组织。建立学习型组织可以帮助员工在专家的指导下,以团队形式进行成员之间的相互学习和评价。这种团队往往根据成员所在部门和工作组进行划分和组建,团队成员对相互的工作内容、工作情况、性格兴趣等非常了解,因此在学习过程中更容易发掘工作中哪些"短板"会影响到工作的顺利进行、哪些技能尤其有用、"短板"如何克服等,且团队成员之间交换的建议往往更为实用可靠、有效性高,人际关系也在相互学习中有所促进。这种人力资源开发活动可以有多种形式,如团队素质拓展、交叉培训、头脑风暴等,既节约了组织的培训成本,同时也给普通员工以培训他人的机会,在团队学习活动中可以着重观察有培训能力的员工,为组织扩充培训师储备,更好地发挥员工的作用和积极性。

三、国际企业人力资源绩效管理

绩效管理不仅仅指绩效考核的相关工作,绩效管理本身代表着一种观念和思想,代表对于企业绩效相关问题的系统思考。其根本目的是为了持续改善组织和个人的绩效,最终实现企业战略目标。为改善企业绩效而进行的管理活动都可以归为绩效管理的范畴①。这种理解以企业战略为出发点,将绩效管理作为实现企业战略的一个重要工具。

绩效管理渗透在公司人力资源工作的方方面面,不仅与组织战略关联,绩效的考评结果对员工薪酬制定也有直接影响,绩效考评和管理的过程与方法在某种程度上影响着员工的工作积极性和团队氛围,考评结果会作为培训需求分析的依据,在员工配置(招聘和再配置)中也起到参照作用,影响着员工的职业通道规划。可以说,绩效管理与人力资源体系中的各个模块都有着直接或间接的关联,最终影响到企业的盈利和发展。

(一)跨国公司人力资源绩效管理的特点

由于受到环境、组织等多方面因素的影响,跨国公司人力资源绩效管理具有一定的特点,主要表现为复杂性、引导性、激励性。

1. 复杂性

复杂性是由多种原因造成的,首先,绩效管理的对象不仅包括组织中的个体,还包括各种规模的团队和部门,因此,对"绩效"的认定和评判就要从多个维度进行;其次,在跨国公司中,由于存在文化和价值观的差异,员工对于同一个考核标准可能会产生不同的理解,导致这种复杂性更为突出。例如,处于美国和日本的机构会有截然不同的工作氛围,美国宣扬个人贡献,日本重视团队合作,对美国和日本的相同职能部门进行绩效管理要采用不同的评判标准和管理方法,才能最大程度地激发员工的潜能,维持部门的效率。

2. 引导性

引导性指绩效管理中的考核标准可以为员工提供行为准则和范本,帮助员工明确企业目标。绩效沟通环节可以进一步将企业目标和员工个人目标相结合,引导员工改善工作态度和行为。

3. 激励性

激励性指绩效考核的结果对员工可能产生一定的激励作用,无论是正激励还是负激励,如果配合良好的反馈和沟通工作,都可能使员工产生积极情绪,更好地进行工作。

(二)常用绩效考核方法

常用的绩效考核方法主要有关键事件法、目标管理法、强制比例法、关键绩效指标法(KPI)等,同时还有一个有效的绩效考核工具——平衡计分卡(BSC)。

1. 关键事件法

关键事件法是基于对员工工作职责和绩效标准的理解,对员工在工作中表现出的突出行为进行记录的方法,这些突出行为有可能是非同寻常的优秀行为,也有可能是异常的不良行为。这种方法将对员工表现的评判落实到具体记录,说服力强,但无法对团队中员工的绩效进行比较,也无法基于此对员工进行薪资调整。

---

① 彭剑锋. 人力资源管理概论(第二版)[M]. 上海:复旦大学出版社,2011:346 - 350.

2. 目标管理法

目标管理法是将工作的过程淡化,侧重关注工作的结果,并将结果与绩效目标相比较,判断员工绩效水平。这种方法简要明了,但不易帮助组织和个体发现其需要提高和改进的方面,同时过于追求目标的达成,对团队协作、工作方法改进会产生负面的刺激,甚至引发个体为达成目标不择手段的后果。对于工作结果不易测量的职位,如管理职位,也不容易实施目标管理法。

3. 强制比例法

强制比例法是在组织内部或部门内部设置一定的比例,在绩效考核时按照考核标准将员工的工作结果分布到不同的比例等级中,对不同绩效等级的员工实行不同的奖励或处罚措施。这种方法可以削减由于绩效目标制定不当引发的可能性问题,也减弱了由考核人员主观意愿带来的影响,但是这种方法有可能打击员工的积极性,引发组织内部成员的矛盾,同时,也不利于发现工作中的问题所在。

4. 关键绩效指标法(KPI)

关键绩效指标法是一种将公司战略落实到不同部门,甚至个体的考核方式,使用这种方法不仅可以对员工和部门的绩效表现进行评价,同时还可以帮助组织更好地阐释战略目标,使员工、部门和企业的发展目标一致化。构建关键绩效指标体系是个繁杂的过程,企业首先需要确认战略目标,选择公司的重点业务和绩效的重要影响因素,据此逐级确认企业层面KPI、部门层面KPI和职位层面KPI。这三个层面的KPI分别反映着三个层面的目标,使用指标的方式将目标具体化,并且突出对绩效影响最为明显的关键点,可以帮助员工和部门明确努力的方向,保证有持续的工作改进动力,同时还避免了部门或员工应付某次考核的"短视"行为。好的KPI体系可以更为综合地明确部门和员工的绩效目标,为员工调薪和晋升提供客观、可信的依据,同时也可以作为员工行为改进和部门工作修正的记录。需要指出的是,KPI的确定还需要考虑环境因素,并非每一个重要业务和关键绩效影响因素都是人为可以改进的。

在大多数情况下,KPI是与其他的绩效考核方法一起使用的,组织往往会选用有代表性的绩效影响因素作为员工绩效考核的依据。然而大多数组织常常忽略了公司战略在KPI体系中的统领作用,仅仅针对部门职责和个人职责进行指标的选择,这就使得KPI的统一程度和战略支撑作用大打折扣。

5. 360 度绩效考核法

360度绩效考核法是一种全面评价员工绩效的考核方法,顾名思义,360度绩效考核法就是将与员工有工作关联的所有群体都作为员工绩效考核的主体,一般来说包括员工的自我评价、同事评价、下级评价、上级评价、客户评价等,综合多方反馈确认员工的优势、劣势。这种方法的优点在于可以通过多维考察减少绩效考核的个体偏见影响,同时能够帮助员工认识到自己的长处、短板,帮助员工更好地改进绩效,确认后续培训需求,同时在考核过程中形成员工和多方主体的信息交互,促进团队凝聚力。然而360度绩效考核法也存在一些缺陷,如涉及主体过多,前期沟通工作较为繁重,且评价者在获得被评价者的信任时,考核效果才最好。

6. 平衡计分卡(BSC)

平衡计分卡(BSC)由罗伯特·S. 卡普兰和索戈维·P. 诺顿(Robert S. Kaplan & David P. Norton)于1992年提出,并在后续的实践之中不断完善这一理论框架。平衡计分卡从组织战略出发,以四个方面的绩效测评指标作为一级指标,并延伸出更多绩效考核标准,既涉及了组织的长期和短期目标,又涉及了组织的内部和外部绩效。平衡计分卡的四个一级指标分别为财务指标、顾客导向指标、内部过程指标和学习与创新指标,其中,财务指标往往包括销售额、利润率、资产利用率等;常见的顾客导向指标包括送货准时率、客户满意度、产品退货率等;内部过程指标包括生产率、生产周期、成本、出勤率等;学习和创新指标则偏重于对员工、信息系统等的创新考核①。平衡计分卡与关键绩效指标法一样可以应用于企业、部门和员工个体三个层面,可以较为全面地进行绩效的考察,在实践中BSC还常常以KPI为基础,构建四个一级指标细分后的指标体系,然而对于内部过程和学习创新能力的指标选择往往不是很明晰,需要组织进行多次讨论开发指标,还要在组织的发展过程中不断地修订指标体系,成本投入较多。

(三)绩效考核实施的关键点

对绩效考核方法的选择需要组织针对自身情况进行考虑,很多企业会选择多种绩效方式组合考察,对不同职类、职级的员工选用不同的考核方式,或结合几种基础方法开发适合本企业使用的考核方法。无论是哪种情况,绩效沟通都是不容忽视的工作,需要多方主体的配合进行。

绩效沟通首先要在绩效考核之前进行,管理者要向员工说明考核的方法和标准,确保员工理解并认可绩效考评体系,消除员工的抵触情绪和疑问,并要求员工给予配合和及时反馈。对参加评价的其他主体也要进行充分的沟通,确认对考评方式和内容的理解没有明显的误差。在考核结束公布结果后,也要与员工就结果进行沟通,确认结果的客观性和公正性,对员工提出的质疑进行判断和证据的收集,更为重要的是要针对考核结果与员工讨论绩效改进的方法,提供相应的支持。这种沟通也会建立其员工和管理者的信任,消除绩效考核带来的潜在负面激励。

在绩效考核中难免会出现考核人主观意见过重的现象,产生这种现象的原因有很多,包括考核人对评价标准理解不足、对员工存在偏见,以及考核人性格原因导致的系统性考评误差。这种个人主观原因带来的考核偏差会严重影响到员工的工作积极性和对组织的信任感。为减弱这种影响,组织要在考核前对考核人进行培训,同时在考核过程中关注被考核人的反馈,及时了解考核结果的真实性和公正性,并对不公现象做出修正和改进。绩效管理系统的构建是一个长期的过程,不断优化的绩效管理系统可以为组织的人力资源系统提供强有力的支撑。

---

① 彭剑锋. 人力资源管理概论(第二版)[M]. 上海:复旦大学出版社,2011:364-368.

四、国际企业人力资源薪酬管理

随着人力资源管理观念的不断发展,人的需求得到更多管理者的关注,潜能也得到了更好的开发,同时,很多人力资源管理的元素都被赋予了更多的含义。例如,薪酬管理已经不再局限于平衡薪酬成本和员工生存所需之间的关系,而是更多地思考通过薪酬管理激励员工。

关于薪酬的定义众多,多数是从薪酬的功能和构成进行定义的。薪酬一般被认为是员工价值的体现、补偿员工工作的工具,部分学者还认为薪酬有激励员工的作用,如彭剑锋(2011)认为,薪酬的功能是用以吸引、保留和激励员工。在进行薪酬构成的研究时,常用的一个概念是总体薪酬,该概念强调了薪酬不仅仅由物质性的报酬元素组成,同时还包含了很多非物质的工作因素,共同组成了薪酬包,为员工提供生存的保障和激励的工具。薪酬构成中的两组概念很好地诠释了这种整体概念:

经济性报酬与非经济性报酬。所谓经济性报酬就是指组织为员工支付的、可以增加员工经济所得或财产所得的报酬,包括工资、奖金、津贴、股权、福利等;非经济性报酬则是组织为员工创造的、并不能直接增加员工经济所得但能提升员工幸福感和满意度的报酬,如良好的工作环境、培训、顺畅的职业通道、良好的企业声誉等,一部分非经济性报酬也可以认为是员工的福利。

直接报酬与间接报酬。直接报酬与间接报酬是对经济性报酬的继续分类,分类依据是经济性报酬的形式是否可以直接增加员工的经济所得。直接报酬主要包括工资、奖金、股权和各种津贴等;间接报酬则包括一些经济性的福利。

在实践中,人力资源部门主要将薪酬体系的设计集中于经济性报酬的组合,包括基本工资、绩效工资、奖金、津贴、福利、股权,非经济性报酬一般渗透于公司文化、组织建设中。跨国公司在进行薪酬体系设计时大多也遵循这种思路,由于跨国公司在制定薪酬时要考虑不同文化中的激励因素、不同国家薪酬水平、不同税负政策等多种因素,导致跨国公司薪酬管理更加复杂,实践难度更大。其中的一个难点是维持外派人员薪酬的公平性和激励性,薪酬的公平性会在很大程度上影响员工的满意度和积极性,甚至会影响到组织的员工流动性。

(一)基本工资和绩效工资设计

基本工资是组织以某固定时间间隔为准,定期向员工支付的一定量的报酬。基本工资反映着员工在某职位所创造的价值,因此常以职位为基准确定基本工资水平,即职位工资制,其他的基本工资制度还包括以能力工资制度、年功序列工资制等。基本工资以保障员工生活为首要目的,因此具有稳定性,表现为支付时间和支付金额都较为固定,员工只要达到组织的工作要求付出相应的劳动,就可以获得这部分收入。

外派人员的基本工资制定较为复杂,需要考虑的因素较多,如目的地国的物价水平、基础设施完善度、子公司薪酬水平等。对此跨国公司可以选择已有的工资标准作为制度,进行有针对性的调整。以职位工资制为例,组织可以选择某职位在母国的薪酬标准、在东道国薪酬标准或全球市场薪酬标准作为外派人员基本工资制度,并根据组织战略和薪酬战略进行增减。

1. 基于母国薪酬标准的基本工资制度

这种制度以母国的薪酬水平为标准,无论外派人员身处哪个国家,都要按照母国的薪酬制度获得报酬。这种方法的好处在于,一方面维持了外派人员与母公司员工的基本工资一致,避免任何一方可能出现的不满情绪;另一方面不必再考虑外派人员归国后的薪酬调整,减少了外派人员因薪酬反复变动产生的不安情绪。然而这种方法也存在一定的缺陷,如果外派人员被派往的国家物价水平较高,货币购买力低,会导致外派人员在海外的幸福感下降。

2. 基于东道国薪酬标准的基本工资制度

该制度是以外派人员去往的东道国的薪酬水平为标准,按照当地的薪资水平来制定外派人员的基本工资。这种方式更适用于长期外派人员,经过长时间的工作和生活,这些员工可以逐渐适应当地的生活标准,采取与当地员工相同的薪酬标准可以帮助员工更好地融入当地的工作环境,也能减少外派员工与东道国员工因薪酬问题产生的矛盾,还为组织减少了依据东道国政策调整薪酬的工作。

3. 基于全球市场薪酬标准的基本工资制度

这种工资制度立足于全球,采用世界范围的报酬标准,尽量减少外派人员在不同国家所得薪酬的调整,针对不同国家货币购买力不同的情况,用津贴和补贴等其他报酬形式予以补偿。该制度适用于制定长期来往于多个国家的管理人员的薪酬,保证了薪酬平等,但在进行补贴补偿的计算时可能会较为烦琐。

值得注意的是,基本工资给员工带去的激励效果有限,一方面组织为控制人力资源成本,不得不限定基本工资水平;另一方面,固定的基本工资与员工的绩效并无关联,无法通过这种保障性的支出强化员工的行为。绩效工资在激励的作用上补偿了基本工资,绩效工资是依据员工的表现支付的基本工资之外的部分,以一定的成绩出色完成工作的员工可以在绩效考核之后(可能是月度考核、季度考核或者年度考核等)相应地得到绩效工资,作为对出色表现的奖励。绩效工资也具有一定的稳定性,它不与公司的盈利挂钩,每年都会分发,仅以员工表现为依据,但分发的数额有所波动。

基本工资与绩效工资与员工的工作付出联系紧密,主要作为员工价值的一种交换,保障效果较为明显。然而随着人力资源素质不断提高、结构性供需出现不平衡,更多的企业开始思考薪酬的激励效果,这时候仅仅使用基本工资与绩效工资已经远远不够,需要和奖金、福利等多种薪酬形式一起组成薪酬包,作为员工素质进一步提升的助力。

(二)奖金体系设计

奖金是组织用来奖励员工的、不固定的、与组织业绩相关联的报酬形式。不同的奖项有不同的计算依据,较为常见的有针对员工个人的业绩奖金、对部门的部门奖励以及给全公司员工分发的年终奖。奖金的主要功能是激励员工,但与组织的盈利状况有一定挂钩,并不一定长期存在,只是一次性的奖励,因此奖金的也存在一定的负面作用,组织在接连几年持续分发奖金后,如果突然停发,很容易引发员工的不满,甚至对组织运营状况产生怀疑。

(三)福利体系设计

近些年,越来越多的企业意识到福利对于员工的吸引和激励起着不可小觑的作用,同时薪酬体系中福利的设计帮助企业减免了一部分税收,使得众多企业随之加大了对福利的投入及对福利形式开发的工作。传统的企业福利形式主要包括:节假日的购物券或加薪、餐费或交通补助、通信补助、医疗福利、幼托服务、集体娱乐项目福利等,出于这类事由向员工发放现金或实物,用来提升员工的满意度和忠诚度,鼓励员工自发提高工作效率。这些传统的福利形式或多或少地让员工感到了企业的关怀,对员工和员工家属都有一定的影响。

然而现在的人力资源结构发生改变,知识型员工比例上升,员工不再满足于传统的福利项目,或不再被传统的福利项目所吸引,而对工作环境、培训机会、组织支持、灵活的工作时间等表现出更大的兴趣和需求,这些非物质福利可以更好地提升员工的幸福感。同时要注意到,不同员工有不同的心理需求,对不同福利项目的偏好也有不同,如果想获得好的激励效果,必须从员工的需求出发,实行弹性福利制度。弹性福利制度是企业在固定的福利预算内,以不同层次员工的需求为基础,设计和实施多样化的福利项目供员工选择,使每个员工的福利保障需求得到最大程度的满足①。弹性福利制度的实施方式有很多种,比较常见的一种是将核心福利与附加福利相结合,前者是国家和政策规定的或行业都提供的福利项目,后者是企业提供的个性化福利,企业可以将这些个性化福利项目分别依照成本确定分值,每年依据职位和工作年限等因素给员工提供福利限额,员工可以选择限额内的多种福利,也可以选择储蓄福利分值以便以后的兑换。这种方式相当于将福利提供作为一种服务商品,给员工提供一定的购买货币(即分值),让他们可以根据自己的需求选择需要的商品。这种福利制度除了可以更好地激励员工,还可以帮助企业降低成本,有针对性地为员工"购买"福利商品,前提是需要在发放福利之前统计企业内所有员工的"福利购买清单"。

(四)外派人员的津贴与补贴

外派人员的津贴与补贴也可以认为是福利项目的一种,但有其特殊性,故单独进行描述。外派人员的津贴和补贴主要包括:①海外任职津贴。是为鼓励员工去往国外任职而发放的津贴,外派人员都会获得一定比例的海外任职津贴。②生活费用津贴。为驻外员工及其家属提供的、补偿生活开销的费用,由于员工及其家属要重新熟悉生活和工作环境,并且要重新办理银行、住房等相应的手续,需要一定的开销。③税负津贴。不同国家有不同的税负政策,如果东道国的税负高于母国,这部分多出的费用理应由企业承担,这

---

① 罗曼.浅析弹性福利制度[J].人口与经济(增刊),2010:130-131.

也就是税负津贴。④工作环境津贴。某些国家由于自然环境和气候恶劣、政治局势动荡等原因导致工作环境恶劣,长期驻外的员工身心会受到负面影响,组织应为这些员工提供工作环境的津贴。⑤子女教育津贴。对于携带家属子女等驻外的员工,企业还会为其子女的教育开支提供补偿。子女更换学校、进行语言培训等都会成为员工外派的额外开支,为减少员工的负担,企业也需要承担一部分支出。

第三节 国际企业员工关系管理

跨国公司人力资源管理的重点除了关键的几个管理职能,还包括文化沟通、劳动关系处理和员工激励等,这些工作潜移默化地影响着员工的工作效率及对公司的忠诚度,同时还决定了公司内是否会出现、出现多大规模的组织公民行为。程延园(2004)认为,员工关系管理的基本内容包括了劳动关系管理、员工人际关系管理、沟通管理、企业文化建设、员工奖惩管理和晋升等①,因此本书将跨国公司的文化沟通、劳动关系处理和员工激励归于跨国公司员工关系管理的内容中进行阐述。

一、国际企业跨文化沟通

跨国公司中存在不同层次的多种文化,这些文化在交融中又不乏碰撞,极大地丰富了组织的管理理念和思维方式,跨国公司在运营的过程中不断地选择和淘汰各种文化,最终将多元化的、相容的文化熔铸成独特的企业文化。跨国公司不仅要筛选外来文化、发展企业文化,同时也要应对文化冲突带来的种种问题,这三个过程都是持续的、长远的。

(一)跨国公司文化分类

按照文化来源分类,跨国公司中存在两种文化:国家文化和组织文化,前者又包括母国文化、东道国文化和第三国文化三类。国家文化渗透在组织文化之中,影响着企业文化的导向、决策方式等,决定了企业文化中最为深层次的文化内核。

组织文化主要是指企业的文化,每个企业都有独特的愿景、使命和价值观体系,企业文化也多多少少与其他企业有所不同。霍夫斯蒂德(Geert Hofstede)将组织文化定义为,可以将一个群体与其他群体区分开的"共同思维方式"(Collective Programming of the Mind),与国家文化相比,组织文化在管理实践中的体现比在价值观中体现得更为明显②。威廉·大内(William Ouchi,2007)则认为,公司的文化是由传统和气氛构成的,但又不仅仅如此,它还代表了公司的价值观,如进取心、防范心或灵活性即规定行动、舆论和行为模式

---

① 程延园. 员工关系管理(第1版)[M]. 上海:复旦大学出版社,2008(12):3 - 7.
② 霍夫斯蒂德研究中心网站,http://geert - hofstede.com/organisational - culture.html.

的价值观①。斯蒂芬·P. 罗宾斯(Stephen P. Robbins,2008)认为,组织文化指组织成员共有的一套意义共享的体系,它使组织独具特色,区别于其他组织。他认为,文化是一种描述性的概念,组织文化更加关注员工如何感知到组织文化的特点,而不为员工的喜好所改变②。林新奇(2011)认为,文化是管理的必备条件,它可以改变人的共同信仰、价值观念、人生态度,以及逻辑思维方面对某个特定的社会团体的人的认识,诸如观察、思维、分析原因、行为、反应以及相互影响等③。

跨国公司的组织文化较国内企业更加复杂,大规模跨国公司雇用多国员工,在劳动关系中把不同的民族文化引入企业之中,同时跨国公司拥有开设在海外的办事机构、分公司、子公司等,这些海外机构受到当地文化的影响,会产生与母国公司不同的组织文化。

(二)沟通管理

沟通的定义有很多,斯蒂芬·P. 罗宾斯(Stephen P. Robbins,2008)认为,沟通必须包括两个方面,即意义的传递与理解,沟通的四种主要功能是控制、激励、情绪表达和信息④。康青(2009)指出,沟通是人们通过语言和非语言方式传递并理解信息、知识的过程,是人们了解他人思想、情感、见解和价值观的一种双向的互动过程⑤。在沟通过程中,涉及信息的发送者、信息、信息接受者这三个主体,同时还受到信息传递渠道、传递环境、沟通反馈等的影响。

沟通在企业中扮演着非常重要的角色,影响着管理的有效性和组织的稳定性,良好的沟通帮助企业向员工传达企业的价值观,帮助员工之间建立友好的工作关系,帮助上级向下级准确传达工作要求,帮助员工向有关部门反馈问题并获得高效率的解决……因为沟通过程中存在多主体、多影响因素,很多企业内部的沟通效果并不理想,甚至还会因为沟通不畅引发许多问题。阻碍沟通顺利进行的因素主要有:信息发送者对信息的编码有误(有意或无意)、信息接收者对信息解码出现偏差、信息内容过于繁杂琐碎、沟通渠道选择错误、语言不通或其他问题。

(三)国际企业文化沟通管理

对于跨国公司来说,文化差异、语言不通和沟通渠道选择错误引发的沟通问题比较明显。首先,不同文化背景的人对同一条信息的理解可能不同,这种差异可能来自于不同文化对于某些事物或观念的是非判断不同,也可能来自于不同文化对不同事物组合的认定不同,这就是文化差异对信息接收者解码信息的干扰;语言不通的问题在跨国公司中比较常见,这里并不仅仅指语言表达的不顺畅,还包括不同国家员工对某一词语的理解不同、对言语声调和口气认知相异等;沟通渠道问题往往源于消息发送者选择了错误的信息传

① William Ouchi. Z 理论[M]. 北京:机械工业出版社,2007(7):149.
②④ Stephen P. Robbins,Timothy A. Judge. 组织行为学[M]. 李原、孙健敏译. 北京:中国人民大学出版社,2008(4):489 – 491.
③ 林新奇. 国际人力资源管理(第2版)[M]. 上海:复旦大学出版社,2011:128.
④ 康青. 管理沟通(第2版)[M]. 北京:中国人民大学出版社,2009(5):2.

递方式,导致错误的人了解到了本应保密的信息,或由于没有注意沟通渠道的正式或非正式性,导致接收者错误地估计了信息的重要程度等。

为了减少沟通障碍带来的损失,跨国公司应在工作中或专门的培训中向员工强调沟通方式和沟通艺术的重要性,包括:第一,提高对跨文化环境的认识。帮助员工注意不同文化的存在,重视文化差异可能引发的各种问题,与来自其他文化背景的员工沟通时要尊重他们的信仰、民族、生活习惯、工作习惯。第二,宽容待人,换位思考。在跨国公司中工作,要先假设他人的民族文化与自己民族的文化存在差异,存在意见或行为相异时首先要考虑这种不合是否产生于文化差异,这样可以减少对他人的误解。同时善于换位思考,不要将自己的想法或习惯强加于人。第三,使用描述减少误解。由于语义、语境等多种差异,不同国家的员工对简短的评价、指令和陈述可能会产生误解,在沟通中多使用描述和解释的方法来确定对方已完全理解自己的意图会非常有效。

除了对沟通方式和沟通艺术的培训和关注外,企业还应培训员工在特定的沟通情境下选择合适的沟通渠道。根据各种沟通渠道承载的信息丰富程度进行划分,具有低通道丰富性的沟通渠道主要有通报和正式报告、备忘录、信件、电子邮件、事先录制的演说等,高通道丰富性的渠道主要有电话交换、电话会议、面对面交换等①。应依据信息量的大小和信息的私人化程度选择沟通渠道,除此之外,由于基于电脑的沟通方式(不包括通过电脑进行语音或视频的沟通)隐去了信息发送者和接收者的声音和表情,使得双方只能依据文字判断对方的情绪和意图,每个人的语言表达习惯不同,在沟通时容易出现误解。因此,针对比较敏感的信息或容易引发歧义的信息,最好采用面对面的沟通方式。

二、国际企业劳动关系管理

国内外关于劳动关系的研究很多,我国著名学者程延园(2007)指出,劳动关系是指雇员和雇主在劳动过程中形成的社会经济关系的统称,其本质是管理方与劳动者个人及团体之间产生的、由双方利益引起的表现为合作、冲突、力量和权力关系的总和,它会受到一定的社会的经济、技术、政策、法律制度和社会文化背景的影响②。在对跨国公司进行劳动关系研究时,除了国内企业的劳动关系管理,还要特别注意在不同国家的政策下,工会、薪酬和休假的管理以及集体谈判机制的独特性,一旦处理不好劳动关系中主体之间的关系及主体与环境的关系,容易出现重大问题。

(一)工会

工会组织起源于西方资本主义商品经济生产方式的形成时期,以维护普通工人权利,与雇主集体谈判工资薪水、工作时限和工作条件等为主要意图。工会组织从成立至今300多年中,在世界范围内发挥了巨大的作用。但在不同的国家,工会的地位和作用不尽相

---

① Stephen P. Robbins,Timothy A. Judge. 组织行为学[M]. 李原,孙健敏译. 北京:中国人民大学出版社,2008(4):321 – 322.

② 程延园. 劳动关系[M]. 北京:中国人民大学出版社,2007(11):2 – 5.

同,例如在美国,工会的力量非常强大,美国工会与美国民主党、美国政府之间既合作又竞争,是一个独立于其他任何组织的社会团体;而在中国,工会所发挥的角色和职能有一定程度的缺失,力量相对较弱,政治色彩较强。

随着跨国公司的出现和增加,世界各国的工会需要完成更加艰难和复杂的任务,既要维持本国原有劳动关系的稳定,还要协调好本地雇主、跨国公司、本地员工以及政府相互之间的关系和利益。同时由于不同国家的劳动法律和政策不同、文化相异,导致工会在为劳动者维权时要进行更多的调查、理解和沟通工作。除了工作量和工作内容的变化,跨国公司的出现还在一定程度上减弱了工会的力量,主要表现为以下三点:

1. 国际企业以带来红利为由施加压力

由于跨国公司子公司或分公司的设立可以为东道国带来一系列的好处(包括大量的资金、提升东道国的人力资源质量、促进科技进步等),很多国家都非常欢迎跨国公司在本国筹建公司,加之跨国公司设厂有可能增加就业量,导致工会处于被动的地位。与跨国公司进行谈判时,工会不得不考虑跨国公司迁厂的威胁及其后果。

2. 罢工等传统手段的失效

工会在维护劳动者权益、给雇主施压时常用的一个手段就是组织工人罢工,在国内企业中,一场成功的罢工活动会给企业的正常生产和其他工作带来很大的影响,因此可以迫使企业考虑劳动者的要求。然而跨国公司往往有多个分公司或子公司,当一个机构发生罢工活动时,其他机构的生产活动仍在继续,这就减少了企业在罢工中受到的损失,相比之下工会的谈判力量就受到了削减。

3. 国际企业权利结构复杂

由于跨国公司的权利结构复杂,子公司往往不具备对劳动关系大幅调整和与当地工会谈判的权利,而母公司所在国家的政策法规、工会权限和力量等因素又与东道国有很大差别,子公司或分公司的当地工会要想与国外跨国公司进行谈判,困难重重。

针对新出现的种种问题和障碍,一些国家的工会开始寻求国际合作,通过联合力量协调跨国公司劳动关系,但由于不同国家劳动法律的不同和工会力量的差异,这种合作受到一定的限制,无法联合数量较多的国家。国际组织的协调则克服了这种动力不足、阻碍众多的问题,如成立于1919年的国际劳工组织(ILO)就建立了国际性的劳动条件标准,意图以一种控制最低权益标准的做法来约束全球范围的劳动关系,促进良性发展。与工会的主要意图相似,国际劳工组织寻求实现国际范围的劳工权利和公平公正,改善劳动者的工作与生活状况,促进包括妇女在内的劳动者就业等。跨国公司劳动关系的管理在各国工会与国际组织的合作下越发完善,作为跨国公司,应权衡公司利益与工会的要求,与有所接触的工会搭建良好的沟通平台和谈判机制,严格遵守国际组织关于劳动关系的要求和规定。

(二)薪酬、休假等管理

由于不同国家有不同的用工习惯和法律规定,跨国公司在进行跨国管理时要格外注意东道国的劳动法律与政策。实践中,纠纷容易出现在薪酬制定和休假管理上:不同国家之间存在着薪酬水平和货币购买力的差距,因此在进行员工薪酬制定时要注意避免差距引发的问题,如子公司设立在经济较为发达的国家时,母公司除了要尽量保证相同职位不同国家的员工有相近报酬外,还要考虑这种报酬水平在当地劳动力市场的位置,如果过低,一方面可能触犯当地的劳动法律,另一方面也不利于吸引和激励员工;休假规定的差异是一个容易被跨国公司忽略的问题,在某些国家,员工对年假的长度十分敏感,如果缺乏对当地用工习惯的调查和了解,有可能引发一系列的问题。例如在法国,多数人看重工作与生活的平衡,法国员工每年有 25 天的假期,外加 11 个公共节假日,甚至还有补休假期,在法国设立子公司的跨国公司就必须要尊重当地的用工习惯,避免劳动纠纷和员工满意度的下降。

三、国际企业员工激励

员工激励是人力资源管理的核心问题,越来越多的企业花费大量的精力甄选优秀的人才、提升员工素质、改进管理制度,但如果不能很好地激发员工的潜能、提高员工的服务意识和奉献精神,这些投入的回报就十分有限。只有员工对企业产生忠诚、乐于发挥自己的才能,才能使人力资源的价值展现到极致。

(一)激励理论

激励理论(或称动机理论)围绕着人的需求、动机,以及由动机引发的行为进行研究。大量学者试图将相关的研究结论运用于管理实践中,引导和刺激员工产生有利于组织的行为,帮助组织达成目标。现有的激励理论大致可以分为三大类:内容型激励理论、过程型激励理论、行为改造型的激励理论。

1. 内容型激励理论

内容型激励理论主要研究激励产生的原因和影响因素,认为需要引发动机,因此这类理论将关注点置于人的需要,也称需要理论。这类激励理论的代表有马斯洛需求层次理论、赫兹伯格双因素理论和麦克利兰的需要理论。

马斯洛需求层次理论假设人有五层需要,从低到高依次为生理需要、安全需要、社交需要、尊重需要和自我实现需要。在某一阶段内,人对某一层次的需要会格外突出,该层次的需要大体得到满足时,下一层需要就会成为主导的需要。马斯洛认为生理需要和安全需要属于较低级的需要,这种需要更多的是通过外部刺激得到满足,其余三种需要属于较高级别,主要由个体内在的因素决定满足与否。

赫兹伯格的双因素理论也称激励——保健理论,他在对员工满意度调查之后,发现工作中的不同因素对员工的满意度和动机行为有不一样的影响,进行归类分析,提出导致员工工作满意的因素与导致工作不满意的因素是相互独立的。管理者消除导致员工不满意的因素,只能带来"没有不满意"的结果,无法对员工产生激励的效果,但是如果不消除这类因素,员工就会对工作产生不满,保证员工"没有不满意"的因素就是保健因素(主要包括企业的政策、管理制度、工资薪水、劳保福利、安全保障、工作条件、人际关系等);激励因素则是管理者使用的、可以使员工对工作产生满意度的因素(主要包括工作表现的机会、工作带来的愉快、工作上的成就感、由于良好的工作表现得到的奖励等),如果管理人员忽视这类因素,带来的结果不仅是员工的不满,还有"没有满意"的状态。双因素理论帮助管理者区分了传统理念中"激励手段"的作用,帮助管理者更好地组合多种方式激励员工。

麦克利兰的需要理论主要关注个体在工作中的三种需要,分别为成就需要、权利需要和归属需要。有强烈成就需要的员工追求的是在争取成功的过程中克服困难、解决难题、努力奋斗,他们更为看重成就感和胜利的结果;重视权利的员工倾向于并喜好支配和影响他人,喜欢竞争的环境,注重争取影响力;有归属需要的员工希望建立友好密切的人际关系,追求被他人喜爱和接纳的结果,渴望友情和合作。这三种需要与个体自身的性格有很大的关系,因此企业可以依据个体的需要合理配置其职位和层级,一方面可以使人与职位更好地匹配,另一方面激发员工的工作潜力。

2. 过程型激励理论

过程型激励理论与内容型激励理论不同,更加关注个体从动机出现到行为发生的过程,对过程中外界的诱因进行分析。代表理论主要包括弗鲁姆的期望理论、洛克的目标设置理论和亚当斯的公平理论。

弗鲁姆的期望理论又称为"效价—手段—期望理论",该理论认为,个体做出某种行为的强度,取决于个体对行为结果的期望程度和结果对个体的价值,即激励效果取决于期望值和效价。在人力资源管理的实践中表现为,员工对报酬和奖励有很高的期望值,同时报酬和奖励对员工来说价值高,因此薪酬及奖励对员工的激励性就好,这是一个普遍的现象。如果组织可以在这个过程中加入一些因素,使高绩效水平与报酬、奖励有更为紧密的关联性,则员工在追求个人目标时,也势必会关注自己的绩效水平,即使是薪酬之外的因素(技能提升、晋升等)具有高效价,这种关联激励的方法同样有效。

洛克的目标设置理论提出目标本身就具有激励作用,可以把人的需要转变为动机,明确具体的目标可以使人们朝着一定的方向努力。目标的明确性和难度这两个维度决定了个人工作的绩效,目标越明确,完成的难度越高(在个人有能力足以达到的范围内),绩效越好。同时,在目标设置理论中还有一个非常重要的因素,即反馈。在员工设定目标并不断付出努力的过程中,如果存在反馈,就可以帮助他们及时发现偏差和差距,持续修正目标达成的路径和方向。

亚当斯的公平理论强调了"公平状态"在员工激励中的重要性,当员工在得到一定水平的薪酬之后,会自发地从多个角度进行投入和产出的比较:与自我的比较主要依赖于对自己职业生涯的纵向比较,即员工会将现状与曾经的工作经历相比较,判断现在的处境是否公平;与他人的比较是横向比较,即与组织内外与自己同职级的员工进行比较。比较的结果显示各种比例大致相同,员工一般就会认为自己受到了公平对待,当比较结果出现失衡时,员工会对这种失衡现象进行归因,做出反应,或更加努力,或不再努力付出。

3. 行为改造型激励理论

行为改造型的激励理论更加关注实践,研究如何改造人的行为,促使其达到一定的目标,代表理论是纳金斯的强化理论。

纳金斯的强化理论以操作性条件反射理论为基础,认为如果个体在完成了某个具体行为后得到了令其满意的结果,那么该个体就会增加这种行为的频率,反之,则个体会选择不再继续这种行为。在这个过程中,满意的结果就是正强化因素,不满意的结果就是负强化因素。依据这个理论,管理者在管理实践中可以选择对员工的行为进行正强化或负强化,引导员工形成与组织目标相一致的个人目标。正强化的方法包括奖金、绩效工资、认可和表彰、改善工作环境、提升、给予成长机会等,负强化的方法则有降职、减薪、通告批评等。负强化是可以消除的,需要企业给予员工具体的指导,提供消除负强化因素的路径。

除了以上几种代表性的激励理论之外,还有一些学者认为激励应该是一个综合的模型,将多种理论的观念整合在一个模型之中,在这里不作赘述和列举。

(二)国际企业员工激励对策

理论指导实践,跨国公司进行员工激励应以经典的激励理论为基础,结合本组织的特点特征,尝试多种激励方式组合,根据激励效果的反馈不断调整,追求更好的管理效果。以下对策可以帮助跨国公司管理人员进行思考和实践。

1.了解员工需求

了解员工需求是人员激励工作中最为重要的一环,员工看重的内容才能引起员工的兴趣和动机,对员工产生最大程度的激励。企业在了解员工的需求后,可以有针对性地进行福利提供和工作配置,不仅减少了无谓的浪费,同时还获得更好的激励效果。例如,新员工往往对技能的提升和出国的机会更为看重,希望得到重视;中层员工对工作的发展前景较为重视,希望接受有挑战性的、有发展空间的工作;资格老的员工更希望拥有稳定的工作、宽松的环境和良好的物质福利提供。因此,外派一个年轻的员工和外派一名资历长的员工,员工自身的积极性就会不同,如果对工作的配置适合,这种工作自身就会成为一种激励的因素。除了不同年龄层次,不同职类的员工也有需求的差异,组织只有了解这些需求差异之后,才能制定激励机制,个性化地使用各种激励手段。

2.关注国家和文化差异对外派人员需求的影响

外派人员在受到派遣后,生活和工作环境有所改变,这种国域带来的差异本身也对员工的需求有一定影响。例如将发达国家的员工外派到发展中国家,新的工作环境和所处的经济水平都有所下降,因此组织要激发员工较高层次的需要,将外派工作与自我实现的需求相联系起来,消除外派人员的不满情绪。

3.正确处理公平与个体需要的关系

不同的激励理论有不同的偏重点,公平理论强调了待遇公平的重要性,而需求理论关注的是个体的需要对激励的效果有重要作用。在实践中,企业要平衡公平和个体需要的关系,很多时候可以达到事半功倍的效果。很多时候,个体需要可以消除不公平带来的负面影响,例如,一名员工如果非常看重职业发展,就有可能忽视或者不在意薪酬方面的公平;又如,对于重视集体观念的日本员工,良好的人际关系和工作氛围、稳定的职业通道可能比物质激励更为重要。跨国公司要将组织内不同的价值观、不同年龄和不同层次员工的特殊需求综合考虑,正确处理相关关系。

本章课后习题

一、关键词

国际企业人力资源管理、国际企业人力资源职能管理、国际企业员工关系管理

二、复习思考题

1. 国际企业人力资源管理的特点和难点是什么？管理模式有哪些？

2. 国际企业人力资源的四大职能是什么？四大职能管理的主要内容有哪些？

3. 国际企业应重点在哪几方面培训员工的跨文化沟通能力？

4. 国际企业如何更好地实现员工激励？

三、讨论题

寻找国际企业中文化冲突的具体案例，从管理者的角度讨论解决对策。

第六章 国际企业市场营销管理

【本章提要】

本章介绍了国际市场调研的原则、方法和流程,总结了国际市场划分的主流方法,着重阐述了国际企业内部和外部营销体系的组织结构和特点,分析了促销策略和定价机制。

【学习目标】

通过本章的学习,学生应该:

1. 理解国际市场调研的原则、方法和流程。
2. 掌握国际市场划分的主要方法。
3. 掌握国际企业内部和外部营销体系的组织架构。
4. 理解国际企业的促销策略和定价机制。

【开篇案例】

华为公司市场营销管理

成立于 1988 年的华为技术有限公司是中国通信设备业的领军企业,现已经发展成为全球领先的电信设备供应商和综合方案服务商。2013 年销售收入达到 394.6 亿美元,比 2012 年增长了 13%。华为的产品销往世界 90 余个国家和地区,为全球 80 多个电信运营商提供通信设备、软件和解决方案。2013 年,华为交换机全球销售第一,占世界出货量的 34%,智能网络用户数世界第一,宽带产品用户数世界第一……华为已经成为世界通信行业的领导者。

1996 年,华为进入国际市场。通过深入的市场调研,华为制定了详细的全球化的营销策略;按照国家和地区的经济发展程度和文化差异情况,将全球市场分为发达、发展中和落后三种国家市场;按照公司自身条件和发展方向,选择以发展中国家市场为主、发达国家市场为辅的营销方式;在发展中国家市场中,华为一方面与发达国家公司抗衡,另一方面挖掘新的市场机会,使用"高科技低成本"战略;在发达国家市场,华为扮演市场挑战者角色,使用"相同技术,更低成本"战略。经过十几年发展,华为在海外建立了 8 个地区部,下辖 90 个代表处,形成了遍布世界的成熟营销网络。

案例解读:全球化营销是国际企业实现其全球布局的核心手段。制定合理的全球营销策略,需要详细分析公司自身条件和行业特性,在不同区域和不同时点,采取灵活多样的营销方式。华为公司作为中国企业走向世界的成功案例,值得我们深入分析借鉴。

国际市场营销(International Marketing)是国际企业通过制订销售计划和定价过程,实现产品在国际市场上的销售,从而获得利益的过程。这一过程受到各国环境的影响,并且营销策略复杂,管理难度大。在产品策略方面,国际市场营销需要在标准化和差异化策略中做出选择;在定价策略方面,国际市场营销不仅要考虑生产成本,而且要考虑其他综合成本;在促销策略方面,企业在选择促销方式时需要选择适合不同国家文化、不同法律情况的方式。本章将从国际市场的调研与定位以及国际市场营销策略的选择两个方面阐述国际企业市场营销管理。

第一节　国际市场调研、定位

在国际市场上,企业制定了营销战略、开展营销活动的先决条件是收集营销信息。通过市场调研,企业才能详细地了解国际市场情况,才能精确地定位国际市场,而后占领国际市场。与国内市场不同,国际市场调研活动异常复杂,需要具备一定营销调研知识的调研人员。本节将对国际市场调研与定位进行详细阐述。

一、国际市场调研

国际市场调研(International Marketing Research)是以国际市场为对象,使用系统、客观、科学的方法与手段,观察、搜集、记录、整理、分析国际市场的各种基本状况及影响因素,以帮助国际企业全面了解国际市场、制定有效的市场营销战略、实现公司经营目标的过程。

(一)国际市场调研原则

在进行国际市场调研过程中,我们一般需要遵循以下原则:

1. 客观性

应该将所有的信息资料客观地记录、整理,在分析处理过程中要将原始数据保存好,最后的结果要中立,不能有偏见。研究的结果肯定有一些是对本公司负面评价的,会无法接受。正是因为调研可以发现问题,才不会导致出现错误的营销决策。

2. 系统性

在进行国际市场调研之前,要周密地将计划安排好,将需要调查的情况分析清楚后再执行。

3. 参考性

国际市场调研是一个获取信息、分析研究的过程,强调的是"帮助",是帮助制订决策计划,并不是进行决策,调研的数据和结果只能作为决策的参考。

（二）国际市场调研的内容

国际市场调研是国际企业进行营销决策的基础,主要内容如下:

1.经济发展情况

这是国际企业确定国际发展战略的重要依据,主要指宏观经济指标,包括经济发展特征、经济增长速度、通货膨胀率、行业周期、股市行情、汇率等各方面的资料。

2.市场情况

包括目标国家的市场结构与容量、希望进入的行业市场结构和容量、上下游行业的市场结构和容量、相关产品的进出口额、相关产品占国际市场的比率等。

3.政治因素

指影响国际企业销售的各种政策因素,包括国家主要政党情况及其在经济领域的主张,政治变动情况(政局的稳定性),与价格、税收、对外贸易和外商投资有关的政策等。

4.潜在竞争对手情况

指在目标市场中东道国、第三国的相关竞争者(也包括潜在竞争者)。需要获得的基本资料有市场结构和控制程度,主要竞争对手的市场占有率,竞争对手的基本情况(如公司规模、产品销售量、社会资源等)。

5.进入所需要的基本条件

国际企业进入一个潜在市场,需要确定所依靠的最基本的条件,这些条件包括基础设施情况、通信情况、人员情况等。

（三）国际市场调研的方法

进行国际市场调研是一个复杂而重要的工作,需要采用科学、客观的方法。搜集资料,获取数据,按照资料的性质一般可以分为两类:一类是亲自调查研究获得的,称为原始资料,又称为一手资料;另一类是从其他人处获得的,是别人搜集研究的成果,称为二手资料。一手资料的优点是获得过程可以按照要求控制,失真性小,资料详细,但是耗费时间、资金较大,对调研人员要求高;二手资料的优点是获取比较容易,是他人总结出来的结果,宏观情况分析强,但是其中加入了作者的主观观点,有失客观。

国际市场调研可以分为案头调研法和实地调研法两种。

1.案头调研法

案头调研法指运用文献综述方法,通过获取目标市场二手资料的方法进行调研的过程。一般此种调研方法在公司、图书馆等资料储存地就可以完成,来源渠道主要有公司内部资料、母国或东道国政府及研究机构的成果、国际组织出版的公开刊物、各种商会和行业协会拥有的资料、学术文献资料、各种数据库资料、公共媒体的信息等。

2.实地调研法

实地调研法指国际企业的调研人员直接到国际市场搜集数据,获取信息的调查过程。通过这种方法获得的资料,一般是原始资料。这种实地调研的方法一般有三种:观察法(统计法)、问卷调查法和实验法。实地调研法耗费的时间和资金都比较大。

如果国际企业想对某一个国家的市场环境、产品及销售情况进行调查研究,一般可以采取以下方法进行:首先,通过获取各种资料源(报刊杂志、电视广播、数据库网络等)相关信息资料,最大限度地掌握二手资料。其次,通过对东道国机构和母国驻东道国机构进行拜访获取目标市场信息。最后,派出调研小组到东道国进行实地考察,使用问卷调查、观察统计、访谈等形式获得欠缺的一手资料。这是综合操作使用两种国际市场调研方法,通过以上步骤的调查研究,国际企业一般可以基本解决目标市场的经营环境、自己产品在目标市场的销售情况和定价情况。

(四)国际市场调研的程序

随着管理技术的发展,国际市场调研逐渐标准化、规范化,可以按照以下流程进行操作。

1. 列明此次调研的目标

根据目标设定的总任务和分步任务,编制调研计划(内容包括详细调研流程、人员配备、后勤保障和突发情况预案等)。

2. 进行前期资料收集整理

通过各种渠道搜集与调研目标有关的数据资料。一般进行市场可行性调研需要分析以下几方面:潜在市场情况;获利可能性情况;潜在市场规模;进入市场成本;而销售渠道扩展调研需要分析以下方面:潜在市场容量;竞争对手策略;市场扩展成本;市场扩展收入。

3. 实地考察

进行实地调研,可以向当地经销商、消费者发放问卷,获得一手的市场资料,然后根据获得的基本情况设定调研方向和关键问题,进行深入研究。在以后的调研中,甚至可以设置常驻调研点,持续获得信息。

4. 汇总整理,形成报告

将以上各步骤掌握的信息资料进行处理研究,形成综合报告,向主管部门汇报。

(五)国际市场调研面临的问题

一个公司想要进入一个国外市场,调研可能需要一年的时间,而决策只需要一天的时间。这一年的调研就是为了支撑一天的决策,所以调研一定要严谨细致。国际市场调研内容广泛,情况复杂,需要面对的问题比国内市场调研面对的问题更多、更特别。通常,国际市场调研需要面临以下问题:

1. 需要从多个国家获取信息数据

国际企业业务遍及全球,有时候多达200多个国家(或地区),每个国家(或地区)的统计分析方法各不相同,这导致很难进行分析比较。同时,汇率、度量衡等问题也会造成各种偏差,带来调研成本的增加。

2. 数据分析复杂

进行国际市场调研获得的资料可能很大一部分是二手资料,其准确性和客观性就大打折扣。原作者提供这些资料时的态度可能已经有偏差,有些甚至对原有资料进行了歪曲。

3. 收集一手资料困难

由于搜集一手资料时处于外国,这使国际市场调研人员时常会面临语言、生活习惯等问题。不同国家社会构成不同,有些国家统计方法落后,基础设施较差,对外国人限制较多,这使调研难度不断扩大。

(六)国际市场调研需要注意的问题

在国际市场调研过程中,获取资料、进行处理需要注意以下几个问题:

1. 测量的准确性

在调查研究过程中,需要对很多指标进行测量,需要注意以下两点:

(1)不同的国家对产品质量、产品安全和专业等级有不同的标准,所以在记录标准时一定要详细,辨别差异,尽可能地使用国际通用标准。

(2)由于语言的不同,很多时候资料翻译会消耗大量时间和资金,也会产生翻译不准确的问题,为此,应使用双向翻译法使结果准确。

2. 抽样调查的公平性

在调查研究过程中广泛采用抽样的方式,在国际市场调研过程中,使用抽样方法需要注意以下两点:

(1)不同国家的标准问题。例如,在对潜在消费者进行分类时需要注意不同国家的相同名称含义可能不同。在美国,"社会地位"单纯指人员所拥有的财富,而在英国,社会地位还包括家族影响力和政治影响力等。

(2)分类的标准化问题。在制定分类标准时,需要选择易于区分的指标,而不能选择模棱两可的标准。例如,可以选择年龄、教育年限等指标,但是不能选择南方人或北方人这种很容易发生歧义的指标。

(七)国际市场板块分析方法

国际市场板块分析方法是国际企业进行国际市场调研时经常使用的方法,适用于对市场和行业的发展机遇进行分析、对比,并据此制定不同的销售策略。

1. 国际市场板块结构的设定

销售潜力是市场发展总体容量和公司现有销售额的差额,代表着未来可能增加的销售额总量。传统营销分析方法一般将销售潜力分解为使用机会和竞争机会,而国际市场板块分析方法将销售潜力分解为产品线机会、分销机会、使用机会和竞争机会四种,极大地扩展了销售潜力的范围。其中,产品线机会指通过新产品的开发提高生产线效率,扩大产能获得的销售潜力;分销机会指通过拓展销售渠道获得的销售潜力;使用机会指顾客对商品的使用需求增加获得的销售潜力;竞争机会指的是通过与对手竞争获得的销售潜力。目前,国际企业开始从过去的"占领竞争对手市场"思想转向从"开发新产品"和"拓展销售渠道"两个角度获得销售增量。通过建立国际市场板块结构模型,可以将国际企业的国际市场结构进行量化对比,评价现有市场和未来潜力,并根据结构制定恰当的营销战略。

2.国际市场板块结构的比较分析

使用这种分析方法,一般情况进行纵向分析,主要是年度比较。首先进行总量比较,然后按照各板块进行分类比较,比较所占比例、增长速率,既要分析静态结构,又要分析动态变化,以了解公司该种商品在国际市场上的发展状况,以此为基准,进行营销策略安排。

3.国际市场板块结构的指标体系

通过建立指标体系,可以清晰明了地研究销售潜力的情况,主要指标包括:行业市场潜力;产品线机会,占市场潜力的百分比,分销机会,占市场潜力的百分比;使用机会,占市场潜力的百分比,非用户比例,轻度使用用户比例,深度使用用户的比例;竞争机会,占市场潜力的百分比,替代品占市场比例,竞争者占市场比例;公司销售额,占市场潜力百分比;不同部分占市场潜力百分比变动情况(至少三年)。

4.结果分析

由于各国政治、经济、文化、风俗习惯的差异,市场潜力和各板块的占比不同,归纳起来,详细原因如下:

(1)市场潜力是消费者数量和一定时间内人均购买额的乘积。由于各国人口总量不同,潜在消费者数量也不同,人均购买额也不同,市场潜力也就相应不同。

(2)不同国家市场上不同国际企业的产品也不相同,不同国家产品的替代品种类也不相同,消费者的偏好也不相同,这造成不同国家的产品线机会不相同。

(3)各国的法律环境和市场结构不同,会导致分销机会、使用机会和竞争机会也各不相同。需要根据实际情况对比分析,确定各国的总体营销战略。

(八)国际市场比较分析模型

哈格勒(Hagler)1952年提出的比较分析模型是国际市场调研常用的模型。比较分析模型将重点放在营销市场管理控制的变量上,有利于提高国际市场调研的效率,更好地利用获得的数据。比较分析模型认为销售情况由公司所处的环境和营销策略决定,其研究步骤为:首先,选择在东道国经营成功的国际企业,对其进行环境因素分析,研究其适应环境的营销策略,寻找关键的成功因素;其次将相关模式归纳总结,形成研究报告。

下面,本书以美国快餐业巨头麦当劳的案例来解释这一模型[①]。

1.麦当劳情况介绍

麦当劳(McDonald's)是全球知名的大型跨国连锁餐厅,1940年创立于美国,拥有33000余家分布在110个国家和地区的快餐店,2013年营业额达到915.6亿美元,是世界500强企业。麦当劳主要售卖汉堡包、薯条、炸鸡、汽水等快餐食品,在不同国家菜单会进行微调。

麦当劳的营销理念包括:在产品方面,提供稳定而高标准的食品,服务迅速,营业时间较长。在价格方面,主攻中低价方向。在分销渠道方面,在居民集中区域开设快餐店,为

---

① 麦当劳官方网站,http//www.mcdonalds.com.cn。

驾车顾客提供便利。在促销方面,在电视黄金时段大规模投放广告,主要面向青年人。

2. 麦当劳面对的经营环境因素

将麦当劳的所有环境因素标准化,一个公司面对的经营环境可以分为自然、经济社会和法律法规三种。

(1)自然环境因素。这些因素主要是目标市场对公司产品的自然限制,包括总人口、区域空间、地理位置、气候因素等,另外还包括使用产品需要的自然条件(温度、湿度等)。人口直接影响着使用量,地理位置影响着运输成本,气候因素有时候会影响产品的使用时间。

由于麦当劳经营的是简化食品,对气候要求不是太大,但是需要人口达到一定规模。

(2)经济社会。这些因素主要是与公司经营环境有关的社会和经济因素,其中社会因素包括文化(种族、宗教、风俗习惯、语言)、社会构成(家庭结构、社会阶层、主要群体)、教育制度(受教育程度、学校种类)。而经济因素不仅包括宏观因素,而且包括微观因素。宏观因素包括国民生产总值、国内生产总值、价格指数、人均收入、基尼系数等,微观因素包括竞争者产品价格、替代品价格等。

现代社会非常推崇时间观念,快餐正是为了满足快节奏的需求,麦当劳在自己的公司文化中也突出了这一点。同时,麦当劳关注到儿童和青少年追求户外运动等理念,更容易接受快餐,愿意去户外就餐。麦当劳的广告顺应了这种潮流,主打健康活力的形象,成功吸引了主要目标人群。同时,麦当劳考虑了消费者收入问题,选择售价比在家自备稍微贵一些,但是比饭店价格便宜一点,以此吸引顾客。

(3)法律法规。法律法规一般不会刺激对产品的需求,但是如果"禁止",那么对公司的影响就太大了。所以国际企业一定要熟悉所有与经营有关的法律,因为这些法律在国与国之间差距可能很大。

麦当劳充分注意到法律法规的重要性。在某些国家,麦当劳的儿童电视广告吸引了主要顾客,但在一些国家,对于儿童的广告是不允许的,所以麦当劳就转向对青年人施加影响,也获得了很好的收益。

3. 总结各种变量

在麦当劳案例中,我们可以看到,人口、家庭结构、收入水平、主要群体、法律法规是比较重要的因素。在跨国经营时,需要先了解东道国社会文化的本质,抓住主要目标群体的需要。在考察其他国家经营环境时,便可参照麦当劳案例。

从表面上看,比较分析模型与传统的营销环境因素分析近似,但是营销环境因素只是单纯地分析各种因素,并进行同等重要的罗列,而比较分析模型则是对所有因素分析后,选出最重要的因素,这对国际企业面对的具体问题进行分析时非常重要。同时,比较分析模型可以进行种种变形,用来研究国际企业定价策略、国际企业研发策略等,其开放性、拓展性的优点就显现出来了。

二、国际市场划分

国际企业的产品在国际市场上销售,需要在不同区域和不同时期采取不同的营销策略,首先要做的便是进行国际市场的划分。不同国家和民族之间,消费者的偏好差异比较大。国际市场的划分就是为了适应国家和民族间的消费者差异,通过分析消费者的需求、购买习惯和购买行为之间的关系,研究不同个体之间的差异,将市场划分为多个可以标准化营销的消费者群体,进而找到最适合本公司的最佳营销组合。

(一)国际市场划分的原则

划分国际市场是为了实现国际企业的营销目标,所以必须满足下列要求:

1.划分的市场是可以衡量的

划分国际市场时,需要衡量出每一个市场的容量和消费者购买力。采用的方法:使用人均国民生产总值或者人均国民收入资料,分析某一市场在一定水平上的家庭数量。因为消费水平和收入水平是相互联系的,根据收入水平分析消费弹性、基础消费额、基础消费量是可行的,当然这主要针对日常消费品和家庭耐用消费品。如果是工业品,则应该使用工业活动数据和行业数据。

2.划分的市场是可以进入的

划分出的市场,根据实际营销渠道和流通途径是可以进入的。如果根据东道国政策或其他政治社会因素,该领域不对外国公司开放,就没有划分市场的必要了,这种情况一般在军事领域或宗教领域比较普遍。

3.划分的市场应该具有一定规模,有发展潜力

只有这样,公司进入这一市场,才有利可图。消费者数量太少的目标市场对公司的意义就不是太大。只有具备了一定的市场规模,才能实现规模经济效益;否则,成本过高,国际企业的优势就体现不出来。因此,在划分出来的每个国际市场中,销售量一定要足够大,足够弥补营销成本,尽量使分摊的固定营销成本小。在短期内如果能够获得规模经济,有一定的盈利,才能继续获得新的国际市场,实现稳定经营。

(二)国际市场划分的思路

国际市场划分是以市场经济存在的若干客观现象为依据的:消费者需求是有差异性的,消费者需求也是有相似性的;消费者的数量足够大,需要也可以将他们划分为不同的集团。在进行国际市场划分过程中,应注意以下三个方面的问题:第一,市场划分没有绝对的标准;第二,市场划分并不是越细越好;第三,有效的市场划分必须进行合理的商业分析。

1.可以将全球视作一个整体的市场

这种国际市场划分思路认为,随着经济全球化、通信技术的发展,文化相互渗透,全球的消费日益趋同化,因此,可以将全球市场当作一个整体的市场,提供标准化的产品。当国际市场日益成为买方市场,国际企业趋向于提供差异化服务,这种思路已经不再流行。

2.将每个国家都视为一个市场

这种国际市场划分思路认为,不同的国家在人口、政治、经济、文化等方面均有差异,消费情况也肯定各不相同。如果国际企业的产品销售到少数国家,这种策略是比较可取

的,但如果产品遍布世界 200 多个国家(或地区),这种划分思路划分出的市场数量就太多了。

3. 将需求相近的国家归纳为同一市场

世界上一些国家地理环境、经济发展水平、社会制度、宗教等因素相同,消费市场也就存在相似性,所以可以将一些国家划分为一个市场。

4. 将需求相近的人群归纳为同一市场

有些消费者虽然不在同一市场,但是由于具有相同或相近的消费偏好,也可以划分为同一个市场,例如女性对于化妆品一般有相近的需求,年轻人都喜欢好莱坞的电影等。

国际市场划分一般按照以下步骤进行:确定市场销售范围,分析潜在消费者需求,选择市场细分标准,明确市场名称,规划市场概况,制订营销计划。

(三)国际市场划分的标准

划分国际市场有很多种标准,这里列举几种主流的划分标准。

1. 宏观划分方法

宏观划分方法是指根据影响各国市场需求的宏观因素,将国际市场划分为若干个宏观环境相近、消费者需求相类似的市场的过程。进行国际市场划分,可以按照不同国家的特点划分。一般可以按照国家潜力、竞争力和风险对世界各国进行划分。国家潜力指一个国家可以体现市场容量的指标,基本指标包括人口、经济增长速度、国民生产总值、国内生产总值、人均收入、人口分布特点、工业模式、国民消费习惯等数据。竞争力包括国家的综合国力、不同行业企业的数量、产业发展水平等。风险指一国面临的政治风险、经济风险和宗教风险等。

(1)按地理因素划分国际市场。一般情况,地域因素是国际市场首先要考虑的问题。不同大洲的国家差别很大,一般划分市场可以按照五大洲进行划分,另外,也有按照中东、撒哈拉以南非洲等次级区域进行划分。

(2)按经济因素划分国际市场。可以将国家分为发达国家和发展中国家群体,其中,又可以分为新兴国家群体。

(3)按文化因素划分国际市场。文化的各项因素如语言、宗教、价值观念等都可作为划分国际市场的变量。这种划分方法的优点是有利于身份认同感较强的产品或服务的销售。

(4)按照组合方法划分国际市场。有些时候,可以将人口、社会经济因素和地理因素等综合起来分析,划分国际市场。

2. 微观划分方法

不同国家的顾客需求不同,同一国家的不同顾客需求也可能不同,因此在进行国际市场划分时,还可以利用微观因素划分为若干个子市场,称为微观划分。根据客户身份的不同,可以分为消费品市场、生产者市场、经销商市场和政府市场。

(1)消费品市场。消费品市场可以按照地理、人口、心理因素、行为因素等角度进行划分。

地理因素是区域的概念,可以按照南方、北方、东方、西方进行市场划分,也可以按照农村、城市划分,同时可以按照山区、沿海、岛屿等划分。

人口因素既包括生理方面,也包括社会方面。生理方面包括年龄、性别、家庭规模及构成等;社会方面包括职业、教育程度、种族、宗教信仰、社会阶层、收入水平等。一般来讲,服装、化妆品、杂志等市场采用性别划分法,汽车、金融服务、旅游、房地产等行业采用收入划分法。

心理因素是指消费者对不同产品的偏好程度。现在,用社会阶层、个人性格、生活方式进行的市场划分越来越受欢迎。

行为习惯也是划分市场的重要因素,一般可以按照使用者情况、使用率、品牌忠诚度等进行划分。使用者情况可以分为未使用者、潜在使用者、首次使用者和经常使用者等。按照使用率划分可以分为很少使用者、一般使用者和大量使用者。

(2)生产者市场。生产者市场由于是使用产品进行再加工,所以其划分原则与消费者市场有很多不同,其主要参考标准有地理位置(产业集聚)、用户性质、用户行业、用户规模以及购买方式(购买频率、支付方式等)。

(3)经销商市场。经销商市场又称为中间商市场或转卖者市场。经销商市场包括了生产者市场划分中的各个标准。同时,现货交易、广告补贴需求、折扣、信用保证等因素,也是其划分的标准。

(4)政府市场。政府市场细分的标准主要有价格、地域、国家、产品、购买数量、购买标准等。其中,安全稳定是比较重要的因素。

三、国际市场定位

在进行完整、全面的国际市场调研后,下一步将进行国际市场定位。国际市场定位,指根据国际市场的情况,分析市场特点,灵活进行市场营销的过程。

(一)国际市场定位方法

从多国范围看,产品是其品质属性的形象代表。如果两种产品品质接近,则它们有近似的属性,它们之间的竞争也更为强烈;若两种产品相差甚远,则它们的直接竞争就相对缓和。在多国范围内经营,产品相互替代的情况比国内多,因此,在产品定位时,要注意避开各自相近的产品。

(二)市场定位的原产地问题

国际定位与国内定位不同的另一个原因是,产品生产国的国名要在产品上以明确的标签表示出来,这等同于产品的一个商标。销售者可以将这个商标作为营销活动的重要基础。从狭义上看,国外(国际)定位,也指消费者对产品生产国的选择,或称为国名定位。

一国产品在其他国家会有不同的遭遇。例如,日本人喜欢买本国产品;妇女的化妆品及服装,欧洲及美国的生产者就有优势;瑞典在特殊钢的生产上有优势等。

当顾客对生产国产生了印象时,营销者必须很好地适应这些印象。同时,为了取得最佳效果,必须对营销组合进行实地检验。

(三)市场定位的标准化与差异化问题

国际市场定位不仅是产品定位的问题,而且也有其他方面的问题。一方面,社会化大生产需要标准化生产的产品;另一方面,国际市场需求各异,不同地区的顾客有自己特殊的要求。标准化的好处是在生产过程中可以获得规模经济效益,分摊固定成本,降低单位成本,尽可能多地使用统一方法进行营销,保持市场行为的一致性。差异化的特点是可以根据不同国家的偏好进行适应性的调整。因为除了极个别的情况外,同一种产品很难在任何地方都畅销。顾客购买商品时,在考虑使用价值时也会有自己的特殊要求,满足顾客的个性化可以拉近与他们的关系。因此,标准化并不是将国际市场当作一个完整的市场对待。

(四)国际市场定位的主要内容

国际市场定位需要重点考虑以下问题:

第一,目标市场对本国产品的态度如何? 有什么特点? 如何加以利用?

第二,目标市场对国际企业母国产品的态度如何? 有什么特点? 如何加以利用?

第三,目标市场对非本国产品的态度如何? 有什么特点? 如何加以利用?

(五)国际市场定位需要注意的问题

国际企业在国际市场定位管理中要明确回答和解决好一系列特殊的问题。例如,国外对本国产品的态度、偏见可否加以利用? 它会不会影响产品的国际信誉? 其中有没有大量的感情因素? 若偏见尚是初步或感情的,就要改变信息,因为它表明,在划分的市场中产品被错误定位。运用大量的促销媒介(例如广告),有可能改变原有印象。不过,改变是非常缓慢的过程,而且一般必须依靠产品本身,而不是促销手段。

当偏见上升为感情时,最好的策略是完全改变以前的方法,转向运用许可证、合资方式及其他方法。解决上述问题的目的是保证产品实现成功定位。成功的定位意味着产品可以销售到设计好的国际目标市场,充分运用公司的特殊优势,将国外市场的竞争减到最小。如果不注意这些原则,定位将是盲目的、任意的,从而导致失败。

第二节　营销策略组合

企业为实现自己的战略目标,根据企业经营环境,针对不同市场采取不同对策的营销方式即称为市场营销策略。营销策略组合是为企业选择目标市场,进行产品开发决策所采取的一系列手段。

一、国际产品策略与品牌塑造

世界各国的经济状况、风俗习惯、消费偏好各不相同,形成各国市场千差万别。因此,国际企业在制定产品战略时,需要依据本公司全球战略,制定适应不同市场的总体规划,即国际产品策略。

从广义的角度讲,产品不仅包括有形的产品(即提供给消费者的商品或服务),而且包括伴随在有形商品上的其他附属,例如包装、标签、售后服务等。实际上,产品是消费者购买后得到的整体效应和满足感。

产品策略需要有两个基本要素:市场和技术。产品的市场表示产品销售的地理方向,需要根据不同的市场销售不同的产品,采取不同的销售方式。技术体现了产品的质量和效应。国际企业的强大一定程度来源于它的先进技术和控制技术的能力。国际企业的国际产品策略主要是为了改进产品在现有市场的经营状况,开拓新市场,开发新产品,淘汰过时产品,使现有产品适应瞬息万变的世界市场。国际产品策略一般可以分为基本产品策略、产品改变策略、新产品策略和产品退出策略四种。

(一)基本产品策略

基本产品策略主要包括标准化策略和差异化策略。

1. 标准化策略

标准化策略指在世界市场上提供相同的产品,进行统一的信息传递策略。这种策略忽视了不同国家、不同消费群体的差异性,但是可以实现规模效应,也可以塑造一致的企业形象,成本也较低。主要以出口为主的国际企业,一般采用这种策略。但是,一些特殊的超大型国际企业也会采用这种策略。这些公司不仅实现产品标准化,而且营销过程也全部标准化。例如,可口可乐公司、壳牌公司等均采取全球一体化策略,控制生产运营和广告销售成本,促进全球形象的一致。

一般实行产品标准化的因素有:生产的规模效应,开发和存储费用,技术适用性,零部件,消费者的忠诚度,市场的同质性。

2. 差异化策略

差异化策略指对不同国家或地区的市场,根据需求的不同,提供定制化的产品。这种策略可以通过有针对性的营销策略吸引消费者,占领更多的市场,但这也会导致市场战略复杂,管理难度加大,成本升高,不利于建立统一的企业形象。

一般实行产品差异化的因素有:消费者的偏好,消费者的购买力,劳动力成本不同,售后服务水平。

(二)产品改变策略

很多时候,国际企业为了满足特殊市场的需求,需要对产品属性进行改变,称为产品改变策略。

1. 产品延伸, 信息传递适应策略

这种策略是指不改变产品, 但是改变信息传递的方式和方法。例如, 在很多国家, 自行车作为交通工具, 但是在发达国家, 自行车主要用来消遣, 此时, 就要突出自行车健康、环保的理念。

2. 产品适应, 信息传递延伸策略

这种策略是指为了适应当地市场的使用情况, 对有些产品的功能进行修改, 但产品信息传递方式和方法不变。例如, 麦当劳公司在全世界有上千家快餐店, 根据不同国家喜好, 菜单也做出了调整, 但是所有餐厅都具有统一的品质、统一的营销程序。

3. 双重适应策略

这种策略指国际企业根据市场需求的不同, 采取适用当地情况的产品及信息传递策略。采用这种策略的生产成本和销售成本都是最高的。例如, 美国的一家标记系统生产商生产一种标记枪。这种标记枪由塑料构成, 比其他市场上销售的金属枪均便宜。在美国销售时, 强调价格低的特点, 甚至宣传时强调使用几次后就可以直接扔掉。然而, 在德国销售时, 顾客更看重枪支的硬度和质量, 因此这家生产商在新枪上镀铬, 避免塑料给顾客以低端的形象, 并且在宣传中突出坚固、耐用的品质, 获得了很好的效果。

(三) 新产品策略

国际企业的研发能力一般比较雄厚, 产品创新周期短。因此, 在产品尚未投入市场时, 就要设计一套销售策略。同时, 很多创新也来自于销售阶段。当今世界市场进入买方市场, 国际企业会要求公司销售人员、经销商和代理人等搜集新设想, 获取顾客的要求和对现有产品的批评, 据此进行创新。

在其他情况下, 国际企业也会向差异性市场提供新产品。在发达国家畅销的商品在发展中国家不一定畅销, 在发展中国家销售的产品也需要因地制宜。很多时候, 新产品产生在发展中国家。发展中国家倾向于使用发达国家的产品, 但是发达国家的标准很多不适合于发展中国家, 因此国际企业可以销售进行过一定改进的商品。例如, 埃姆科尔公司曾经研制一种由碎石、沥青和混凝土等材料制成的"柏油路速修材料", 主要用于修理破损路面。将这种材料倒在路面的坑洼处, 铺平就可以, 而不需要使用机械。这种修路材料就是根据尼日利亚的实际情况设计的, 因为尼日利亚道路容易出现局部破损, 另外尼日利亚劳动力的技术水平比较低。

(四) 产品退出策略

产品问世一定阶段后, 总需要改进, 原来的产品渐渐地落伍, 不再适应时代要求, 这时便需要退出市场。因此, 公司需要建立产品退出战略, 定期对产品进行分析, 查找正在生产又不适宜继续生产的产品。

做出产品退出决策时需要考虑的因素有:产品的盈利能力;产品是否有销售额和收入回升的机会;产品是否有其他替代品;产品对促进其他产品的销售是否还有作用;产品是否对公司其他商品的销售造成威胁。

另外,国际企业做出产品退出策略时,需要综合考虑所有市场的因素,有很多情况下,一种商品在某一国家已经落后,但在其他国家可能仍然先进,此时可以让此产品在某一国退出,其他国家仍然保留。

二、国际市场渠道

国际企业的发展壮大,是在其全球战略的指导下,通过全球经营实现的。全球的经营活动中,很大一部分是通过国际流通渠道实现的。

(一)国际企业内部营销体系

随着规模的扩大,国际企业在企业内部会设立营销总部,集中管理遍布全球的营销体系,目前这种体系主要有三种类型:

1. 部门型

在国际企业总部设立一个全面负责公司销售,协调各种促销手段,掌握定价机制的最高职能部门,即营销总部。在这种模式下,营销总部可以管理任何区域、任何产品的销售渠道,只要与销售相关,就由它负责。

2. 地区型

国际企业在世界不同地区设立相对独立的地区总部,各总部内部建立全面的职能部门,其中也建立地区营销部门。在这种模式下,该营销部门负责区域内商品在当地的推销,对于世界其他区域的销售,主要通过跨国协调完成。

3. 产品型

国际企业按照产品的不同,设立产品的专门营销总部。这些营销总部负责所属产品的全球营销活动,实行垂直的管理体制,形成专业化分工格局的销售网络。

(二)国际企业内部营销体系的优势

国际企业内部营销体系拥有特殊的优势,也正是通过这些优势,使国际企业获得竞争优势,可以应对激烈的全球竞争。

1. 产权优势

国际企业的生产环节和内部营销体系被整合在统一的所有制结构内,这保证了各个主体的目标相同。即使是发生矛盾,也可以通过总部的命令调整平息,这样消除了原本不同的主体博弈,减少了交易成本。国际企业内部的不同环节在全球营销的协调运转中建立起整体利益观念,这是产权一体化的优势。

2. 市场内部化优势

由于从产品的生产到运输,再到销售,一系列的中间环节都是位于唯一的组织架构当中。产品的价值形成过程、价值增值过程、价格的决定过程,均可以有效地绕开外部不完全市场、低效率配置和次优化网络的影响,实现整体的最优化。

3.区位优势

使国际企业内部营销网络遍布全球,获取信息更加全面,使公司应对全球需求统一化,设计、生产、供应、服务等部门面对市场需求的动态反应更加直接迅速。同时,由于生产、储存、销售等环节都已经实现本土化,使国际企业的内部营销网络可以在其他环节上形成正效应,同时其他环节上也可以给营销领域带来正效应。

(三)国际企业外部营销体系

国际企业的内部营销体系在整个国际市场渠道中占据重要地位,但最终的利润获得仍然需要通过外部贸易来实现。也就是说,国际企业的产品必须通过流通渠道进行外部循环,到达消费者,然后消费者通过支付回流到国际企业,才能实现盈利。国际企业不仅自身拥有遍布全球的内部营销网络,其外部营销体系也各具特色。

在通常情况下,国际贸易按照货物流向,可以分为进口贸易和出口贸易。对于国际企业的营销体系来说,进口和出口已经高度标准化,两者区别较小,主要的特点集中在商品的种类和贸易流量上。

国际企业出口的方式有很多,一般可以分为三大类:第一类是国际企业自己直接销售给最终购买者。这种情况的交易对象一般均为国际企业,交易量较大,且多为战略联盟的关系。第二类是通过营销系统中的销售公司或销售分支机构,这是出口活动的主流。第三类是通过代理商(出口代理商、出口协会、独立出口公司、国外进口行的代办处、经销人、代理人等)或商业经纪人(出口行、进出口贸易公司、联合经销商等)。

在一般情况下,国际企业的营销总部都希望能够对进出口贸易决策保留较大的控制力,保证其指令能够尽可能多地扩散到分配体系。但是,随着经营规模的扩大,国际企业的自身营销力量已经无法全面达到最终购买领域,只能选择控制最重要的,而将其余部分分配出去(但是,国际企业仍然可以对代理商制定规范,拥有一定的控制力)。这些其余的营销渠道主要由代理商和商业经纪人组成。代理商一部分采取赊销方式经营,一部分采取购买方式经营,而商业经纪人主要采取购买方式经营。代理商是在拥有代办权的基础上开展经营,因此,国际企业可以对价格以及销售方式等保留一些控制权,但是仅限于流通渠道的前一阶段,其他阶段均无法控制。商业代理人因为拥有货物的全部所有权,所以可以自由支配,决定经营策略。他们一般避免将资金投向正在扩展渠道的产品上,一般会选择易于销售的产品,以便尽可能地减小销售风险。

通过直接出口方式,国际企业可以掌握分析市场、进行资金分配、熟悉进出口流程、对商品定价,获得大量的国际市场信息。同时,新产品在进入国际市场之初,往往采取直接销售的方式,这是因为代理商和商业经纪人对新产品还不了解,存在很多疑虑,直接销售有时候也是为了起到示范效应。

(四)国际企业营销体系管理

国际企业在进行国际营销过程中,会遇到各种各样的风险,主要有:

1. 对当地知识缺乏造成的风险

由于国际企业对东道国的文化、法律、制度和语言差别缺少认识,会带来各种各样的风险。例如,雇员的宗教信仰会影响到营销作息时间,文化的差异造成相同的营销活动产生不同的效果等。

2. 通信障碍带来的风险

由于公司总部与营销分支机构有一定的距离,误解、交流等均会造成风险。

在国际企业的国际营销体系中,不同市场的生产和销售可能高度分散化,需要正确划分总部和分支机构间的职责,保证重要情况可以汇总到总部,销售原则可以传达到各分支机构,有效控制销售渠道的效率。

三、国际市场促销策略

促销是促进销售的简称,是指公司为了打开市场、扩大产品销售,把公司生产的产品或进行的服务信息,通过恰当的方式和手段向目标群体传递,使其能够了解、熟悉公司的产品和服务,从而达到激发顾客购买欲望、促使顾客进行购买行为的一系列活动。

国际市场促销的主要目的是传递产品特点,唤醒顾客需求,展示商品优点,提高产品销量。由于国际市场情况复杂,国际市场促销与国内市场存在很大差别,有很多自己的特点。

(一)影响国际市场促销策略的因素

影响国际市场促销策略的因素有很多,主要有促销目标人群、促销市场结构、产品性质、产品生命周期、促销成本等。

1. 促销目标人群

公司进行国际市场促销有很多目标:提高国际企业整体的知名度或提高具体产品的知名度;介绍公司的产品特点,使顾客了解产品优点并产生信任感;扩大产品的销量,提高其在市场上的占有率等。不同的目的,处在不同的促销阶段,采用的促销策略均不同。例如,为提高国际企业整体的知名度,通常从公共关系的角度,赞助公益事业,提高在大型活动中的曝光率;为提高具体产品的知名度则一般选择广告的形式,也可以进行独立的产品推广计划;如果希望使顾客了解企业的产品,人员推销或邀请顾客参观公司等手段较为有效;如果想扩大产品销量,可以从顾客和经销商两个层面进行促销,人员推销比较适合对顾客促销,让利等财务手段对经销商比较适合。

2. 促销市场结构

在进行国际市场促销策略决策时,同样需要考虑市场的结构,对于不同的市场应该采取不同的市场策略。首先,应该考虑目标市场的地理特点和范围大小。对于距离较小、规模不大的市场,可以采用人员推销的方式,而在范围比较广或距离很遥远的市场进行促销,则最好采用广告的形式。其次,需要考虑不同的消费者群体。青年人容易接受新事物,可以采用广告促销的方式,对于中老年人,人员促销的方式更有效。工业产品可以采用专家人员促销的方式,时尚消费品更适宜用广告促销方式。最后,需要考虑产品的特性。对于顾客倾向看到实物的商品,可以选择人员推销或组织产品说明会的形式,对于顾客更关注外表的商品,广告就足够了。

3. 产品性质

不同性质的商品,消费者的需求不同,购买要求也不同,也需要采取不同的促销方式。在一般情况下,商品可以分为消费品和工业产品,消费品又可以分为日用消费品、时尚消费品、耐用消费品等,工业产品也可以分为低值易耗品和大件工业品等。在通常情况下,消费品需要更多的广告投入,工业产品需要更多的专业人士沟通;而公共关系交流、营业推广对所有商品都显得同等重要。

4. 产品生命周期

产品一旦进入市场,就开始生命周期运动,一般分为创新、成熟、维持、衰退阶段,在产品生命周期的不同阶段,需要采取不同的促销方式。在创新阶段,需要让消费者了解公司的商品,要让商品给顾客以新鲜感,广告和营业推广比较合适,而对于经销商的促销,则应从人员推销角度考虑,通过专家介绍商品的特性,通过财务安排进行让利推广。在成熟阶段,主要通过广告和公共关系,扩大该商品的销量。在维持阶段,主要使用公共关系交流和广告,在重要销售市场可以采用营业推广。在衰退阶段,主要采用营业推广。另外,此时一般公司会推出其他新产品,可以将此商品应用到新产品推广,作为促销。

5. 促销成本

不同的促销手段促销成本各不相同,不同的促销手段在实现同一促销目标上,其成本效益是大不相同的。增加促销费用有利于扩大销售,但同时也增加了销售成本。保证收益大于促销成本是选择促销策略的基本原则。

(二)国际市场促销策略的选择

按照促销目标的不同可以分为对经销商的促销和对消费者的促销两种。对经销商的促销一般通过人员的促销,向经销商介绍商品的市场前景,表达合作意愿。一般需要向经销商介绍商品的以下特点:风险较小,销售周期短,资金回收快,公司折扣多。在通常情况下,对经销商的促销以邀请参观和订货会形式进行。对消费者的促销一般运用广告、营业推广和公共关系等手段,使其产生强烈的兴趣,进而采取购买行为。对于消费者,一定要重点突出商品的使用价值和售后服务。

按照促销行为特点可以分为推动策略和拉引策略。推动策略是指,公司首先游说经销商,进而由经销商向消费者推销,最终促进销售。推动策略一般用于以下情况:目标受众比较集中,目标市场区域较小;消费者对公司的品牌认知程度比较好;产品市场趋于饱和;顾客有较多选择权的商品,需要对实用知识进行介绍。而拉引策略是指,公司首先以最终消费者为主要促销对象,使用密集广告等手段展开宣传,吸引其注意力,公司不断向经销商询问商品,使经销商认为此种商品需求量大,有很大销路,进而向公司订货。这种促销方法主要适用于:目标受众比较分散,目标市场范围较大;销量开始上升的商品;有较高品牌知名度的商品;经常需要使用的商品;容易掌握使用方法的商品。

（三）国际市场促销的方法

国际市场促销一般有人员促销、广告、营业推广和公共关系四种主要促销方式。这四种促销方式可以单独使用，也可以有计划地综合运用，以便让各种促销手段相辅相成，实现最佳效能。当然，这里提到的促销手段是从狭义角度进行理解的，从广义角度理解，商品本身、售后服务等可以传递公司和商品信息的因素都可以作为促销手段。

（四）国际广告促销

广告是指由特定主体有偿使用公共媒介，传播商品和服务信息给目标受众，以达到预定目标的行为。国际广告促销指国际企业为了配合国际市场营销活动，在目标市场所做的公司及产品形象推广活动。广告的主要媒介有报纸期刊、广播、电视、互联网、户外广告牌、书信等，其中的报纸杂志、广播和电视是三大主要媒介，互联网作为新兴的广告媒介日益流行。

进行广告宣传一般需要突出产品定位，突出特定的使用场合和用途，突出顾客得到的利益，突出目标受众的类型。同时，进行全球广告宣传需要注意不同文化背景，考虑各国市场的特殊性，注意语言、宗教、政府政策的限制。

1. 报纸杂志

在很多国家，报纸杂志都是国际企业首选的广告媒介。报纸广告传播面广、传递迅速、没有阅读的时间限制，杂志广告保存时间长、专业可信，同时价格相对低廉。但是，报纸杂志也有自己的缺点，例如，文字不够吸引人，没有立体空间感，缺乏灵活性，见效慢，周期长。

2. 广播

广播具有传播范围广、信息传递及时、受众广泛、跨文化接受能力强、费用相对低廉的特点。在某些发展中国家，基础设施落后，广播是一种重要的（甚至是唯一的）传播工具；在很多发达国家，由于人们的驾车时间比较长，所以广播也是比较受欢迎的。汽车及配件生产商、食品生产商和房地产商经常会利用广播这种媒介。但是，广播也有其缺点，如听众一般是在做其他事情时收听广播，无法集中注意力，容易遗忘信息内容，同时无法形成立体印象。

3. 电视

电视广告视听结合，传播范围广，表现手法灵活多样，在各种广告媒介中促销效果最好。随着视听技术的发展、生产销售的国际化以及电视普及率的提高，为电视作为国际性的广告媒介提供了有利条件。但是，电视作为广告媒介也有其自身的局限，比如广告时间短，易受其他节目的干扰，费用昂贵，观众统计资料难以获得等。许多国家对电视商业广告或多或少有所限制，有时甚至很严格，不仅限制商业广告播出时间，而且还限制广告的内容及目标对象。

4. 互联网

互联网已经成为世界上最大、最开放的载体，其容量远远超过报纸杂志、广播和电视等媒体的总和,将200多个国家(或地区)、几十亿人连接在一起。互联网的高速发展使其具有其他媒介所不具备的优势。首先它的速度快,时效性强。它不受印刷、运输、发行等因素的限制,信息上网的瞬间便可及时发送到所有用户手上。其次是容量无限和全球连通的传播范围。电脑网络可以把世界上所有的信息"一网打尽",使人们"足不出户便知天下事"。此外,超文本的检索方式使信息变得生动活泼,易于接受。信息传递的交互性使用,使用户不再只是被动的接受者,从而适应现代人崇尚自主、渴望参与的心理要求。优势就是吸引力,有了吸引力就有市场。随着互联网用户呈几何级数增长,网上广告越来越为商家看好。

互联网上进行的广告宣传,可以提升企业形象、行销最新商品、创造企业风格等。自1996年以来,有关互联网在线广告收入上升的消息不断见诸报端,在互联网上做广告日益成为西方一些发达国家时髦的商业行为。但是,相对于电视、报纸来说,互联网的广告业发展却显得相对缓慢。目前,网络广告投入最多的十大公司均为计算机软硬件厂商和网络服务公司,如微软、网景和国际商用机器公司等,而可口可乐、宝洁等许多非常舍得在广告上花钱的大公司在网络广告上的投入非常少。

5. 其他广告媒介

除了上述几个广告媒介以外,企业在国际市场上可使用的还有直接邮寄、户外广告,或者利用交通工具做广告等多种方式。在商业或工业杂志很少的国家或地区,直接邮寄广告是工业用品推销的有效媒介。企业通过邮寄样品、产品说明书或商品目录等,向目标用户传递产品信息,进行推销。由于直接邮寄广告简单易行,成本费用低,我国企业广告促销费用有限,国际市场广告促销经验不足,直接邮寄广告便是经常使用的一种广告媒介。利用户外广告牌、霓虹灯等所做的广告也早已是屡见不鲜了。不少企业还利用交通工具进行移动的广告宣传,美国一家公司还专门设计了一套车辆外观影响分析软件。专门对车辆外观对人们的影响力进行测试,并将测试结果提供给广告公司。

(五)国际人员推销

人员推销往往因其选择性强、灵活性高、能传递复杂信息、有效激发顾客购买欲望、及时获取市场反馈等优点而成为国际营销中不可或缺的促销手段;然而国际营销中使用人员推销往往面临费用高、培训难等问题。人员推销指企业派出或委托推销人员,亲自上门向目标顾客介绍和推销产品。人员推销的核心问题是说服,即说服目标顾客,使其接受其销售的产品或服务。人员推销有三个基本要素:推销人员、推销品、推销对象。

1. 人员推销的优点

(1)方法灵活。促销人员可以同顾客进行面对面沟通,根据顾客多方面的反应,不断调整策略,通过语言、声音、面部表情、动作示范、图片或实物展示等,回答顾客提出的疑问,使顾客对产品有全方位的了解,能够更好地说服顾客,进而达到提高销售额的目的。

(2)针对性强。使用广告和公共关系,面对的均为范围广泛的社会大众,他们中很大一部分都不是产品的潜在顾客,这可能会浪费很多资源和时间。人员销售多数是个别进行,在此之前往往要调查研究,选择和了解潜在顾客,以便有的放矢,减少浪费,提高绩效。

（3）及时成交。人员推销的直接性，大大缩短了从销售到采取购买行动的时间间隔。采用非人员促销手段，顾客即使收到信息，也有一个思考、比较、认定以及到商店购买的过程，时间久了还可以放弃购买，面对面的人员促销，能够尽快消除顾客的疑虑，定夺购买。

（4）发展关系。在推销人员与顾客反复交往的过程中，买卖双方往往会培养出亲切友好的关系。一方面，销售人员帮助顾客选择称心如意的产品，解决使用过程中的种种问题，会使顾客对销售人员、产品和企业产品产生亲切感、责任感；另一方面，顾客对销售人员的良好行为予以肯定和信任，会积极地宣传企业的产品，帮助扩展业务。

（5）反馈消息。人员销售是一种双向信息交流过程，销售人员在与顾客交往中，能够收集到所需的各种市场信息，并将推销过程中所了解的有关信息及时传递给企业，以利于企业改进产品和市场营销战略、战术。

人员推销也有一些不足之处。例如，在市场广阔、顾客分散时，建立庞大的推销队伍等会导致推销成本上升；对推销人员的管理较难；理想的推销人员也很难觅得。

2. 人员推销的步骤

推销是推销人员传递信息、说服顾客购买商品的过程。这一过程大体包括三个阶段：一是推销准备阶段；二是推销实施阶段；三是跟踪服务阶段。

（1）准备阶段。为了保证推销任务的顺利完成，推销人员在开始工作之前，要进行充分的准备，具体内容包括：

1）掌握基本情况。要根据推销业务计划，熟悉产品的设计、结构、性能、特点、规格、使用操作原理以及商标、包装和设计特色等。

2）设计推销路线。根据所了解的目标市场和不同顾客的特点，由易到难，设计推销路线。

3）订立谈判原则。就是掌握"取"和"让"两个方面的界限。对于急需企业产品且缺乏经验的消费者，应以诚相待，不能过分获取；对要求苛刻的用户也不可轻易和盲目退让。

4）了解顾客的特点。推销人员在熟悉市场环境的基础上，要进一步了解目标市场的特点，有针对性地开展推销活动。

5）制定具体的洽谈要点。如怎样做自我介绍，开场白讲什么，何时出示产品或介绍产品，准备为消费者提供哪些服务，对用户可能提出的疑问怎么解答，要达到怎样的目的等。

（2）推销人员的实质性工作阶段——推销实施阶段。这直接关系到人员推销的效果。推销人员从事推销面谈时往往要经过四个阶段，即引起注意、产生兴趣、激发欲望和诱发行动，相应地也就有四种对策。这就是通常所说的 AIDA 推销法。

1）引起消费者的注意（Attention）。吸引消费者注意并使之产生良好的反应是全部推销活动顺利开展的前提。要引起消费者的注意，推销员就要处理好四个问题：①说好第一句话。第一句话要生动有力，不落俗套，让顾客爱听、想听。②要用肯定的语气说话。肯定的语气会让消费者觉得你是真诚的、可靠的，并使他不便犹豫，不好拒绝。③要抓好消费者关心的问题。尽快了解到消费者感兴趣或"头痛"的问题，直接引出问题，就能"抓"住对方。④拿出新招。新产品、新包装、新的广告宣传、新的推销方式都能引起顾客的注意。

2）诱导顾客的购买兴趣（Interest/Indentify）。诱导顾客兴趣的最好方法是做示范通过面对面的示范表演,让顾客能耳闻目睹,会让顾客自己进行试验,直接体会产品的性能、特点。如果产品不便演示,可通过间接示范方法,如出示鉴定书等,以诱导其购买兴趣。

3)激发购买欲望(Desire)。顾客的购买兴趣来自企业的产品和对产品的宣传多少。如果产品介绍能与顾客的需要相联系,就会激发购买欲望,形成购买动机。

4)促成购买行为(Action)。促成购买行为的方法主要有:①优点汇集法,即把消费者感兴趣的商品优点与从中可得到的利益汇集起来,在推销结束前,将其集中再现,促成其购买。②假定法,即假定消费者已经购买,然后询问其所关心的问题,或谈及其使用商品的计划,以此促进购买。③优惠法,即利用消费者追求实惠的心理,通过提供优惠条件,促使其立即购买。④保证法,即通过售后服务保证,如包修、包换、定期检查等,克服消费者购买的心理障碍,促成购买行为的实现。

(3)跟踪服务阶段。跟踪服务是指推销人为已购买商品的消费者提供各种售后服务。这是推销的最后环节,也是新的推销工作的起点。跟踪服务能加深消费者对企业和产品的信赖,促使其重复购买,同时也可获得各种反馈信息,为企业决策提供依据。

3. 国际人员推销的管理

推销人员是企业开拓市场的先锋。在广大用户心目中,他们就是企业的代表和化身。推销人员身兼宣传产品、推销产品、调查市场、提供服务等多种职责,他们工作的好坏,对企业有着举足轻重的影响。因此,必须加强推销人员队伍的建设与管理。

(1)推销人员的选拔。推销人员应是具有一定专业知识的人才,他们对市场的开拓和企业的发展有着重要的作用,因此,对企业的推销人员要进行认真、严格的挑选。

推销人员的选拔有两条途径:一是从企业内部选拔;二是面向社会公开招聘。选拔的基本标准是:①以消费者为中心,有全心全意为消费者服务的经营观念和经营意识,热爱推销工作。②具有丰富的文化知识、企业知识、产品知识、消费心理知识、市场营销知识、现代科学技术知识、国家经济政策与法规知识等。③具备一定的社交能力、观察分析能力、推销能力、信息反馈能力、创新开发能力、随机应变能力等。④仪表端庄、举止大方、态度和蔼、谦恭有礼、正派、讲究语言艺术、谈吐得体。⑤年富力强,身体健康,精力充沛,能适应各种交通工具。

(2)推销人员的培训。不论是新选拔的还是原有的推销人员,都应通过培训,提高他们的素质。培训的方式很多,主要有:开办培训中心或专门的学校,按计划聘请专家教授系统地讲授有关经营思想、专业基础课、专业技术课,举办短期培训班,聘请专家或有经验的推销人员,系统介绍产品推销知识和技巧;组织业余函授学习,这种方式适用于常年在外推销,水平有限而又难以集中的在职推销人员。

对推销人员培训所涉及的内容,要从企业的营销特点和学员的实际出发,一般来说,应安排如下内容:

1)学习企业知识。了解企业的历史和发展,企业结构设置、经营目标、方针以及今后的长远发展规划等,以鼓舞推销人员的士气,激发他们为实现企业目标多做贡献。

2)学习产品知识。熟悉和掌握所推销产品的设计、结构、生产、质量、性能、特征、用途、技术先进程度,以及使用方法和维护保养知识,以便向消费者宣传、介绍产品的优点和特征,有效地吸引消费者购买,提高推销效率。

3)学习市场知识。学习关于市场类型、市场行情、竞争程度、需求分布与变化、市场调查与预测等知识,有利于推销人员顺利开展工作。

4)学习现代市场营销知识。即掌握市场开拓原理、方法和策略,以及收集市场情报的内容、方法和技巧。使推销人员在理论联系实际的基础上,不断提高推销艺术,扩大销售战果。

5)学习顾客知识。即有关顾客的需求结构、需求层次、购买动机、购买心理、购买决策等方面的知识,以便有针对性地开展工作。

6)学习业务知识。包括如何签订合同、如何结算、开支范围等。

(3)推销人员的考核与激励。推销人员一般远离企业,比较分散,工作性质较为特殊,为了加强管理,应定期对他们进行检查和考核。要建立推销人员的定期报告制度和工作检查制度,及时了解推销人员的工作计划完成情况、销售收支情况和市场状况等。对推销人员应建立责任制,规定合理定额,并使之与推销人员的个人收入情况挂钩,超额完成则奖励,反之则处罚,以保证推销任务的完成。

激励是调动推销人员积极性的重要手段,其主要方式有:①领导关怀。推销人员常年在外奔波,他们的每一项成绩都是以牺牲个人的某些利益为代价的。若领导能经常过问他们的工作、生活和家庭,使他们产生受重用感与温暖感,则有助于推销人员任劳任怨、一心一意地工作。②奖励。对工作成绩突出者,要给予物质或精神方面的奖励。③处罚。对工作不积极,经常完不成规定任务者,应根据情节轻重给予相应的处罚,以严肃制度,增强推销人员的责任心。

(六)国际公共关系

公共关系(Public Relations)是各企业以营造适宜企业发展的公众环境为目的的各种管理活动的统称。企业的公共关系活动,应以公众利益为前提,以社会服务为方针,以交流宣传为手段,以谅解、信任和事业发展为目的。在企业,公共关系被广泛用于配合市场营销,尤其是开展促销活动。

1.公共关系的作用

国际公共关系既是一门科学,又是一门艺术,其在跨国营销中的作用主要表现在以下几个方面:

(1)有助于树立良好的公司形象。良好的公司形象对国际企业在东道国开展业务和发展具有重要的意义。通过独具匠心的对外宣传和广泛的社会接触可以联络与各阶层的感情,通过支持赞助各种公益活动展示国际企业的形象,树立起公司诚信负责的形象。

(2)有助于增进公司直接的交往与合作。通过进行公共关系,增进与合作伙伴之间的相互了解,在相互信任和相互支持的基础上,实现商业的互利共赢。另外,积极融入东道国商圈,可以寻找更多的商业机会。

(3)有助于扩大销售额。公共关系是一种特殊的广告,通过非广告形式吸引公众注意,可以赢得更多忠诚的消费者,促进产品销售。

2. 国际公共关系策略

进行国际营销的国际企业,面临的是瞬息万变的世界市场,其战略目标、经营理念、人员要求可能与东道国的经济水平、风俗习惯、政治信仰等有冲突,这就需要国际企业在不同国家制定不同的公共关系策略。基本的公共关系策略包括宣传型公共关系策略、交际型公共关系策略、服务型公共关系策略、社会型公共关系策略、征询型公共关系策略、维系型公共关系策略、危机公关策略。

(1)宣传型公共关系策略。宣传型公共关系策略,主要指广泛使用各种媒体向公众宣传国际企业及其产品,通过与社会各阶层的沟通,使目标群体熟悉公司的信息,形成对国际企业有利的社会舆论氛围,为公司构造适宜的内外部环境的策略。从事国际化经营的企业实施宣传型公共关系策略往往最能体现本企业的个性和特色。企业采用这种策略,其公共关系部门必须主动向媒介提供各种宣传材料,通过各种方式宣传企业的目标、实力和对社会的责任感。

(2)交际型公共关系策略。在东道国的公共关系中,与政府的关系是至关重要的。通过拜访、组织联谊会等直接的人与人沟通,建立除销售网络之外的社会关系体系,广泛接触,形成为公司提供稳定经营环境的网络。人是一种有感情的动物,交际型公共关系策略是直接的情感交流,不同于销售中的博弈,更容易被社会公众所接收。

(3)服务型公共关系策略。服务型公共关系策略不是张扬,而是通过提供实惠的和优质的服务来博取公众的好感,进而树立或塑造企业及产品的良好形象。在国际市场营销活动中,服务型公共关系策略并不是只针对服务性行业的。任何企业在进军国际市场的过程中,都要树立以优质、完善的服务为基础的观念。有人称这种由消费者亲身体验而自觉传播的良好声誉为“口传广告”,这种良好的口碑具有传播广泛、说服力强的特点。在国际市场营销活动中运用服务型公共关系,将公关活动由抽象变为具体的、实在的行动。

(4)社会型公共关系策略。社会型公共关系策略是以举办各种有组织的社会性、公益性、赞助性的活动,如庆祝会、纪念会、运动会、赞助公益事业等来扩大企业的社会影响,提高其社会声誉,赢得公众的信任和支持。企业参与国际化经营不仅要考虑到自身的经济效益,更要考虑社会效益和企业国际形象。而社会型公共关系策略的最大特点就是公益性。它不以短期利益为出发点,不以获取直接经济利益为目的,而是通过一系列活动,创造出一种对企业具有长期利益的社会环境。在国际市场竞争中,一个企业在公众中树立起不单纯追求经济效益,而是热衷于为社会公众服务的形象时,该企业的社会型公共关系促销策略就得到了最完美的体现。

社会型公共关系策略通常有以下几种方式:借企业本身的重要活动开展各类社会活动。例如,利用类似开业周年或正式进入国际市场等机会,邀请社会人士参加庆祝活动,借此烘托企业形象,渲染气氛,联络关系,为以后的合作奠定基础。响应东道国政府号召,资助社会福利事业、资助教育事业等活动。例如,一些企业经常采用的将企业庆典的经费用于捐助社会慈善事业或捐资办学等,以此在国际公众中树立企业乐善好施、注重社会责任的形象,提高企业的美誉度。出资赞助大众传播媒介,举办各种有益于社会文明和进步的活动。例如,赞助大众传播媒介制作公益广告,赞助有益公众的节目播出,举办冠以企业或产品名称的体育比赛等活动,以此赢得国际社会的广泛支持,提高企业及其产品的社会声誉。

(5)征询型公共关系策略。征询型公共关系策略以广泛采集社会信息、深入了解公众意见为主要手段,以求得全面了解社会需求和及时适应市场变化,并希望在顾客中树立脚踏实地、以顾客为中心的公众形象。企业依据所搜集的有关国际市场的第一手资料,准确地掌握所在国家和地区特定公众的心理状况和社会舆论,及时发现企业存在的问题,为企业顺利地进入和占领国际市场提供有效的咨询指导,从而促进企业经营的国际化进程。征询型公共关系策略的主要内容有:对目标市场国或地区的发展环境的综合调查,面向特定公众的民意测验和市场预测,建立信访制度,设立监督、举报和投诉机构以及热线电话等。

(6)维系型公共关系策略。维系型公共关系策略多用于企业处在发展比较顺利、内外部环境较好、其公共关系状态处于良性循环的时期。在这一时期,企业应该特别注意不断地加强与公众的沟通和联系,使公众对企业的认同感和依赖感得以增强,将公众始终维系在企业的周围。

(7)危机公关策略。危机公关,也称矫正型公共关系策略,这种策略多用于企业的发展遇到风险,内、外部环境发生严重的不协调,其公共关系状态濒临危机的境地时。此时,企业应该采取措施,迅速地纠正并消除损害企业形象的不利因素,恢复公众的信任和谅解,重新树立良好的企业形象。

(七)国际营销推广策略

进行国际促销活动,除了广告、人员推销、公共关系外,还有营业推广的方式。所有鼓励最终用户购买产品,提高零售商和中间商推销能力并改进其合作态度的市场营销活动,都属于营业推广。广告对消费者购买行为的影响往往是间接的,营业推广则刺激消费者立即做出购买决策。在营销组合各种要素中,营业推广用得最为频繁,但在含义上却最为含糊。销售推广由一系列促销工具构成,是世界各国企业长期致力于产品竞销的结果,同时,又有不少工具正在企业的促销实践中得到创造。

在国际市场上,进入一个新市场,如能把营业推广和广告手段结合起来运用,往往可能获得成功。近年来,营业推广的使用范围和程度都有加速发展的趋势。导致营业推广迅速增长的因素在于:品牌的大量增加,竞争者更富有促销头脑,通货膨胀和衰退使消费者更容易接受促销的影响,广告的有效性由于成本增加、媒介杂乱和法律的限制而在降低。营业推广的特点在于其非规律性和非周期性以及灵活多样性和短期效益明显。

营业推广的目的通常是:诱导消费者试图或直接购买新产品;引导消费者增加对现有产品的使用频率;在零售一级直接吸引消费者购买产品。进入20世纪90年代以来,许多国际企业都十分重视运用营业推广手段,纷纷成立营业推广部,由营销经理直接领导,并指定营业推广费用预算。这是因为,营业推广再加上广告宣传,具有速效的作用。可口可乐公司在发展中国家推销芬达饮料时,就是运用赠送圆珠笔、铅笔等营业推广手段,再加上广告宣传,吸引了大批消费者,促使中间商大量进货,从而打入和占领了这些国家的市场。

1. 国际营销推广的方式

营业推广的方式很多,主要分为三大类:①针对最终消费者的,如免费样品,折价券、现金兑换、竞赛、现场示范、附带廉价品等;②针对中间商的,如购买折扣、合作广告、推广津贴、经销竞赛等;③针对推销人员的,如奖金、推销竞赛等。许多公司的国际营销实践证明,营业推广在国际营销中也是一种行之有效的促销方式。

营业推广手段非常丰富,在不同的国家运用有时会受到法律或文化习俗方面的限制。在国际营销中,还有几种重要的营业推广形式往往对介绍一些企业产品进入海外市场颇多助益,如博览会、交易会、巡回展览、贸易代表团等。值得一提的是,这些活动往往因为有政府的参与而增加其促销力量。

2. 现场推广方式

(1)国际博览会。国际博览会又叫国际集市,是指在一定地点定期举办的由一国或多国联合组办、邀请各国商人参加交易的国际营销形式。在国际博览会上,一边把各种产品展出,一边就地进行交易。被邀请的各国企业或商人,不但可以与主办国进行交易,而且互相之间也可以进行交易。国际博览会分为两类,一类是综合性国际博览会,又称综合性国际博览会,或称"水平型博览会";另一类是专业性国际博览会,又称"垂直型博览会"。由于博览会参展商集中,且集展示与交易于一体,所以能够提供较多的商业机会。

(2)演示促销。演示促销是指在销售现场或展览会上提供实物证明,进行商品的使用表演,使购买者亲见商品的使用方法与效能,激起购买行为。在国际营销中,由于营销范围较广,常采用由专业人员组成流动演示组的方法,在消费者密集地区(市场)巡回告示。流动演示成本较高,但由于与目标市场接触面大,商品透明度高,能够取得较好的促销效果。演示促销对一些新产品或是操作使用较为复杂的产品推出特别有效,通过演示促销可大大加深顾客的印象,缩短消费者与商品之间的距离。

3. 直接对消费者的推广方式

对国际市场消费者的营业推广,其主要目的是提高产品的知名度,鼓励消费者购买,进而提高销售量。这种促销手段按照功能和目标可以分为以下几类:

(1)用于推出新产品的手段有赠送样品、优惠价格和试用可退换样品,对于迅速开拓市场、建立顾客对产品的信任感、加强消费者与企业的合作关系最为有效,特别是对于在国际市场上刚刚进入一个目标市场的非耐用消费品,更是经常使用这种方法,但这种方法成本较高。

(2)用于保证某种产品更多地被消费的办法有折价出售、奖励、补贴、大奖赛等,这类手段的目的在于以一些小型的奖励或是少数人获得高额奖励的机会激励消费者更多地购买某一种产品。但消费者对这种方法已逐渐习以为常,因而各商家都在努力地寻求新的方法以刺激购买。

(3)直接吸引顾客到零售店去购买的促销方法有购货券、零售附单和零售试用代价券或优惠券,通常是给持有人一个证明,证明他在购买某种商品或在本企业购买一定数量的商品时,可以免付一定金额的钱。优惠券可以在广告中附送、邮寄、当面奉送等。

4. 对中间商的推广方式

为了争取批发商或零售商等中间商的合作,生产厂家常采取一些针对中间商的推广方式,如购买折扣、推广津贴、推销竞赛、分期付款和资金资助等。

购买折扣是指在规定的时期内,购买者购买某种商品可享受一定购货折扣。这种折扣可以直接支付,也可以从发票金额中减除,目的在于鼓励经销商去购买一定数量的商品或者经营那些他们通常不愿进货的新品种。

推广津贴,即批发商购买某种产品达到一定数量时,制造商特别赠送一些商品或现金。广告津贴是为酬谢中间商替生产商的产品代登广告而给予的报偿。类似的还有陈列津贴,即为批发商协助举办展览会提供的补贴。

推销竞赛,即制定一个奖励办法,内容包括销售数量、新产品推销、市场开拓、价格控制、销售服务合作时间等。成绩优异的中间商,有机会得到一定奖金或奖品,用以刺激、鼓励他们努力推销本企业产品。

四、国际市场定价策略

价格是市场营销组合的一个重要因素。产品价格的高低,直接决定着企业的收益水平,也影响到产品在国际市场上的竞争力。国内定价原本就很复杂,当产品销往国际市场时,运费、关税、汇率波动、政治形势等因素更增加了国际定价的难度。所以,企业必须花大力气研究确定国际营销中的定价策略。

(一)影响国际营销产品定价的因素

1. 定价目标

国际企业的全球战略不同,定价目标也不同;对东道国市场的需求不同,定价目标也不一样。一些国际企业将母国市场作为最重要的市场,而将国际市场作为国内市场的延伸,主要不以营利为目的,可以将定价目标降低一些;一些国家将全球市场作为整体,定价目标为在所有市场都同等重要。同时,在进入市场的不同阶段,采取的定价目标也是不同的。在国际企业开始进入某一市场时,可以将市场占有率作为主要目标,对利润要求不要过高,重点采取低价渗透的营销策略;而在已经发展成熟的市场,公司已经站稳脚跟,有稳定的市场占有率,则可以采用高价撇脂战略。

在合资企业方面,制定定价目标,不仅需要考虑公司自己本身的全球战略,而且还要考虑合作伙伴的要求。同时,要考虑公司对合资企业的需求,如果公司成立合资企业是为了获得技术的支持,那么可以将对利润的要求降低一些;如果成立合资企业就是为了进入市场,获取利润,那么可以对定价要求严格一些。

国际企业定价目标主要有以下几种:

(1)消化库存。公司的生产能力过剩,为了维持正常运转,将国际市场作为消化库存的重要手段。为了应对国际市场激烈的竞争,公司可以采取低价策略,以价换量,扩大销售量。

（2）实现市场占有率最大化。如果以这方面因素作为定价目标，需要考虑如下问题：如果产品的需求弹性比较大，可以通过降低价格来刺激市场，增大需求；规模经济可以使产品成本有明显的下降；通过"价格战"有可能强化对竞争对手的优势。

（3）实现利润最大化。采用这种定价策略，会使企业面临两种风险：第一，当前利润最大化，有可能会损害企业的长远利益。第二，对产品需求弹性的测定和对产品生产、销售总成本的预计往往会有偏差，由此定出的价格可能不太准确，企业可能会因定价过高而达不到预期销售量，或者定价低于可达到的最高售价而蒙受损失。

（4）保证产品质量。某些国际企业遵循"质量至上"的理念，因此研究开发成本和生产成本均很高，为了弥补这些成本，公司便会选择"高质高价"的定价策略。

（5）公司形象。很多国际企业的世界形象，就包含了价格因素，所以其也会采取相应的价格策略。例如，很多奢侈品品牌均会定下相对离奇的高价，彰显自己高雅、独一无二的属性，吸引富商巨贾；而像沃尔玛和优衣库等一些走平民化道路的国际企业，则会选择相对较低的价格策略。

2. 成本因素

成本核算在定价中十分重要。产品销往的地域不同，其成本组成也就不同。出口产品与内销产品即使都在国内生产，其成本也不会完全一样。如果出口产品为了适应国外的度量衡制度等因素而做出了改动，产品成本就可能增加。反之，如果出口产品被简化或者去掉了某些功能，生产成本就可能会降低。

某些相同的成本项目对于国际营销与国内营销的重要性可能差异很大。例如运费、保险费、包装费等在国内营销成本中占有较大比重。而另外一些成本项目则是国际营销所特有的，例如关税、报关、文件处理等。下面对国际营销具有特殊意义的成本项目分别进行说明。

（1）关税。关税是货物从一个国家运到另一个国家销售时需要缴纳的税收，一般情况下，在外国商品进入本国市场环节进行征收。征收关税可以提高进口商品的价格，在一定程度上保护本国市场。关税额一般是用关税率来表示，可以按从量、从价或混合方式征收。事实上，产品缴纳的进口签证费、配额管理费等其他管理费用也是一个很大的数额，成为实际上的另一种关税。此外，各国还可能征收交易税、增值税和零售税等，这些税收也会影响产品的最终售价。不过，这些税收一般并不仅仅是针对进口产品。

（2）中间商与运输成本。各个国家的市场分销体系与结构存在着很大的差别。在有些国家，企业可以利用比较直接的渠道把产品供应给目标市场，中间商负担的储运、促销等营销职能的成本也比较低。而在另外一些国家，由于缺乏有效的分销系统，中间商进行货物分销必须负担较高的成本。

出口产品价格还包括运输费用。据了解，全部运输成本约占出口产品价格的15%左右。可见，运输费用是构成出口价格的重要因素。

（3）风险成本。在国际营销实践中，风险成本主要包括融资、通货膨胀及汇率风险。由于货款收付等手续需要比较长的时间，因而增加了融资、通货膨胀以及汇率波动等方面的风险。此外,为了减少买卖双方的风险及交易障碍,经常需要有银行信用的介入,这也会增加费用负担。这些因素在国际营销定价中均应予以考虑。

3. 市场需求

产品的最低价格取决于该产品的成本费用,而最高价格则取决于产品的市场需求状况。各国的文化背景、自然环境、经济条件等因素存在着差异性,决定了各国消费者消费偏好不尽相同。对某一产品感兴趣的消费者数量和他们的收入水平,对确定产品的最终价格有重要意义。即使是低收入消费群体,对某产品的迫切需要也会导致这种产品能够卖出高价,但仅有需求是不够的,还需要有支付能力作后盾。所以,外国消费者的支付能力对企业出口产品定价有很大影响。要详细了解需求与支付能力,还需要深入研究该国国民的习俗及收入分布情况。

4. 市场结构

现代经济学认为,产品的最低价格为可以弥补所有公司成本的价格,最高价格为消费者愿意支付的最大值,企业可以根据自己的情况在最小值和最大值之间定价,这其中如何进行定价? 在上限和下限之间,企业能把这种产品价格定多高,则取决于竞争者提供的同种产品的价格水平。与国内市场不同,企业在不同的国外市场面对着不同的竞争形势和竞争对手,竞争者的定价策略也千差万别。因此,企业就不得不针对不同的竞争状况而制定相应的价格策略。竞争对企业自由定价造成了限制,企业不得不适应市场的价格。除非企业的产品独一无二,并且受专利保护,否则没有可能实行高价策略。

根据不同的市场结构,价格的决定也不一样。不同的市场结构由行业内企业数量、企业规模和产品的特点决定,通常情况将市场结构分成三类:①完全竞争市场。在这种市场中,消费者和生产者均无法控制价格,价格主要取决于市场供需关系。②垄断竞争市场。在这种市场中,企业数量较少,均有一定的市场势力,因此可以根据采取控制产量等方式影响价格。③寡头垄断市场。在这种市场中,只有两三家企业,企业的所有行为都可以影响到价格,如果所有企业达到默契,甚至可以制定垄断价格。

5. 政府的价格政策

价格政策是政府干预经济走势的重要手段,其可以从多个角度影响公司的定价政策,如税收、汇率、利率、关税、反垄断、补贴及行业政策等。某些国家为了保护国内产业,采取较高的关税政策。作为出口企业,不可避免地要遇到各国政府的有关价格规定的限制,比如政府对进口商品实行最低限价和最高限价,都约束了企业的定价自由。

即使东道国政府的干预很小,企业仍面临着如何对付国际价格协定的问题。国际价格协定是同行业各企业之间为了避免恶性竞争,尤其是竞相削价而达成的价格协议。这种协议有时是在政府支持下,由同一行业中的企业共同达成的;有时则是由政府直接出面,通过国际会议达成的多国协议。企业必须注意目标市场的价格协议,同时关注各国的公平交易法(或反不正当竞争法)对价格协定的影响。

本国政府对出口产品实行价格补贴,可以降低出口产品价格,增强产品国际竞争力。如美国政府对农产品实行价格补贴,可以提高其农产品的国际市场竞争力。我国出口产品退税制也是为增强出口产品的竞争力。

(二)国际营销调价策略

由于国际市场供求关系及竞争状况的变化,产品价格在不断地变动,或者是价格提高,或者是价格下降。企业提高产品价格,有可能引起消费者和国外中间商的不满,甚至本公司的销售人员也会表示异议。但是,一个成功的提价策略可以使企业的利润大大增加。产品价格提高,除了追求更高利润外,还有一些其他导致企业不断提高产品价格的因素。

1.通货膨胀

20世纪70年代以来,受石油危机等诸多因素的影响,导致国际范围内不断出现通货膨胀的迹象,成本不断增加,为了弥补成本,保证一定的利润率,公司便需要采取提高价格的策略。世界范围内持续的通货膨胀,使得企业的成本费用不断提高。与生产率增长不相称的成本增长速度,压低了出口企业的创汇幅度,使得许多企业不得不定期提高产品价格。

为了应对国际上普遍存在的通货膨胀趋势,企业可以采取很多方法来调整价格:

(1)采取推迟报价的策略。即企业决定暂时不规定最后价格,等到产品制成时或交货时才规定最后价格。在工业建筑和重型设备制造等行业中一般采取这种定价策略。

(2)签订短期合同,或者在长期合同中附加调价条款。即企业在合同上规定,在一定时期内(一般到交货时为止)可按某种价格指数来调整价格。

(3)把产品供应和定价作为两个文件分别处理。在通货膨胀、物价上涨的条件下,企业不改变原有产品的报价,但将原来免费提供的某些劳务另外计价,不包括在原有定价范围内,实际上提高了产品的价格。

(4)提高最小批量,减少价格折扣。企业削减正常的现金和数量折扣,限制销售人员以低于价目表的价格来签订合同。

(5)取消那些以前为增加产品种类,而实际上为企业带来利润比较低的产品。对成套出口的系列产品,可以在中间增加一些利润高的品种。

(6)降低产品质量或者减少产品功能和服务。企业采取这种策略短期内能够获得一定的利润,但有可能影响企业声誉和形象,失去顾客的忠诚。

需要注意的是,企业提高产品价格后,应该使用各种沟通渠道,向客户说明提价原因并听取反应。企业的外销人员应该帮助客户解决因提价而带来的各种问题。

2.供不应求

企业的产品供不应求,不能满足所有顾客的需要。在这种情况下,企业也必须提价,或者对客户限额供应,或者两种措施共同采用。公司的产品获得消费者的认可,供应小于需求,这时可以采取提价策略。

3.市场竞争

在国际市场营销实践中,企业会出于对竞争者价格或产品的考虑而提价。当同行业主导企业提价时,为了避免与其抵触所造成的损失,必须考虑随之提价。当企业产品在与竞争产品的抗衡过程中,已在顾客心理上确立了某种差别优势时,企业可以考虑利用自己的独特优势提价。但此时,提价幅度必须是顾客能够承受,且能够维系顾客忠诚的。提价幅度过大,差别优势就可能丧失,顾客将依据价格另选品牌,转向竞争产品。

(三)国际营销降价策略

在经济全球化的推动下,市场竞争已经从国内竞争扩展到国际竞争,企业由于诸多因素的交织作用,有时不仅会提高产品价格,也会降低产品价格。以下情况可能会导致企业降低价格:

1. 供过于求

当国际市场产品供过于求时,企业为了追加出口额,可能会千方百计地改进产品,增加促销手段或者采用其他措施。这些均不能奏效时,就要考虑降低售价。

2. 竞争加剧

当国际市场上出现了强有力的竞争者时,往往会导致企业市场占有率的下降。例如,美国的汽车、消费电子产品、照相机、钟表等行业,由于日本竞争者的产品质量高、价格较低的竞争优势,使美国产品已经丧失了一些市场份额。在这种情况下,美国一些公司不得不降低价格竞销。

3. 成本优势

当企业进入国际市场的成本费用比竞争者低时,一般会考虑通过降低价格来扩大市场或提高市场占有率,从而扩大生产和销售量及排挤竞争者。

总之,企业在采取降价策略之前一定要考虑降价对整个产品线的影响以及对企业利润的影响。由于价格高低常常被视为产品质量的象征,当产品降价时,顾客可能以为产品质量出了问题,且怀疑原先是否受骗了,从而影响到产品线其他产品的销售。而且,降价势必会减少企业的收益,因此,必须权衡利弊,慎重选择此策略。

(四)国际营销价格发展趋势与企业对策

1. 成本压力加大

商品在国际市场的价格一般比国内市场的价格高,出口到国际市场上的产品需要加上运输费用、仓储费用、关税等,经营链条不断拉大,等级增多,导致管理费用变得庞大。贸易壁垒和投资壁垒层出不穷。同在国内销售产品相比,出口到国际市场上的产品由于地理距离的增加、经济差异的加大,导致了国际市场营销需要更多的运输和保险服务,需要更多的中间商和更长的分销渠道服务,还需要支付出口所需的各种案头工作费用和进口税。以上各种费用都作为成本费用加在产品的最终售价上,从而导致了产品在国际市场上的最终价格要比国内销售价格高很多的现象。这种外销成本的逐渐增加所形成的出口价格逐步上涨的现象被称为价格升级。

产品内销外销价格的巨大差异是由国际销售比国内销售需要增加更多的营销环节而决定的。不能因此就认为企业将产品销往国外就能得到更多的利润。出口过程中各环节费用的逐渐增加是造成价格升级的根本原因。

从上述分析可以看出,价格升级并没有给出口企业带来任何额外的利润。相反,由于价格升级,使得企业目标市场的消费者需要花高价购买同样的商品,高的价格抑制了需求,减少了企业产品的销售量,对生产企业本身产生不利的影响。因此,价格升级也是企业要想办法解决的一个问题。

2.政府非常规管理增强

面对政府价格管制的加强,企业既要遵循东道国的立法,也必须善于运用"大市场营销"策略,特别是要注重运用政治力量这一手段,来赢得对企业有利的定价环境。

本章课后习题

一、关键词

国际市场营销、国际市场调研、国际市场定位、产品策略、国际市场促销

二、复习思考题

1.请简述国际市场调研的步骤及主要内容?

2.影响国际市场促销策略的因素有哪些?

3.影响国际营销产品定价的因素有哪些?

三、讨论题

组织学生分组研究知名国际企业的市场营销策略,对资料进行搜集整理,最后撰写研究报告。

第七章　国际企业财务管理

【本章提要】

本章归纳了国际企业财务管理的概念、特点、主要内容以及不同的管理模式,阐释了国际企业资金管理:融资管理、投资管理和营运资金管理,介绍了国际企业的三大外汇风险即交易风险、经济风险和折算风险以及各类风险的管理方式,同时也对国际企业的税收管理作了重点描述。

【学习目标】

通过本章的学习,学生应该:

1. 了解国际企业财务管理的概念、特点、主要内容和不同管理模式的含义。
2. 重点把握国际企业资金管理的内涵。
3. 了解国际企业外汇风险的管理。
4. 掌握国际企业税收管理的主要内容。

【开篇案例】

"海尔"的财务管理之路

海尔集团创立于 1984 年,创业以来,坚持创业和创新精神创世界名牌,已经从一家濒临倒闭的集体小厂发展成为全球拥有 8 万多名员工、2011 年营业额为 1509 亿元的全球化集团公司。海尔集团在首席执行官张瑞敏的领导下,先后实施名牌战略、多元化战略、国际化战略和全球化品牌战略阶段。

对于众多中国企业来说,应收账款和库存是两个沉重的包袱,特别是在现金为王的金融危机时代。企业要想"过冬",就是要丰衣和足食。"食物"就是订单,"衣服"就是现金流。海尔在 1998 年就在中国市场率先实行"现款现货"。1999 年海尔将原来的财务部门从各单位分离出来,整合成立"资金流推进本部",设立按流程进行横向资金管理的资金管理部门,对集团资金和财务资源进行统一配置和管理,从源头上解决部门之间在资金流动和财务资源配置上的相互割裂问题,推进集约化的财务管理。2002 年,海尔集团设立了财务公司,进一步推进集约化金融服务,海尔将新设立的财务公司定位于"海尔集团国际化经营的全球金融运作中心"和"产业助推器"。针对以前资金在集团内产供销流程各环节以及各成员单位沉淀、闲置、配置不均衡和融资需求不对称等问题,财务公司根据集团发展的需要集中、统一管理集团下属公司的资金,通过有偿调剂集团内部企业资金余缺,优化配置集团资金资源,激活了集团内部的闲置和沉淀资金,满足了成员单位产业发展过程中的内部融资需求,实现了集团对外流动资金的"零"贷款,节约了大量资金成本。在资金账户的管理上,海尔财务公司提出"一个账户"的资金集中管控模式,搭建了资金账户的集中管理与操作平台,未获集团批准不得擅自在财务公司外开立新账户。目前,财务公司管理着集团 500 多家公司的资金账户,实现了集团"一个账户"的资金管控理念。2008 年 7 月,海尔在现款现货的基础上,又提出防止"两多两少":防止库存多、应收多、利润少、现金少。具体措施就是探索"零库存下的即需即供",取消仓库,推进按订单生产,有效避免了库存和存货贬值。2011 年 7 月 28 日,海尔集团宣布从松下手中接盘三洋电机在日本、印度尼西亚、马来西亚、菲律宾和越南的洗衣机、冰箱和其他家用电器业务。2013 年 12 月 9 日上午,阿里巴巴集团与海尔集团宣布达成战略合作。阿里巴巴集团对海尔集团子公司海尔电器进行总额为 28.22 亿港元(约合人民币 22.13 亿元)的投资。

海尔集团根据不同的战略发展阶段、不同的市场环境采取不同的财务管理策略,不断地提高了自身的核心竞争力。

案例解读:财务管理是国际企业在其经营过程中极其重要的一环。海尔集团规划未来引领双赢的财务战略目标、精准的财务角色定位、满足需求的资源配置、强大的风险管控和信息管理系统成为业内国际企业财务管理成功经营的典范,值得深入研究。

现代企业在走向国际化经营的过程中,必然要面临财务管理的国际化。由于国际企业在经营中会受到各国不同政治、经济、法律和文化环境的挑战,直接导致企业理财环境的复杂多变。与此同时,多元化环境又为国际企业提供了许多前所未有的机会,如利用转移定价进行合理避税等。如何灵活利用这种复杂多元的环境,降低风险,实现国际企业财富最大化,是国际企业管理所需要重点思考的内容[①]。

第一节 国际企业财务管理概述

为更好地理解和把握国际企业财务管理的具体实务,下面对国际企业财务管理的概念、特点、主要内容以及财务管理模式的选择进行简单介绍。

一、国际企业财务管理的概念

国际企业财务管理是以风险与收益均衡的原则,协调国际企业的资金流,从而实现国际企业财务管理目标。企业财务管理的对象是资金流,企业的资产、负债、所有者权益以及收入、成本、费用等都表现为一定量的资金流。财务管理的对象就是协调资金流,使之满足企业创造最大价值的需要。国际企业一般规模较大,生产经营所产生的资金流非常复杂,除了生产经营的资金流中含有外币资金外,还存在母公司与子公司的资金流、子公司之间的资金流以及公司与外部其他公司的资金流[②]。

二、国际企业财务管理的特点

国际企业财务管理实质上是国内财务管理向国际的扩展,而国际企业的业务往往遍布多国,财务管理通常涉及外汇的兑换和多国政治的法令制度和相关规定,所以,相比一般企业的财务管理而言,国际企业的财务管理更加复杂。总的来说,它具有如下几个特点:

(一)更复杂的经营环境

国际企业的经营通常面对的是国际环境,需要与其他国家的企业、银行、证券市场、税务机关以及个人等发生财务关系。不同国家的政治、经济、法律、文化教育等环境千差万别。从政治方面来看,各国社会制度不同,思想政治观念、意识形态不同,法律制度等也各不一样;从经济方面来看,各国经济发展水平不一,所使用货币不同,外汇管制、税法和会

---

① 马卫. 企业国际化经营与管理[M]. 南昌:江西人民出版社,2001:218.
② 苗润生. 国际财务管理[M]. 北京:清华大学出版社,2011:1-2.

计制度等也均有差别。除此之外,各国官方语言、使用文字、风俗习惯也相去甚远。在国际企业的财务管理活动中,不仅要使用外国货币,了解有关国家的利率、税率、汇率、通货膨胀率等的变化,还要正确把握汇率等因素对国际企业财务收支的影响。由此可见,国际企业财务管理不仅范围广阔,而且情况也更为复杂①。

(二)更大的外汇风险

浮动汇率制度的引入和汇率的动荡不稳增加了国际化经营所处环境的不稳定性。汇率的波动影响着国际企业经营活动和国际投资组合的收益与风险,其中最主要的三种外汇风险为:交易风险、经营风险和折算风险,如图 7 - 1 所示。

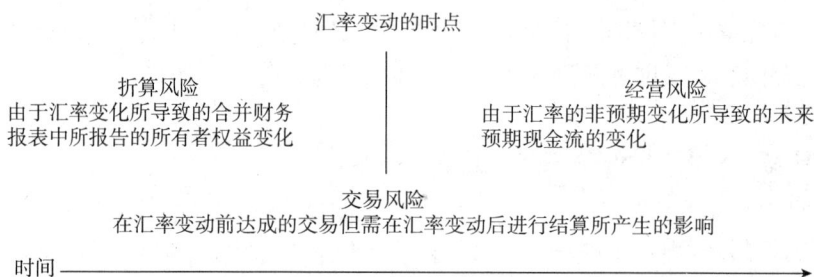

汇率变动的时点

折算风险
由于汇率变化所导致的合并财务
报表中所报告的所有者权益变化

经营风险
由于汇率的非预期变化所导致的未来
预期现金流的变化

交易风险
在汇率变动前达成的交易但需在汇率变动后进行结算所产生的影响

时间

图 7 - 1 交易风险、经营风险和折算风险概念比较

资料来源:戴维·K.艾特曼,阿瑟·I.斯通希尔,迈克尔·H.莫菲特.跨国金融与财务(第 11 版)[M].北京:北京大学出版社,2009:241.

1. 交易风险

交易风险(Transition Exposure)度量的是在汇率发生变动之前,公司发行的金融债务市值的变动程度,而不是等到未来某一时间到期清算时其债务市值的变动程度。

2. 经营风险

经营风险(Operating Exposure)也被称为经济风险、竞争风险或战略风险,它衡量的是未来经营现金流的改变所导致的公司现值的变化,而公司未来现金流的改变是由意想不到的汇率变化引起的。公司现值的改变取决于汇率变化对公司未来销量、价格和成本的影响。

3. 折算风险

折算风险(Translation Exposure)也被称为会计风险,它来源于所有者权益的会计改变,这是因为为了准备全球范围内统一的财务报表,公司必须将海外部门那些用外币表示的财务报表"转换"成单一货币表示②。

---

① 夏乐书,王满.国际财务管理(第二版)[M].北京:中国财政经济出版社,2008:10 - 11.
② 戴维·K.艾特曼,阿瑟·I.斯通希尔,迈克尔·H.莫菲特.跨国金融与财务(第 11 版)[M].北京:北京大学出版社,2009:241 - 242.

(三)更多的经营机会

由于国际企业的经营范围和财务活动涉及许多国家,而各国的政治、经济情况各不相同,货币有软硬(弱势货币、强势货币),利率、税率有高有低,外汇和贸易管制有差别,因而国际企业在经营和财务管理上可以有许多选择,有更多的获利机会。比如,国际企业可以利用国内外众多的资金市场,从利率最低的国家筹集资金,向利润最高的国家投资;可以利用转移定价、合理避税等手段从整个公司体系内部各单位的统筹调配中获得新的财务利益机会①。

三、国际企业财务管理的主要内容

相比传统的财务管理活动而言,国际企业财务管理的内容尚未完全成熟和完善,处于不断形成、不断完善之中。本书综合国际企业财务管理产生和发展的背景,将国际企业财务管理的主要内容概括为以下五方面:

(一)融资管理

作为国际企业,对资金的需求显然是非常重要的。国内企业的资金通常来源于国内的股票市场或信贷市场,国际企业的资金来源渠道不仅包括国内市场,还包括国际资本市场或信贷市场。通过在国际市场发行股票、债券或其他金融工具,来满足其在国际经营活动、投资活动中对资金的需求,是国际企业的重要特征②。然而,通过不同的来源和不同的融资方式所筹集资金在成本、使用时间、财务风险及附加条件上是不相同的,国际企业的相关决策部门应在各种因素之间进行权衡,做出最优决策。为此,必须做好以下工作:第一,在正确确定投资需要量的条件下合理确定筹资数额和安排资金结构;第二,拟定两个以上的可行的筹资方案并对其进行经济分析,从中选出最优融资方案;第三,优化资金结构,降低资金成本和防范筹资风险③。

(二)投资管理

融资的目的在于运用资金。国际企业的资金运用是指它将筹集到的资金用于国际生产经营活动,以谋取利益。国际企业的国外投资可分为直接投资和间接投资两种基本形式,投资形式不同,管理方法也就不一样。国际投资与国内投资的决策方法基本相同,但国际投资涉及比较复杂的因素和较大的风险

①　马卫.企业国际化经营与管理[M].南昌:江西人民出版社,2001:220.
②　张俊瑞,曹玉珊.国际财务[M].上海:上海人民出版社,2011:13.
③　何清波.国际企业财务管理[M].北京:经济科学出版社,1997:10.
④　费忠新.民营企业财务管理研究[M].上海:立信会计出版社,2007:226.

(三)营运资金管理

营运资金是指企业为了日常经营的需要,占用在短期资产上的资金,主要包括现金、应收账款、短期证券和存货。流动资产与流动负债的差额称为净营运资金。营运资金的管理需要从两方面入手,一方面是流量管理;另一方面是存量管理。所谓流量管理,是指国际企业的财务人员应当确定企业总体范围内营运资金的最佳货币组合和安置地点;而存量管理则是对现金、应收账款、存贷、短期证券和短期负债的水平及它们的组合结构的管理[1]。

(四)外汇风险管理

外汇汇率变动的不确定性既可能给企业带来收益,也可能给企业造成损失,企业面临的这种风险称为外汇风险。国际企业从事国际经营活动,必然使用多种货币并进行货币折算和兑换。用一种货币折算和兑换成另一种货币的比率称为汇率。由于各国的经济发展速度、货币供应量的多少、利率的升降、国际收支的差额、通货膨胀率的大小、政治变动等多方因素的差异,各种货币的汇率会经常发生变化。一般而言,当汇率向有利于外汇资产持有者变动时,能给其带来额外的收益;反之,会给外汇资产持有者带来重大损失。

(五)税收管理

由于国际企业的经营活动涉及两个或两个以上的国家,在国际经营环境中,公司要实现其整体税收后收益最大化目标,充分合理组织资金流动,不仅要加强收入与费用的管理,更要注意加强对国际税负的控制,力争使公司整体税负最低。因而,随着国际企业资金的资金规模、数量的日益增加,国际企业资金的纳税管理问题成为国际企业财务管理的一项重要内容。国际企业税务管理主要需要了解国际税收管辖权、国际重复征税、国际税收协定等基本问题,也需要掌握国际税收筹划的原理和方法[2]。

四、国际企业财务管理模式的选择

国际企业在其经营过程中经常需要做出一系列的财务管理决策,而这些决策必然涉及财务管理权力在母公司与国外子公司之间如何分配的问题,即国际企业的财务管理模式选择问题。合理的财务管理模式选择对于实现企业目标、强化财务的作用具有重要意义。因此,对于国际上普遍存在的两种财务管理模式——集权式管理模式与分权式管理模式的学习和认识就显得极其必要。

(一)集权式财务管理模式

集权式财务管理模式是指国际企业把财务管理的决策权集中在公司总部,以便统一

---

① 任佩瑜.国际企业管理[M].成都:西南财经政法大学出版社,1998:301.

② 潘丽春.国际企业财务管理[M].杭州:浙江人民出版社,2003:24.

调度和使用资金,从而实现公司整体的财务目标,其权力分配大体如图 7-2 所示。

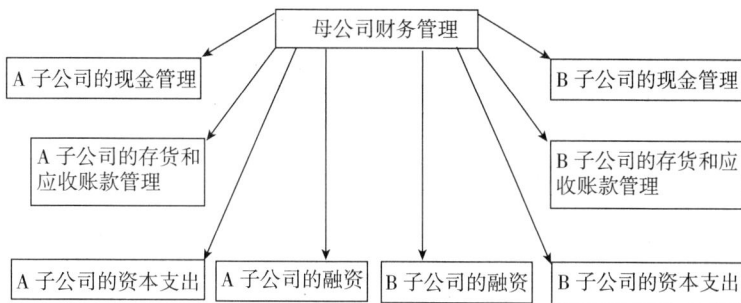

图 7-2 集权式财务管理模式图

资料来源:单忠东,聂建红. 国际金融(第 3 版)[M]. 北京:北京大学出版社,2011:331.

1. 集权式财务管理模式的优点

(1)有助于充分发挥总部财务管理专家的作用,降低公司财务风险和经营风险。在信息充分的情况下,把财务管理决策权集中于国际企业高薪聘请的财务专家手中,无疑会在更大的范围和程度上提高跨国公司整体的财务水平。

(2)有利于国际企业有效地获取与利用生产所需的营运资金。由母公司根据海外子公司的需求统一筹措款项时,它可以以较低的利率借入大量的资金,降低资金使用成本;由公司总部集中行使财务管理决策权,可以在高层次调整公司内部各单位的资金余缺,实现各子公司以及子公司与母公司之间资金的有效调度,从而达到国际企业资金利用的整体最优。

(3)有利于提高对外汇风险的抵御能力。国际企业的集权式财务管理可以使母公司灵活调整公司的外币种类和结构,在国际金融市场上进行外汇的买卖和保值交易,减少或避免外汇风险给公司造成的经济损失。

(4)有利于母公司安排统一的财务政策,降低行政管理成本,从而更好实现集团总体财务目标。

2. 集权式财务管理模式的缺点

(1)易挫伤子公司经营者的积极性。财务管理权限高度集中于母公司,会在一定程度上削弱子公司经理的生产经营自主权,挫伤其对子公司管理的积极性,从而最终抑制子公司的灵活性和创造性。

(2)易造成投资国与东道国之间的摩擦。集权式财务管理使公司总部更加方便地采用转移价格等手段抽调利润,逃避某些子公司所在国的高额关税和所得税,绕过当地政府政策法规的限制,提高公司的总体利润。这一切都会引起东道国政府的不满,导致两国间的经济摩擦。

(3)易伤害子公司与当地利益主体的关系。在集权式国际财务管理模式下,国际企业母公司的财务管理决策从该公司全球性生产经营角度出发,以实现公司整体财务目标为根本目的。因此,在某些决策中可能忽视子公司的具体情况和直接利益,进而引起公司外部利益主体的反对。

（4）易在个别情况下造成极大损失。高度集权虽能降低或规避子公司的某些风险，但这是以母公司信息充分为前提，一旦母公司决策失误，将产生巨大损失。

（5）易给子公司管理人员业绩考核增加困难。总部很难确定一套公平合理的业绩评价体系，来提拔真正对公司贡献较大的子公司高层管理人员①。

（二）分权式财务管理模式

分权式财务管理模式是指企业将较多的财务管理决策权授予各海外子公司，以便使它们能及时抓住各种机遇、适时规避风险、实现其经营目标，进而提高公司的整体价值。在该管理模式下，其权力分配大体如图 7 – 3 所示。

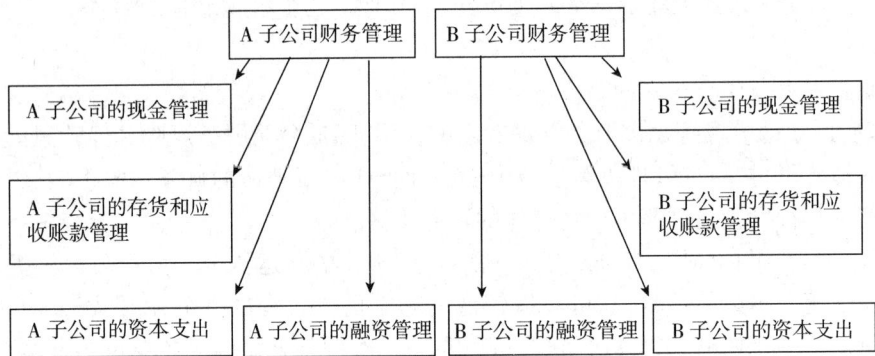

图 7 – 3　分权式财务管理模式图

资料来源：单忠东，聂建红. 国际金融（第 3 版）［M］. 北京：北京大学出版社，2011：332.

1. 分权式财务管理模式的优点

（1）有利于调动子公司管理人员的积极性。分权式财务管理赋予子公司财务管理人员更大的自主权，使他们对分配的任务更有主动性、积极性与创造性。

（2）有利于把握时机。分权式管理可以使子公司在一定程度上具有管理决策权，而在决策的制定和实施过程中反应迅速，易于子公司捕捉各种商业机会。

（3）有利于减少母公司直接干预的负面效应。子公司管理人员通过观察和实践得到有关产品销售市场、当地劳动力市场等方面的信息，分权式管理可将信息利用者与收集加工者统一起来，从而缓解母公司的决策压力，减少规模管理引起的复杂性。

（4）有利于子公司高层管理人员的培训与评价。在分权式财务管理模式下，子公司的高层主管可以通过对实际问题的研究、把握独自制定方案，进行决策，能够在长期实践中提高个人的管理水平，从而为公司的长远发展提供有力的后备高管人员补充保障。母公司也可通过考察下级主管所作决策的结果，制定公平的业绩评价体系。

---

① 单忠东，聂建红. 国际金融（第 3 版）［M］. 北京：北京大学出版社，2011：330 – 331.

2.分权式财务管理模式的缺点

（1）易导致公司总部组织协调功能失调。在分权式财务管理模式下，各子公司的财务经理们可能更多地考虑子公司自身的利益关系，而忽略跨国公司总部制定的整体目标，从而使目标一致性受到挑战。

（2）考核体系需要调整。母公司对子公司的考核应只限于子公司所能控制的因素和范围。外界不可控因素对子公司的影响，应从控制考核中剔除掉，否则该子公司完成指标的积极性就会受到影响。

（3）母公司财务调控功能弱化。在分权式财务管理模式下，母公司对各国子公司缺乏有效的宏观调控，且不能够及时发现子公司面临的风险和重大问题，会妨碍国际企业的长远发展[1]。

国际企业的财务管理模式是采用集权制还是分权制，应根据企业的实际情况确定。目前也有些国际企业在权衡集权式和分权式两种财务管理模式的利弊后，吸收两种模式的优点，实行集权与分权相结合的管理模式，其具体操作方法有如下两种：

第一种，母公司允许各子公司的管理者做出本公司的主要决策，但这些决策须由母公司的管理者审批同意，以保证国际企业整体利益的最大化。

第二种，实行大权集中，小权分散，即母公司将一部分财务管理决策权授予各附属单位，母公司通常制定财务政策，并就重大财务事项做出决策，至于次要财务事项的决策和日常事务活动的进行则交由各附属单位处理，把母公司对整个组织重大的国际财务决策同各地区或产品部、各子公司的财务决策适当结合起来。

许多主张实行集权和分权相结合的国际财务管理模式人士认为，各区域和东道国的经营环境与资金市场供求关系各不相同，且经常发生变化，只有授予区域中心和国外子公司必要的财务管理决策权，才能在全球范围内及时地捕捉机遇、避免风险、合理运用资金，从而从整体上实现企业经济效益的最大化[2]。

第二节 国际企业资金管理

国际企业面向全球经营，其子公司遍布世界各地，资金管理则指在全球范围内有计划地协调母公司与子公司之间以及各子公司之间的资金筹集、流动和转移。而对一个国际企业而言，其资金管理内容则主要包括融资管理、投资管理和营运资金管理三部分。

一、国际企业融资管理

国际企业在世界各地的生产经营势必会产生大量的资本需求，而国际企业的融资管

---

① 单忠东,聂建红.国际金融(第3版)[M].北京:北京大学出版社,2011:332.

② 夏乐书,李琳.国际财务管理(第二版)[M].大连:东北财经大学出版社,2010:35.

理就是寻求各种有效资金来源,以低成本和低风险筹集资金。下面对国际企业的资金来源从企业内部资金和企业外部资金两部分内容进行重点讨论。

(一)企业内部资金

企业内部资金主要包括:企业内部积累,母公司对子公司的股权投资,公司内部贷款,管理费、提成费和授权费,内部交易调度。

1. 企业内部积累

企业内部积累主要由保留盈余和折旧提成构成。企业盈利水平越高,保留盈余来源越充裕。但保留盈余的具体额度取决于多重因素。一般来讲,企业总希望保留一定的利润,即使在盈利水平提高的情况下也尽量使股息上升水平低于盈利提高幅度,从而增加企业内部积累,用于扩大企业和稳定股息水平。

折旧提成在一般企业资金来源中占40%左右,构成重要的资金来源。现在,有些国家采取加速折旧政策,企业也就按法定最高折旧率提取折旧费,一方面加大成本,减少所得税支出;另一方面也可以尽早抽回物化在固定资产上的资本。

2. 母公司对子公司的股权投资

母公司在海外子公司进入运转后也可能进一步提供股权资本。一种情况是子公司规模扩大,需要增资;另一种情况是扩大自由资本比重,以扩大控制权或降低债务产权比率。母公司对海外子公司的后续投资,主要是将未分配的利润投资入股。

3. 公司内部贷款

以贷款方式提供资金可以减少用款公司在东道国的税负,因为大多数国家在计征税收时,都把利息支出算作成本。如果海外子公司所在国对资金移动不加限制,母公司可以直接向子公司贷款,子公司之间也可以相互直接提供贷款。

4. 管理费、提成费和授权费

母公司通常要求子公司定期上缴管理费,联属企业之间也会因专利、技术、商标等无形资产的转让而发生授权费与提成费支付,这部分费用也构成企业内部资金转移和融通。

5. 内部交易调度

国际企业各联属企业之间的商品服务交易会形成资金在体系内的流动,企业利用提前与延迟支付、收支冲销等财务技巧,就可以使这些资金偿付达到融通资金需要的目的[①]。

(二)企业外部资金

企业外部融资渠道包括来自母国的资金、来自东道国的资金和来自国际市场的资金三大部分,其具体情况如下:

1. 来自母国的资金

国际企业熟悉母国的金融市场,并与母国的金融机构有紧密联系,因而能从母国较方便地筹措所需资金。这些资金来源通常有:①母国金融机构贷款。这是国际企业从外部

---

① 马述忠. 国际企业管理教程[M]. 杭州:浙江大学出版社,2010:384.

获取资金的重要途径之一。②母国资本市场的债券融资。这是国际企业的一种传统融资手段。③母国政府机构或经济组织的贸易信贷。这种融资渠道会随着贸易保护主义的增加而日益扩大。

2. 来自东道国的资金

对于需要大量资金的国际企业而言,东道国的资金也是重要的资金来源。目前而言,可利用的东道国资金来源主要有四类:①证券资金来源;②从东道国政府机构、商业银行和其他金融机构获取各类贷款;③寻找当地居民或组织进行合资经营;④从母国对东道国的援助项目中获取资金。

3. 来自国际市场的资金

这是指除了上述两种渠道以外的第三国或国际组织提供的资金,是国际企业融资的又一主要渠道。主要包括第三国或国际金融机构贷款以及国际资本市场融资。国际资本市场融资的主要对象是一些大型国际企业或国际银团。国际企业可以在国际股票市场上发行股票,也可以在国际债券市场上发行中长期债券。此外,国际企业还可以在国际租赁市场上融资[1]。

二、国际企业投资管理

国际企业投资管理,主要是对不同国际企业投资方式的把握和运用,下面将主要介绍国际投资、国际合作投资、国际独资投资以及国际证券投资四种投资方式和各自的优缺点。

国际企业的投资方式主要有国际合资投资、国际合作投资、国际独资投资和国际证券投资四种。

(一)国际合资投资

国际合资投资是指某国投资者与另外一国投资者通过组建合资经营企业的形式所进行的投资。这里的合资经营企业通常是指两个或两个以上的不同国家或地区的投资者按照共同投资、共同经营、共负盈亏、共担风险的原则所建立的企业[2]。

1. 进行国际合资投资的主要优点

进行国际合资可以减少或避免企业的投资风险。由于东道国投资者对自己国家的经济情况比较了解,因而能减少经营上的风险。由于与东道国投资者合资经营,共负盈亏,外国投资者除可享受特别优惠外,还可获得东道国对本国企业的优惠政策。进行合资投资,能迅速了解东道国的政治、经济、社会、文化等情况,并有助于进行技术交流,有利于加强企业管理,提高经济效益。

2. 进行国际合资投资的缺点

进行国际合资投资所需时间比较长。一般来说,进行合资投资必须寻找合适的投资

①　金镝,梁艳,兆文军.国际财务管理[M].大连:大连理工大学出版社,2008;378－379.
②　王化成.高级财务管理学(第3版)[M].北京:中国人民大学出版社,2011;265.

伙伴,但这往往比较困难,所需时间也比较长。此外,在国外设立合资企业,审批手续比较复杂,也需要较长时间,同时投资环境也较难把握。很多国家规定,外资股权不能超过50%,所以,国外投资者往往不能对合资企业进行完全控制①。

(二)国际合作投资

国际合作投资是指通过组建合作经营企业的形式所进行的投资。这里的合作经营企业又称契约式的合营企业,是指国外投资者与东道国投资者通过签订合同、协议等形式来规定各方的责任、权利、义务而组建的企业②。

1. 进行合作投资的优点

进行合作投资所需时间比较短。兴办合作企业的申请、审批程序比较简便,合作经营的内容与方式没有固定格式,便于双方协商,容易达成协议。进行合作投资比较灵活。合作企业的合作条件、管理形式、收益分配方法以及合作各方的责任、权利、义务都比较灵活,均可根据不同情况,在合作的各方协商合同中加以规定。

2. 进行合作投资的缺点

这种企业组织形式不像合资企业那样规范,合作者在合作过程中容易对合同中的条款产生争议,这会影响合作企业的正常发展③。

(三)国际独资投资

国际独资投资是指通过国外设立独资企业的形式所进行的投资。这里的独资企业是根据某国的法律,经过该国政府批准,在其境内兴办的全部为外国资本的企业④。

1. 进行国际独资投资的优点

进行国际独资投资具有独立经营性。由于投资者自己拥有企业的全部资本,能够独立经营管理,在资金的运用、利润分配、技术改造和科学管理等方面都拥有自主权,不会受到其他投资者的牵制。进行独资投资有利于学习所在国的先进技术和管理经验,有利于投资者利用各国税率的不同,通过内部转移价格进行合理避税。

2. 进行国际独资投资的缺点

独资企业的设立条件一般都比合资企业和合作企业苛刻,经营范围受到较大的限制;由于对东道国的投资环境调查起来比较困难,不容易获得详细的资料,因而投资者承担的风险较大⑤。

(四)国际证券投资

国际证券投资是指投资者在国际金融市场上购买其他国家政府、金融机构和企业公

---

① 张传明,陈余有.财务管理[M].北京:中国财政经济出版社,2010:255 - 256.
② 王化成.高级财务管理学(第3版)[M].北京:中国人民大学出版社,2011:265.
③⑤ 张传明,陈余有.财务管理[M].北京:中国财政经济出版社,2010:256.
④ 王化成.高级财务管理学(第3版)[M].北京:中国人民大学出版社,2011:266.

司发行的债券以及公司股票,以期在未来获得收益①。

1.进行国际证券投资的优点

进行国际证券投资比较灵活方便,证券投资不像进行合资经营那样要经过谈判、协商和复杂的审批手续,只要有合适的证券,几乎可以立即进行投资,且不受资金额的限制。进行国际证券投资可以降低风险,国际证券在发行时一般要经过国际公认的资信评级机构确认发行人的资信等级,有的还需经过发行人所在国家的政府担保,因而证券投资的风险一般要比合资、合作、独资投资风险低。进行国际证券投资可增加企业资金的流动性和变现能力,企业持有国际证券,随时可转让出售变现,因而投资于证券比投资于实物资产更具有流动性。

2.进行国际证券投资的缺点

证券投资只能作为一种获得股利或利息的手段,而不能达到学习国外先进的科学技术和管理经验的目的,也无法控制有关资源和市场②。

三、国际企业营运资金管理

国际企业营运资金管理是国际企业财务管理中非常重要的一个环节,由于国际企业经营环境的复杂性和特殊性,国际企业营运资金的管理将更多地受到汇率波动、外汇管制、税收等因素的影响。一般而言,国际企业营运资金管理主要包括以下几部分的内容:现金管理、应收账款管理、存货管理和国际资金转移管理,下面将进行重点阐述。

(一)现金管理

现金是指企业生产经营过程中的货币资金,包括备用金(库存现金)、银行活期存款、各种存单及有价证券等项目,其特点是流动性极强,但盈利能力较差。缺乏足够的现金,有可能影响国际企业在国际间的日常支付及其生产经营活动,使企业面临资金周转不灵甚至破产的严重威胁。但企业交易和持有过量的现金,又将使国际企业为此付出高额的交易成本和持有成本,最终导致企业整体效益降低。因此,与国内企业类似,国际企业现金管理的主要目标在于确定投资于现金的最佳水平,具体来说,其一,有效地控制公司的现有资源;其二,使现金资源的存量和利用达到最优③。

但是,由于国际企业的现金数量大、分布广、币种多样化、母子公司之间关联交易频繁,且现金更多地受到汇率波动、外汇管制和东道国税收等因素的影响,国际企业的现金管理就变得尤为复杂。因此,对于国际现金管理一般方法的充分掌握势必成为国际企业的必修之课。从目前的经营情况来看,国际企业现金管理的一般方法包括加速现金流入、延迟现金支付和剩余现金的投资。

---

1. 加速现金流入

加速现金流入是国际现金管理的基本要求之一。企业只有越快地收到现金,才可以越快地将其进行投资或用于其他用途,从而满足资金周转,增加企业盈利。从现阶段来看,企业主要可以通过以下手段加速现金流入:

(1)电汇。电汇是由汇款人以定额本国货币交于本国外汇银行换取定额外汇,并说明收款人的姓名与地址,再由承办银行(汇出行)派发加押电报,电传给另一国家的分行或代理行(汇入行),指示解付给收款人的一种汇款方式。电汇是目前使用较多的一种跨国汇款方式。

(2)电子资金转账系统。电子资金转账系统实际上是借记卡或预先授权支付系统,在处理交易时,采用这种方式可以立即进行现金转账。在通常情况下,顾客和公司签订一个授权协议,允许他们开支票支取账户余额,在交货时,可以用电子转账系统从顾客的账户里转移现金。

(3)锁箱系统。锁箱系统是电子转账系统的另一种变形,实际上是把分散的收款业务集中起来,提高收款的效率。锁箱系统是通过承租多个邮政信箱,以缩短从收到顾客付款到存入当地银行的时间的一种现金管理办法。

(4)集中银行法。集中银行法是指通过设立多个策略性的收款中心来代替通常在公司总部设立的单一收款中心,以加速账款回收的一种方法。其目的是缩短从顾客寄出账款到现金收入企业账户这一过程的时间[①]。

2. 延迟现金支付

一般情况下,供应商向企业收取账款时,都会给企业预留一定的信用期限,企业可以在不影响信誉的前提下,尽量推迟支付账款的时间,充分利用供货方提供的商业信用。例如,企业在支付采购款项时,应选择在信用期限最后一天付款,并尽可能利用给予的现金折扣。如遇公司急需现金,甚至可以放弃供货方的折扣优惠,在信用期限的最后一天支付款项。当然,这必须是基于折扣优惠和急需现金之间利弊得失权衡后的决策。对于企业的各种应付债务,包括应付工资、应付税金等,一般应安排在最后到期日支付,做到既不提早偿还也不拖账。此外,还应合理地使用汇票付款方式,以充分利用汇票的承兑和付款时间差,从而达到延迟现金支付的目的[②]。

3. 剩余现金的投资

将剩余现金投资于有价证券,可以像"水库"一样,形成现金吞吐,在预防性现金余额不足时可以及时抛售一些有价证券,满足流动性需求,同时在现金有剩余时买入有价证券,满足资金的盈利性需求[③]。对于国际企业而言,实现资金效率最大化,可以共享企业系统内的资金资源和充分利用流动性的优势进行现金管理[④]。

---

① 张俊瑞,曹玉珊.国际财务[M].上海,上海人民出版社,2011:219-221.
② 杨志慧.财务管理[M].上海:立信会计出版社,2011:181.
③ 徐晓云.跨国公司财务[M].北京:中国人民大学出版社,2011:233.
④ 王蔚松.跨国公司财务[M].上海:上海财经大学出版社,2011:323.

（二）应收账款管理

应收账款是企业资产负债表里一项重要的流动资产。企业为了维持现有的销售市场份额和扩大销售，往往愿意向卖家提供商业信用，也就是先提货后付款，或者月结款、季度结款甚至年结[①]。

（三）存货管理

国际企业存货管理是国际企业营运资金管理的重要组成部分，也是近几十年来国际企业流动资产管理发展最快的领域。其管理核心内容是各子公司所应保持合理的存货水平。但由于子公司往往面临着不同的通货膨胀和汇率变动环境，因此在决定其存货数量时还必须考虑到因通货膨胀、汇率变化而导致的物价上涨、货币贬值的影响。国际企业在作存货决策时主要应考虑子公司的存货类型和预期物价冻结[②]，其具体情况如下：

1. 存货的类型

虽然从理论上讲国际企业应使存货保持最优水平，但许多在生产过程中依赖进口原材料或半成品的企业仍会经常保持较高的存货水平，其主要原因是考虑到通货膨胀、原材料短缺、种种国际限制以及战争和冲突的影响。所以在进行存货购置决策时，国际企业必须考虑存货的类型，即是否依赖进口。

（1）如果子公司主要依赖进口建立存货，在预期当地货币贬值的情况下，应提前购置存货，这是因为货币贬值后会增加进口成本。

（2）如果子公司主要从当地购置存货，在预期当地货币贬值的情况下，应减少存货数量，因为如果当地货币贬值果真发生，会大大减少以母公司所在国货币表示的当地存货的价值。

（3）如果子公司既从国外进货，又从东道国进货，在预期当地货币贬值的情况下，应努力减少当地资源的存货存量，同时提前购置进口存货。如果不能精确地预见货币贬值的幅度和时间，那么子公司应设法保持同量的进口存货和当地存货，以避免外汇风险[③]。

2. 预期物价冻结

如果预期东道国货币贬值，政府会冻结物价，国际企业的财务管理者可以将进口的存货在当地通货的正常价格上提高一些，但在销售方面给予一些折让，以使价格等于先前的价格。当贬值确实发生时，则以正常（公告）价格销售，而取消折让。这种方式只有当冻结是以公告价格而非实际价格时才有效。另一种方式，则是以当地通货的正常价格销售，结合采用促销或其他销售组合活动，尽量增加销售，等到物价冻结发生通货时再减少这些活动[④]。

①　徐晓云. 跨国公司财务［M］. 北京：中国人民大学出版社，2011：235 – 236.
②　于玉林. 现代会计百科辞典［M］. 北京：中国大百科全书出版社，2001：463.
③　陈玉菁，薛跃. 国际财务管理［M］. 上海：立信会计出版社，2007：334 – 335.
④　陈玉菁，宋良荣. 财务管理（第2版）［M］. 北京：清华大学出版社，2008：350.

(四)国际资金转移管理

国际企业从事国际经营活动,能够通过其内部财务机制将资金与利润在企业内部进行跨国转移,以实现资金的最优配置,这就势必引发国际资金转移管理的问题。具体来讲,国际企业的资金流动主要有三大类型:母公司向子公司流动、子公司向母公司流动、子公司之间流动。国际企业内部资金转移的手段很多,如转移定价、股利、特许权费、服务费与管理费、提前或延迟付款、内部信贷等。下面对国际资金高效、科学转移进行分析。

1. 合理确定内部转移价格

健全的转移价格是从一个子公司到另一个子公司或母公司转移收益的有效办法。尽管转移价格是国际企业实现其全球战略及财务目标的重要手段,但这并不意味着国际企业可随心所欲地确定或调整内部转移价格。因为就外部而言,转移价格必须为东道国所接受;就内部而言,转移价格应当为国际企业各下属企业所接受,同时也应当有利于企业内部业绩的核定和评估,以促进各下属企业的有效经营。

2. 合理安排股利汇付

股利汇付是国际企业资金转移最常见的政策,但也最容易受到有关国家的限制。因此,国际企业可以尽量减少母公司对子公司的股本投资,而采取贷款的方式对子公司投资,因为贷款利息的支付相对来说比较容易获准。

3. 合理安排特许权使用费及其他费用的支付

特许权使用费及其他费用的支付也是资金转移的有效方法,但应注意这些费用的分摊应尽量合理,以利于增加国际企业整体财富①。

第三节　国际企业外汇风险管理

国际企业在经营过程中,由于汇率的变动面临的外汇风险通常分为三类:交易风险、经济风险和折算风险。不同类型的风险有不同的管理方法,下面分别予以介绍。

一、交易风险的管理

交易风险是外汇风险管理的重点。相对于经济风险和折算风险,企业更关注交易风险的防范,此时可以采用的方法有以下两种:

---

① 严复海,刘淑华.财务管理学原理与实务[M].北京:中国农业大学出版社,2008:407-408.

(一)内部管理方法

1. 加强账户管理

以外币表示的资产负债很容易受到汇率波动影响,主动调整资产负债,加强账户管理的内涵便是将这些账户进行重新安排或转换成最优可能维持自身价值甚至增值的货币。

2. 在合同中订立货币保值条款

这是防范外汇交易风险一种常见的方法,在合同中规定了一种或一组保值货币与本国货币之间的比价,以达到保值的目的。货币保值方式主要有黄金保值、硬货币保值、一篮子货币保值等,也可采取简单指数形式或复合指数形式。

3. 根据实际情况,灵活掌握外汇收付时间

在国际市场汇率瞬息万变的情况下,提前或推迟收、付款,对经济主体来说会产生不同的效益。因此,应善于把握时机,根据实际情况灵活掌握收付时间。

(二)外部管理措施

1. 金融市场操作

交易合同签订后,涉外经济实体可以利用外汇市场和货币市场来消除外汇风险。主要方法有:现汇交易、期汇交易、期货交易、期权交易、借款与投资、借款—现汇交易—投资、外币票据贴现、利率和货币互换等。

2. 外币票据贴现

这种方法既有利于加速出品商的资金周转,又能达到消除外汇风险的目的。出口商在向进口商提供资金融通,而拥有远期外汇票据的情形下,可以拿来远期外汇票据到银行要求贴现,提前获取外汇,并将其出售,取得本币取款[①]。

二、经济风险的管理

经济风险涉及企业的生产、销售等各个领域,不是财务部门本身所能控制的。经济风险管理的重点就是走多元化路线,通过多元化经营来消除汇率波动的不利影响。此外,增加研发投入、扩大产品差异也是降低经济风险的好方法。

(一)经营多元化

经营多元化包括采购多元化、生产多元化、销售多元化三个方面。

1. 采购多元化

企业在原材料、零配件的采购方面,尽可能做到从多个国家和地区进行采购,降低采购成本,增强企业的竞争力。

---

① 王蔚松.跨国公司财务[M].上海:上海财经大学出版社,2011:144.

2. 生产多元化

企业可以在多个国家设分公司以应对汇率的变化。例如,日产公司,它在美国、墨西哥和日本都有工厂。如果日元升值,日产公司就可以增加在美国和墨西哥的产量;如果美元升值,日产公司可以增加在日本和墨西哥的产量,以降低生产成本。

3. 销售多元化

在销售过程中,企业应争取在多个国家销售产品,并力求采用多种外币进行结算,这样企业的现金流量会比只在一个国家销售产品更加稳定。比如,日产公司在美国和墨西哥同时出售汽车,如果日元兑美元升值而对墨西哥元贬值,则日产公司在美国市场销售的下降会由在墨西哥市场上销量的上升来弥补,总的现金流量将趋于稳定。

(二)增加研发投入,扩大产品差异

当企业的产品具有较强的独特性不易被竞争对手模仿时,市场对产品的需求弹性很小,这样企业掌握了价格的主动权,对汇率的波动会不敏感。为了增加产品的独特性,企业应该增加研发投入,以保持和加强企业的竞争地位[①]。

三、折算风险的管理

为了减少折算产生的损失,企业可以用资产负债表保值、远期外汇市场保值和货币市场保值等方法对这种风险进行规避。

(一)资产负债表保值

资产负债表保值的基本思想是:企业通过减少风险(外币)资产或增加风险(外币)负债,使得企业合并资产负债表上的风险资产等于风险负债;当汇率变动时,外币资产和外币负债会按相同比例但不同方向变动,从而使净折算风险等于零。

(二)远期外汇市场保值

如果预期外汇贬值,企业应立即在远期外汇市场上卖出风险货币(外币),然后期末在即期外汇市场上买回同种货币,用买回的货币办理远期外汇合同的交割。远期外汇合同的金额由下式确定:

$$远期外汇合同金额 = \frac{以本币计值的潜在的折算损失}{远期外汇汇率 - 预期汇率(直接标价法)}$$

但是远期外汇市场的保值是不完全的,保值的利润是否能够完全抵消折算损失,完全取决于企业汇率预测的准确程度。

(三)货币市场保值

企业可以借入风险外币,然后兑换成本国货币并投资于本国的货币市场,以获得利息

收入(投资的期限应等于外汇的借款期限,借入的外币应等于投资风险资产净额)。期末再将本国货币兑换成外币,用以偿还外币借款①。

第四节　国际企业税收管理

国际企业经营与国际税务紧密相关,没有跨国经营也就谈不上国际税收。国际企业经营的最大目的就是获取总体利润最大化,即税负最小化和税后利润最大化。为此,国际企业经营者就应该充分掌握国际税务方面的理论与实务,在充分考虑税收对其财务决策的影响后做出最优决策。②

一、国际重复征税及其避免

所谓国际重复征税是指,各国政府对国际所得行使税收管辖权,造成一笔国际所得由两国政府征税的情况。一个主权国家所有权决定纳税人和纳税对象。一般来说,一个国家的政府既可以对本国境内的本国公司征税,也可以对本国境内的外国公司征税;既可以对纳税人在本国取得的收益征税,也可以对纳税人在国外取得的收益征税。但是,从国际企业作为纳税人的角度来说,一笔收益应该只承担一笔纳税义务,在一个国家已纳过税的所得到另一个国家就不应该再纳税③。

国际重复征税不仅增加了国际企业的税务负担,打击了其跨国发展的积极性,并且阻碍了国家间经济、技术等方面的合作,不利于国际贸易展开。因此,为了避免或缓和国际重复征税,许多国家都采取了一定的措施,而常见的避免重复征税的方式主要如下:

(一)免税法

免税法(Exemption Method)又称豁免法,是指居住国政府对其居民来源于国外的所得,在一定条件下免于征税以消除国际重复征税的方法。这种方法实质上是居住国政府完全放弃对来源于国外所得的居民税收管辖权,承认所得来源地政府的地域税收管辖权的独占地位④。

(二)扣除法

扣除法(Method of Tax Deduction)又称列支法,是指一国政府对本国居民(公民)的国外所得征税时,允许其将该国外所得中所负担的外国税款作为费用从应税国外所得中扣

---

①　胡朝霞.国际投资学[M].北京:机械工业出版社,2013:88-89.

②　郭凤森,宋常.财务管理[M].广州:中山大学出版社,2009:308.

③　郭凤森,宋常.财务管理[M].广州:中山大学出版社,2009:310.

④　苗润生.国际财务管理[M].北京:北京交通大学出版社,2011:193.

除,只对扣除后的余额进行征税,其计算公式如下:

应缴居住国政府所得税=(居民的总所得-已纳外国所得税)×适用税率

由上述公式可以看出,按扣除法并不能完全免除国际重复征税,它只是对国际重复征税起到了一定的缓和作用。故世界上采用扣除法的国家相对来说较少①。

(三)抵免法

抵免法(Method of Tax Credit)是指一国政府在对本国居民的国外所得征税时,允许其用国外已纳的冲抵在本国应缴纳的税款,从而实际征收的税款只为该居民应纳本国税款与已纳外国税款的差额②,其计算公式如下:

居住国应征税款=纳税人境内外全部所得×居住国税率-允许抵免的已缴外国税款

显然,抵免法可以有效地消除国际重复征税。由于抵免法既承认所得来源国的优先征税地位,又不要求居住国完全放弃对本国居民国外所得的征税权,从而有利于维护各国的税收权益,在现实中被世界上许多国家所采用。

二、国际避税

首先,必须弄清的是国际避税和逃税是两个完全不同的概念。国际避税是指跨国纳税人利用各国税法规定的差异,运用变更经营地点或经营方式等合法手段,减少甚至免除国际纳税人义务的行为。而国际逃税则是指跨国纳税人违反税法规定,用拒绝申报所得、少报或瞒报所得、伪造账册等各种欺骗手段不缴或少缴税款的非法行为③。所以,国际企业应该重点研究的是如何合法避税而不是非法逃税。

(一)利用跨国纳税人的国际迁移进行国际避税

跨国纳税人可以通过改变税收居所的做法,达到规避或减轻其税负的目的。如跨国纳税人全部或部分或短暂迁移出其位于相对高税国的住所,或者通过改变自己的居民身份,避免成为高税国的居民。

(二)利用跨国关联企业内部的转移利润进行国际避税

跨国关联企业是指因在管理、控制或资本诸方面存在直接或间接的参与关系,或者有特殊利益关系但分设在不同国家的一组企业,包括总机构和分支机构、公司集团成员、母公司和子公司等。跨国关联企业之间由于存在着共同的股权和控制关系,彼此间的交易就有可能基于集团利益的考虑,采用转让价格或者不合理分摊成本费用的方法,人为地抬高或压低交易价格和费用,实现将其利润从设在高税国的企业转移到设在低税国或无税

① 张俊瑞,曹玉珊.国际财务[M].上海:上海人民出版社,2011:268.
② 王蔚松.跨国公司财务[M].上海:上海财经大学出版社,2011:385.
③ 王松年,方慧.国际会计前沿(第3版)[M].上海:上海财经大学出版社,2010:317.

国的企业的目的[①]。

(三)利用国际避税地进行国际避税

国际避税地(Tax Haven)又称避税港,是指那些向其他国家和地区的投资者提供免税、低税或其他特殊条件的国家和地区。根据税收制度的不同,避税地目前分为四类:①不开征所得税和财产税的避税地,如百慕大群岛、巴哈马群岛等,这些国家和地区属于"纯国际避税地";②只征收较低的所得税和财产税的避税地,如瑞士、新加坡等;③仅实行收入来源管辖权,即只对来自当地的收益征税,而对来自海外的收益免税的避税地,如中国香港地区等;④征收正常的税收,但提供某些税收优惠的避税地,如卢森堡、荷兰等[②]。

具体来说,国际企业利用国际避税地进行国际避税是指,跨国纳税人通过在避税地设立象征性的控股公司,即外国基地公司(Foreign - base Company)。通过将在避税地境外的所得和财产汇集到基地公司账户中,或利用转让价格将其全球范围内的利润转移到基地公司,然后将利润保留在基地公司,则可达到避税的目的。即基地公司不从事具体的经营活动,其存在的主要目的就是充当资金的汇集地和中转迁回站。

(四)利用股份资本弱化进行国际避税

利用弱化股份资本避税,是指跨国投资人本应由股份形式投入公司法人的资本转为采用贷款方式投入,从而规避或减轻其本应承担的有关国家的赋税。原因在于跨国股息和利息所得的实际税负在不同国家的税法中待遇存在以下差异:

第一,股息是公司税后利润的分配,多数情况下不能从应税所得额中扣除,而贷款利息是可以计入成本,属于可列支费用,允许从公司的应税所得中扣除。

第二,股息的收益还要承担资本税的负担,会形成两次征税(国际重叠征税),而利息通常是不存在此种现象的。

第三,对跨国股息的分配一般要征收预提税,且这种预提税在收款人的居住国可能得不到抵免[③]。

本章课后习题

一、关键词

资金管理、外汇风险、国际避税

---

① 张晓君.国际经济法学[M].厦门:厦门大学出版社,2012:275.
② 王松年,方慧.国际会计前沿(第3版)[M].上海:上海财经大学出版社,2010:319.
③ 张晓君.西方政法大学国际法学系列 国际经济法学[M].厦门:厦门大学出版社,2012:275.

二、复习思考题

1. 国际企业的财务管理有哪些特点？
2. 国际企业资金管理的主要内容是什么？
3. 国际企业的外汇风险主要有哪些？
4. 什么是国际避税？

三、讨论题

组织学生对比学习交易风险、经济风险和折算风险,重点研究国际避税对于国际企业经营的深层含义。

第八章　国际企业生产运营管理

【本章提要】

本章归纳了国际企业生产运营管理的概念、内容和特点,阐释了国际企业生产管理系统设计的理念和影响因素,详细介绍了国际企业供应链管理、采购管理和库存管理的流程及注意事项。

【学习目标】

通过本章的学习,学生应该:

1. 了解国际企业生产运营管理的概念和内容。
2. 掌握国际企业生产管理系统设计的原则和影响因素。
3. 掌握生产运营计划的制订方法和步骤。
4. 掌握跨国供应链管理、采购管理和库存管理的主要内容。

【开篇案例】

沃尔玛生产运营管理

沃尔玛(Wal - Mart)是世界上最大的连锁零售业企业,在全球 27 个国家开设了超过 10000 家商场,雇员达到 200 万人。公司旗下有 69 个品牌,每周接待 2 亿人次,2013 年销售额达到创纪录的 4660 亿美元。沃尔玛在公司内部推行"成本领先战略",通过实施采购成本管理、库存成本管理和配送成本管理等措施,实现成本最小化和效率最大化。

沃尔玛建立了独特的"配送中心体系":分店将缺货订单信息传递到配送中心,配送中心将所有信息分析整合后,向供应商统一订货;供应商将货物送到配送中心,经过商品检验、采购安排等严格的核对后,送入仓储基地;管理系统打印商品所属分店的标签,并将商品送至不同分店的汽车装卸口,由物流车队送达分店。

沃尔玛更希望将自己称为"供应商与顾客的桥梁"。沃尔玛不仅仅接受上游厂商的供货然后组织配送,而且参与到上游厂商的生产计划中,与供应商讨论产品计划、供货周期甚至是新产品研发和质量控制。同时,为了让顾客满意,沃尔玛会最快地将消费者的意见反馈给供应商,并帮助供应商对产品进行改进和完善。

案例解读:生产运营管理是国际企业正常经营的最关键一环。沃尔玛成功地将规模经济、成本控制、产品多样化和强大的物流体系等企业的核心竞争力整合在一起,成为国际企业全球化运营的典范,值得深入研究。

随着世界经济全球化的发展,国际企业成为主角。参与全球化分工的不再是产业与产业之间的问题,更多的变为企业内部的协作。那么,国际企业如何进行国际化的生产,从全球的角度配置资源,适应并改造外部环境,获得最大的利润呢? 本章将研究视角转向国际企业内部的微观分工,讨论其生产运营管理的特点和机制。

第一节　国际生产运营管理概述

生产运营管理是现代国际企业管理工作的重要组成部分,企业将投入转变为产出、创造社会物质财富、获取经济效益离不开生产运营。本节将对生产运营的概念、内容以及管理的特点等方面进行系统阐述。

一、生产运营的概念

生产运营管理是指为了实现公司战略目标,对生产运营系统的设置进行控制,对经营信息进行反馈,不断调整、纠正运营模式的过程。经过几十年的发展,生产运营管理已经成为一门成熟的学科,并在国际企业管理中占据了越来越重要的地位。

生产运营管理的对象主要包括供应商(采购流程)、产品、生产运营流程(供应链)、销售商、客户等。通过对这些重要节点进行控制,使管理对象从公司内部向公司外部扩展,维持公司内外部环境的相对稳定,保证整个国际企业体系的正常运作。

二、生产运营的内容

随着国际企业的发展壮大,其内部的控制管理越来越复杂。生产运营管理的内涵也日渐丰富,内容主要包括以下三方面:

(一)生产运营组织工作

包括厂址的选择、工厂的布置、生产线的设计、对人员进行组织管理、设置生产管理系统等。

(二)生产运营计划工作

包括编制生产计划、技术准备计划、人员配备计划、作业计划、库存管理计划等。

(三)生产运营控制工作

包括控制生产成本、生产进度、生产质量和产品库存等;进行各种资源(物资资源、人力资源、财务资源等)的保证与协调、质量管理、工艺流程管理、人员管理等。

三、国际企业生产运营管理的特点

国际企业的生产运营管理活动非常重要。它将国际企业的多种经营活动有条不紊地组织起来,能最有效地使用资金、技术、人力和物力,有效地发挥经营活动的整体功能,达到全球一体化的效果;它能统一国际企业内部职工的思想活动,有助于调动各级人员的主动性和创造性。生产运营管理活动充分体现了国际企业统一性、灵活性、有效性的特点。如果说国际企业的全球战略是灵魂,那么国际企业的生产运营管理活动就是躯体,有了它,国际企业才成为真正的实体,才变得足够强大,获得长期的发展。

(一)国际企业生产运营管理的必要性

国际企业生产运营管理之所以非常必要,是因为在国际企业的实际经营中经常会出现以下问题:

1. 管理人员主观上的局限性

因为个人在认识水平、信息获取能力、运营能力上均存在局限性,同时,管理人员的个人目标和国际企业总体全球战略可能存在不一致,在执行战略的过程中实际结果可能会与战略目标存在很大差距。因此,通过一定的流程,突破人治的局限性,控制由于个人意愿带来的偶发性风险,保证国际企业总体向战略目标发展,便显得非常重要。

2. 偶发性事件较多

世界经济瞬息万变,国际企业经营面对的客观因素也在不断变化,过去制定的战略可能已经不适应现在或未来的发展态势;为应对各种各样的挑战,国际企业的战略和计划也需要适应各种内外部条件。因此,需要依据客观情况对公司的经营进行整体或局部的调整,修正实际运营管理过程。

(二)国际企业生产运营管理的特点

国际企业的生产运营管理具有全球性、风险性、复杂性、可操作性和前瞻性等特征。

1. 全球性

国际企业进行生产运营管理,在世界范围内配置资源,便不应受任何民族、国家的局限,应该全面地考虑整个世界的资源和市场情况。简单孤立地考虑某一特定国家的市场和资源,或者只分析一时一事的得失,便会以偏概全、一叶障目。国际企业更多的是在多国基础上获得最大的经济效益,实现既定的全球战略目标。国际企业生产运营是以公司的全局为对象,根据公司在全球发展的需要而采取行动,虽然它也包括公司的地区活动或子公司的活动,但是,这些活动均是为整个公司的发展服务的。

2. 风险性

国际企业的经营活动遍布全球,因此也需要应对全球的各种挑战。国际企业的外部环境是不断变化的,有很大的随机性,政治风险、经济风险、气候风险、宗教风险等在运营过程中均可能会遇到,从而也就决定了国际企业的生产运营管理具有如下性质:

（1）处理的情况变化性大，很难把握住它的趋势，并且没有先例，对其处理也没有经验可循。

（2）面对的问题常常是突发性的、难以预料的，所依据的仅仅是从国际市场上搜集到的过去的很少的案例。

（3）很多运营管理的决策直接涉及国际企业的前途，但是却无法进行充足的分析和准备，且见效时间长，风险也大。

（4）对运营活动的评价困难，无法标准化。

3. 复杂性

国际企业是从事国际业务的大型企业，其生产运营需要适应各个方面的要求。同时，国际企业的子公司和孙公司众多，至少存在三层的管理体系，管理与控制技术要求非常高，需要权衡多个领域，这也增加了运营管理的难度。

产品和技术、专业与规模、区域和环境是必须要分析的三个基本方面。

（1）产品和技术要求。主要包括技术的研究与开发；生产设备的设计和制造；产品工艺流程的管理；工厂的经营与管理等。

（2）专业和规模要求。主要包括财务管理、法律、规划、采购、公共关系等知识的储备。

（3）区域和环境要求。主要包括东道国的政治、经济、社会势力发展趋势、国民的愿望、政府的期望、劳动、顾客偏好以及对国际企业的印象等。

这三个基本方面就包括了十几个基本因素，所以国际企业生产运营活动的复杂性可见一斑。

4. 可操作性

市场就是战场，国际企业的经营也是一种作战，公司为了开拓占领市场，就必须战胜对手。而国际企业的运营，就是为了在激烈的竞争中，与竞争对手抗衡，获得主动。面对来自各方面的许多冲击、压力、威胁和挑战，有效的行动方案需要整个国际企业步调一致地面对挑战，所以发出的指令要有足够的规范性和确定性，便于下级执行，不能模棱两可。

5. 前瞻性

战略是指国际企业的长远目标和发展方向，以及需要坚持的基本行动方针、重大措施，是高度概括的行动纲领。它是公司谋取长远利益的发展要求的反映，是公司对未来较长时期内如何发展的通盘谋划。战术则是指针对当前形势灵活地适应短期变化、解决局部问题的方法。全球战略通过展开、分解和落实等过程，变为具体的行动，就是战术。

国际企业的生产运营管理既要有战略思想，又要有战术思想。它既要考虑短期公司的经营绩效，又要谋求国际市场经营长期的发展。有时候为了长远的发展，可能会牺牲眼前的利益，这种情况下，需要尊重客观经济规律，把握趋势，最小限度降低短期损失。

第二节　国际企业生产管理系统设计

一个成熟的国际企业，不仅需要在多个国家拥有工厂，更重要的是将分布在全球各地的货物、信息和人员等结合起来,达到企业资源(物资资源、人力资源、财务资源等)的整合,形成竞争优势,实现"产出最大化,成本最小化,效率最大化"。完备的生产管理系统,可以保证国际企业在各种复杂的环境中顺畅经营,达到预定目标,取得成功。因此,从战略的高度有前瞻性地设计一套生产管理系统便显得尤为重要。

一、国际企业生产管理系统的基本思想

设计一套完备高效的国际企业生产管理系统,需要有恰当的指导思想,一般如下:

(一)全球视野

国际企业实现了资源的全球配置和市场的全球介入。相应地,生产管理系统也要高效地控制公司在全球的资源,全球布局,实现公司整体的、长远的利益最大化。

(二)时间理念

时间就是金钱,效率就是生命。面对全球顾客的需求,国际企业生产管理需要实现"24 小时"无间隙运营,为国际市场提供持续的高质量产品和服务。

(三)创新观念

国际市场竞争复杂而又激烈,产品更新换代速度惊人,为了抢占先机,不仅在产品上要有创新意识,而且在管理方法上也要不断创新,最大化地提高效率。

(四)竞争理念

国际市场的竞争日益成为国际企业之间的竞争,复杂而残酷。生产管理系统不仅要能保证公司内部正常运作,还要保证全面地获取外部信息,应对外部竞争带来的冲击。

(五)顾客至上

世界市场日益成为买方市场,"顾客就是上帝"也成为众多国际企业的共识。为满足全世界的消费者而努力,提供最好的服务,才能树立公司的国际信誉,使公司在全球市场立于不败之地。

二、国际企业生产管理系统设计的原则

为了实现国际企业既定的战略目标,使"黑匣子"高效地运转起来,生产管理系统的设计需要遵循以下原则:

(一)保证时效性

时间就是生命,时间就是效率,国际企业之间的竞争也逐渐变为时间的竞争。为了提

高对市场需求的响应效率,国际企业需要采用科学的生产运营管理手段,减少生产时间,降低成本,充分利用企业可以控制的资源,最快速地满足顾客的需求,赢得市场。

准时生产制(Just In Time,JIT)战略已经被大多数国际企业所接受。为了保证时效性,及时响应,国际企业需要设计一套全面的生产运营管理系统,包括流程体系研究和新产品体系研究,以实现缩短生产时间、减少准备时间、缩短新产品研发周期、提高物流效率、最快时间满足顾客需求的目的。

(二)实现成本最小化

国际企业在生产运营活动中,要结合具体情况,实现成本最小化。按照成本的发生阶段,可以分为交易成本、要素成本、运输成本、管理成本等;按照成本的特性,可以分为基本成本和特别成本两大类。基本成本,是指在生产过程中劳动力、资本、资源、技术以及其他要素投入的价值,一般随产量变化而变化。特别成本,是指国际企业在多国经营过程中相应发生的各种额外成本。一般包括两种:一是信息成本。不同国家情况不同,需要收集多样性的信息。二是国外经营额外成本。国际企业在东道国进行经营的过程中,面对政治、经济、文化差异等状况会发生一定的管理成本。

在进行生产运营决策时,可以采用净现值法考虑成本的动态因素。由于货币具有时间价值,所以在分析成本因素时,还应考虑贴现收入和成本(基本成本和特别成本)之间的差额(即利润),选择在整个市场活动期内利润最大的净现值的运营模式。

一般遵循的原则如下:

1.要素价格最低

所有的生产要素在不同国家(或地区)均以最低的成本获得。如甲国资本获取成本低廉,乙国技术先进,而丙国劳动力价格较低,企业就分别从甲国、乙国、丙国购买资本、技术和劳动力。

2.产品的最终成本最少

要素贴近产地,最终产品贴近市场。各生产部门在全球的布局,需要结合自己的专业化优势,达到规模效应。

(三)完备的供应链体系

在国际企业的生产运营过程中,无论是购买原料还是生产商品,都需要灵活的调度,才能发挥跨国企业的规模优势。一个产品从生产出来到送达消费者手中,要经过多个环节(仓储基地、批发商、零售商等),是一个漫长和复杂的过程,而且资源利用效率低下,资金占用巨大,这使产品周转速度大大降低,同时也由于技术落后,使这种周转的精确性变得很差。供应链管理,便是通过对公司运营过程中上下游节点的控制,减少其中各环节的各种成本。运用整体的管理思想,将整个公司连为一个整体,信息共享,增强联系,厘清权责,提高各个节点的积极性和主动性,从而促进了整个供应链的协同合作,提高资源利用率,增加利润。

物流体系是国际企业供应链中极为重要的一环,合理而高效的物流体系是满足资源供应、顺利生产的保证。国际企业一般在多个国家拥有原料供应商,在不同地区拥有生产基地和仓储基地,产品销往全世界。需要准确地对全球的生产和销售进行调度,确保订单的迅速分发和生产。建立物流调度中心,才能有效率地实现原料和成品的有序流动,高效分配资源,降低成本。国际企业物流体系可以由企业自主建立,也可以与物流企业达成战略联盟,或使用第三方物流。

(四)高效的库存管理

国际企业的顾客遍布全球,需求多样,库存也相对较大,因此需要专门做好库存管理,及时准确获取市场对产品的需求,分析不同客户的习惯,实行准确高效的指令,既减少库存积压,又可充分满足客户需求。国际企业可以采取以下两个原则进行库存管理:

一是建立库存时间明细,寻找规律,及时发现储存时间过长的呆滞存货,分析产生的原因,分类处理。将所有仓库责任分解,做到责任到人,提高绩效。

二是对库存商品进行分类:第一类为数量较少,价值金额较高的商品;第二类为数量较多,价值金额中等的商品;第三类为数量多,但价值金额较少的商品。对第一类商品执行个别明细管理,对第二类商品进行分类管理,对第三类商品进行总量管理控制。另外,第一类商品适宜建立统一的仓储基地,第三类商品适宜储存靠近市场的仓储基地。

(五)稳定的战略联盟

过去,公司的边界是比较清晰的,企业主要在边界内创造价值,企业的价值链较为完整。从初始环节到终端环节,企业要实现利润最大化,主要是厘清内部价值链,在内部各个运营环节尽量减少交易费用。但是,随着国际企业的出现,公司的边界变得不是那么清晰。一方面,国际市场的激烈竞争使一家国际企业凭自身的能力占领市场变得更难,通过公司间形成战略联盟、合作实现彼此的目标、避免两败俱伤的思想逐渐为大多数国际企业所接受。另一方面,东道国限制外国企业的持股比例使国际企业不得不接收少数股权参与的方式,选择与东道国的合作伙伴共同经营企业。以市场契约的方式实现与外部利益相关者的合作,成为国际企业生产运营过程中需要考虑的重要方面。

战略联盟是企业通过有选择地与国外的竞争对手或产品的供应商、经销商等结成策略联盟,以共享资本、信息、技术和利润;互相交换相应的控制权和进入市场的机会;以共同分担成本和风险为目的的、形式灵活的合作创新。通过这种形式的合作伙伴计划,超越组织间的阻隔,而构成一个联盟体系,将可提高跨国企业的运营效率与效益,达到双赢(Win – win)的局面。

(六)发达的信息管理系统

世界已经进入信息时代,以网络为载体的电子商务成为新的商务模式。同时,企业内部的管理信息系统也逐渐成熟,对供应链、库存管理的支持与日俱增。作为一个内部开放的系统,国际企业信息管理系统是现实社会中的实体关系和网络世界中信息传递的产物,实现了从制造商到生产商、分销商,最终到顾客的集成化管理,成为国际企业生产运营管理的渠道。一个发达的公司信息管理系统需要满足以下条件：

一是可以通过对历史资料、产品特性、统计资料、市场反应及客户需求等资讯的分析准确预测生产情况和需求市场需求，使企业生产有序进行，降低供不应求与供过于求的风险。

二是可以将全球的销售、生产、库存、出货等资讯加以收集和整合，并迅速进行分析、预测和反应，维持顺畅的供应链系统。进行复杂的生产调度工作，为顾客提供最佳服务。

三是由于跨国企业的运营范围很大，信息管理系统需要具有全球资源整合、分享的能力，充分利用国际网络及企业内部网络，实现全球掌控。

（七）全球化战略，差异化管理，本土化经营

国际企业在全球化经营的过程中，需要克服地域、文化等多种困难，因此需要对运营管理系统进行多层次设计。一般采用的运营管理方式为总部进行规划，分区域制定策略，根据实际情况进行本土化运营。采取这种管理方式，不仅可以发挥国际企业的整体规模效应，而且可以注重地区的差异性，实现操作执行的时效性。

例如，可口可乐公司业务范围遍布全球。总公司只制定宏观的发展战略，对不同国家进行差异化管理，对于不同的情况实行不同的经营策略。总体战略是降低营运成本，进而降低产品价格，以适应当地的消费水平；根据不同地区顾客的偏好，生产差异化的产品。在泰国，可口可乐公司投入巨额资金改进产品包装，通过电视、广播等多种渠道打造"时尚、健康"的品牌效应，扩大销售；在韩国，可口可乐公司则花费67亿美元收购韩国最大的玻璃瓶灌装厂，使公司在较短时间内使用可回收利用的廉价玻璃瓶来代替过去的铝罐，大大降低了产品成本。另外，在产品结构方面，可口可乐公司根据不同地区的消费者口味，生产几十种可口可乐产品；通过创立差异化品牌，使产品在不同的国家和地区都能受到欢迎。

三、影响国际企业生产管理系统的因素

国际企业生产管理系统受多种因素的制约，需要根据公司内外部情况、综合因素设计合理的管理架构。

（一）公司内部因素

国际企业母公司自身的状况是公司选择经营方式的基本因素之一，其中包括技术水平、资金状况、经营管理的能力与要求、文化背景等因素。技术水平包括对新产品研究的能力、方向、资金、设备等，资金状况包括成本控制和预算制度、资金转移能力、利润等，经营管理的能力与要求指公司管理方法、公司经营效率和管理人员素质等，文化背景指员工的共同价值观、宗教背景等。

（二）公司外部因素

1. 东道国情况

东道国状况是影响国际企业运营管理的基本因素。其中，包括对国际企业的税收政

策、法律规定、投资比例的限制及其政治、经济状况等。在很多情况下,跨国公司需要与其他公司成立合资企业,因此,运营合资企业便成为跨国公司生产运营管理的重要部分。

2. 合作伙伴的情况

在很多情况下,国际企业需要与其他公司合资经营,成为运营管理的重要部分,对合作伙伴的技术水平、资金情况、经营管理能力等也需要重视。

(三)行业因素

国际企业生产运营,需要遵循行业规律,不同行业应采取不同的管理架构。

四、国际企业生产运营管理的组织架构

国际企业的生产运营主要依靠公司组织架构进行。国际企业有五种最基本的组织管理形式。它们分别是国际总部、全球性职能架构、全球性地区架构、全球性产品架构、混合架构。各种形式都是在国际企业发展过程中逐渐定型,各有其优缺点。每个国际企业应该结合自己运营的特点,选择设计最适合于本公司的组织管理架构。

(一)国际总部

国际企业在成立之初是规模有限、产品比较单一的公司,其公司组织多为职能型结构,国外业务也主要是出口。此时,产品销售分别由国内销售部与出口销售部负责。随着公司业务的扩大,产品出口量增大,单独建立出口部负责全部出口业务。但当公司国际业务进一步扩大,不仅有产品出口,而且在国外拥有生产基地等资产时,就应该设立一个国际总部。国际总部的设立,将国际企业的国际业务全部集中在这一机构,负责母国以外的一切业务。国际总部隶属于母公司,由母公司副总级别的领导兼任主要领导。

1. 采取国际总部形式的优点

(1)集中国际业务。公司的国际业务本质上与国内业务相同,只不过比国内业务更加复杂,需要具有多方面的知识和才能,以便对许多问题做出准确的判断并能迅速处理。国内经理只需要在一个市场上处理投资、生产和销售;国际部的经理则需要在几个甚至几十个市场上处理投资、生产和销售,而且,国际部要分析和权衡更多的因素,比如某一产品是否需要进口,是否可以在当地生产某产品。

(2)有利于形成统一的国际市场观念,制定必要的策略。公司在国外业务活动的成败,并非取决于单个产品线,而是取决于在国际市场出售什么产品以及在国外生产什么产品最能获利。为此,公司的人力和财务资源,应集中在产品、工艺、专利、商标以及最有发展希望、潜在获利前景最佳的专有技术上。

(3)有关国外业务统一由一个机构指挥。这个机构集中指导国外业务,与国内业务分开,有利于体现最高决策者的要求,体现全球战略意图。

(4)有利于正确处理国内业务和国际业务的关系。若不设独立的国际业务机构,公司会因面对许多国内问题而疏忽国外业务,许多上层领导也会因缺乏必要的知识、理论和洞

察力而难以充分研究国际因素。设立国际部,授予一定的权限,并将该部负责人列入最高领导层,将有利于传递信息和做出全局性的战略安排。

2. 采取国际总部形式的缺点

(1)潜在渠道梗塞。国际部既能起到传递信息渠道的作用,同时也有梗塞信息渠道的作用。这是由于国际部在技术和产品专长方面必须依靠国内产品部,而国内产品部从技术上支持国际部,有时又不能满足要求。这可能有很多方面的原因,但最重要的是,由于国际部远离国内产业部进行业务活动,战线过长,情况不熟,渠道难免不畅通。

(2)内外销之争可能影响出口。某一商品上市,可能在国内和国外均热销,国内和国外部门之间为了各自利益便会争夺货源;如果某一种商品滞销,公司需要分担销售压力,扩大销路时,则容易出现互相推诿的现象。

(3)限制了整个公司管理才能的发挥。设立国际部,将公司各产业部、地区部的一切国外业务集中于一个部门,客观上产生了一个与国际部的关系问题。国内部不懂国际业务,国际部不理解国内产业设计。

(二)全球性职能架构

全球性职能架构,在总部设立生产、销售、财务分部,每个部门负责全球业务。它适合于产品种类比较少,在世界市场上已经站住脚,没有潜在竞争对手的国际企业。这种组织管理形式,要求公司的一切业务活动围绕公司的主要职能进行。每一个部门对于产品的生产、产品标准化、质量控制和新产品研制负有全球性的责任,负责生产、销售、财务、研究和发展的副总裁向总裁报告工作。欧洲的国际企业由于产品生产比较集中,且市场较为稳定,传统上采用此种组织管理形式。

1. 采用全球性职能结构组织管理形式的优点

(1)注重业务机能专业化,根据主要的业务要求来划分和规定工作职责。这种按专业集中机能的做法,有利于增加在全球范围内的竞争能力。

(2)强调集中控制,由专业化经理对整个公司维持主线控制,不致出现人员重叠现象。

(3)成本核算和利润获得的主要职责集中在公司上层,子公司没有利润核算问题,不会导致各利润中心彼此冲突的情况发生。

2. 采用全球性职能结构组织管理形式的缺点

(1)在一个职能部门里,地区间的协作相当困难;在一个地区或国家里的职能部门之间发生矛盾无法就地解决,只能上交到上一层职能部门去解决。

(2)这种组织管理形式很难开展多种经营,除非职能部门的经理具有对每一种产品的专业知识,或者为每一种产品设一个经理。如果是这样,一个公司经营几百种产品,其领导机构就会臃肿不堪。

(三)全球性地区结构

全球性地区架构是由地区经理负责某一地区相应的职能,公司总部仍保留全球战略计划和控制权力。采用全球性地区架构的国际企业,往往是生产线有限,但业务经营分布于多个国外市场,以地区为单位组织业务。这种组织结构将整个公司业务分为若干个地区,每一地区对公司总裁负责。在政策许可范围内,地区组织对地区内所有活动有充分的管理权和控制权。

1. 采用全球性地区结构的优点

(1)实现了地区性分散化。以地区为单位,使公司对不同地区和不同国家的环境能做出针对性很强的决策,强调在地区内行使权力,将公司战略任务分配到各个地区,可以减轻公司上层管理机构经营全球业务的任务。

(2)有利于适应不同市场的需要。地区性结构以子公司为利润中心,使商品更能适应当地市场的特殊需求。

(3)有利于地区内职能机构的相互配合,使其有效地行使权力。

2. 采用全球性地区架构的缺点

(1)在地区结构中,业务集中于某一地区和几个国家,容易重视地区业绩,而忽视公司的全球战略目标。

(2)以地区为中心的组织形式,往往会忽略产品改进、技术转让及地区间的技术协作。地区结构内的中层经理,过分忠诚于本地区,在处理上下左右关系时,容易产生“山头”思想。

(3)采取地区结构的公司,各个地区往往重复设置产品和职能的专业人才,造成同类人员重叠,而地区总部又缺乏真正懂得国际业务的人。

(四)全球性产品架构

全球性产品结构适合于多样化生产的大公司,它便于管理。在全球范围内设立产业部的公司,通过建立各种产业部,对其产品的全球性计划、管理和控制负责;在国外设有销售机构,对其产品的销售和获取利润负责。由于产品品种的多样化及其不同的生产技术和销售方式,不少国际企业采用这种组织形式,自成一体。

1. 采用全球性产品架构的优点

(1)强调产品和技术,以产品和技术为重点,鼓励全球性产品规划,并将公司在产品制造和市场销售方面的技术运用到全国,直接开拓世界市场。

(2)加强统一管理。产品计划建立在全球范围的基础上,在产品信息和新产品技术方面无国内和国外之分,对产品的发展加强统一管理。

(3)最大限度地缩小国内和国外的业务差别。全球性产品结构对每一产品注重国内和国外业务统筹安排,从产品利润着眼,每一个中心力争达到最高的利润目标。产业部领导只关心整个部门的总利润,而不关心利润来自国内或国外。

2. 采用全球性产品结构的缺点

(1)它削弱了有国外业务知识和专长人员的职责。全球性责任全靠那些具有产品知识和熟悉国内业务专长的人员来承担。产品部下属的地区经理很难开展工作,他们往往只能起“调解人”的作用,使基层经营与上层产业部难以达到业务上的沟通,而重大问题则留给了产业部经理解决。

（2）不利于中央层面的集中统一。公司上层领导对各自为政的不同产品部难以形成统一的决策，对长期投资、市场销售、资源分配及利润分配比例等全局性问题，缺乏中央层面的集体统一。

（3）机构设置重叠。不同的产业部在一个国家内重叠设置机构，不易协调。

（4）地区性功能被削弱了。不同产品部可能会同时在国外某一地区开展业务，但互不通气，也就无法互相利用对方的经验和知识。由于不同产品部在国外某地区的业务情况通过不同部门反馈回来，所以难以协调并形成统一的管理决策。

（五）混合型架构

随着国际企业规模的不断扩大和经营的多样化，不同的业务具有各自不同的需求、供给和变化中的竞争形态，这就要求国际企业必须建立各种组织结构的组合，以不同的结构模式与其相适应。当某项业务达到一定规模时，公司即可为它设立一个全球性的机构。这样，整个公司便形成了混合型结构。通常我们看到的混合型结构，是既有国际部又有全球性产品部的混合式结构。

采用混合型架构，有利于应付复杂的国际业务环境。当公司承受来自几个层面的压力时，这种形式便于应付产品竞争的压力、技术发展的压力、东道国的压力等多方影响，并能将市场、竞争及环境等因素联系起来，以便进行综合分析和处置。采用这种结构，还可使各公司根据自身的情况，选择适合于本身的不同成分的组合，从而使公司具有某些方面的特色。

混合型架构的缺点是组织结构过于复杂，使各层次的关系和利益难以完全协调一致。若某些经理权力欲望过于强烈，则他将有可能独立于公司，各行其是，成为独立王国，影响组织效能的发挥。

（六）企业的运营架构评价

当公司国际业务扩大后，此时全球性组织结构的选择和设计，应当适应公司业务性质及产品战略的要求。若产品线有限，而公司的成败并不取决于不同地区的不同市场趋势时，采用职能式组织结构有利于加强企业控制。例如，大部分石油公司采用从采掘到销售的垂直型结构，公司分设勘探、原油开发、精炼、运输和销售等职能部门。若公司产品线有限，且销售市场、技术和渠道无重大差异，但地区专门知识却特别重要时，则选用地区组织形式。若公司经营的产品线越来越多，技术复杂，销售市场差异甚大时，则选用产品式组织结构较为合理，更有利于公司的发展。

总之，在实际中，为了提高国际企业生产运营水平，任何一种组织架构的设计，都必须从实际出发，处理好"得"与"失"的关系。例如，放弃一些产品协调，可以获得更多的地区之间协调；放弃一些地区的协调，以获取更多的产品协调；国际企业需要在集权和分权、产品和地区等多个角度之间进行权衡。国际企业如何根据自身特点，设计自己的组织管理模式，仍是一个需要不断探讨和研究的课题。

五、国际企业生产管理系统的运行

一个有效率的国际企业运营模式,除了需要具备合理有效的战略目标、持续的经营使命及优化的组织架构之外,最重要的是要有足够强大的执行能力。国际企业在进行生产运营管理时,一般依照下面的流程完善跨国运营体系。

(一)确定运营目标

国际企业管理部门首先要明确而详细地指出公司的长远目标(战略目标)和年度目标(近期目标),并将此目标分解给各子公司,使子公司对国际企业的整体意图有一个清醒的认识,进而,子公司可以自己制定具体的战略目标和年度目标与总公司进行呼应。部分国际企业的国内外子公司所经营的产品广泛而多样,这样的总公司一般制定一个总目标,子公司继续从业务控制角度将公司总部的总目标分解,下达给各下属单位任务,明确有关某项经营业务目标的细节。

需要注意的是,对公司目标层次的结构,虽然表述得越具体越容易执行,但是公司总部仍然必须向各级员工宣布其某些抽象的目标,以便使各级经理人员在执行近期任务时,不忘记公司的长期宗旨,从而使局部利益与公司的全局利益相协调,也防止由于层次过多使目标出现失真。总公司下达的目标一般是框架性质,有约束性,也要有一定的灵活性(给子公司以处理突发情况的权限);子公司下达的目标逐渐具体化,到达最底层时一定需要做到责任到人,权力到人,权责匹配。

(二)确定衡量业绩的标准

只有根据公司目标制定出业绩衡量标准之后,控制机制才能发挥作用。制定衡量标准,是国际企业运营管理的准绳,要做到公平、清晰、可操作,一般使用生产效率指标和财务数据进行度量。

(三)明确国外业务的最终负责人

由于国际企业内外部环境的特殊性和复杂性,还由于许多国际企业对国内外子公司的领导管理是多维结构的领导,因此,什么人应最终对业绩负责,往往难以确定。成熟的国际企业,总是尽可能地将基本职责明确到一个人身上。此人得到授权,有权力对不同部门的业务和不同工作人员的活动进行协调和管理控制。这个最终负责者为行使对国外业务的控制权,必须有权有责,权责统一,如果违反这一原则,那么国际企业的控制机制就得不到充分、有效的发挥。经营业绩好,最终负责人获得奖励;经营业绩差或出现事故,最终负责人要承担责任。

国外业务最终负责人的确定,是建立在协调不同部门职责分工的基础上。按照全球产品结构组织起来的国际企业,其在国际市场上的各分部门,在同一地区的职责分工和业务,需要更多的协调和一定程度上的统一。按全球地区结构组织起来的国际企业,则在同一项产品或劳务上进行各分部门之间的相互了解和协调,它们之间应有固定的联络和协调渠道。由于协调不同部门的职责分工相当复杂,所以也增加了确定国外业务最终负责者的难度。

(四) 建立沟通协调系统

沟通协调系统是公司进行控制的中枢神经,是收集信息并发布指令所必需的。国际企业总部从子公司取得各种形式汇报的系统,是一种正式的信息系统。一般进行国内经营的公司与子公司之间,或许采用某种非正规的通信系统就足够了,但国际企业的大规模国际经营业务,却要求建立一个正式的信息系统,以便为公司总部的分析和决策提供充足、及时的信息。沟通协调系统有两个方向,一种是纵向结构;另一种是横向结构。纵向结构是指上下级之间的沟通协调,横向结构是指评级单位间进行的沟通协调。国际企业的经营管理活动复杂多变,需要向上级请示,有时也需要同级之间进行密切配合。

同时,国际企业的沟通协调方法也是有要求的。关键问题是报告要及时、适量和有利于决策。所谓适量,即信息不能太少,否则不能为控制提供足够的依据;但信息量也不能过多,以免浪费上级管理人员的时间。信息适量问题,还意味着国际企业汇报制度的繁简适度。如果公司总部要求国外子公司汇报的范围和内容太大、太烦琐,对国外子公司将是一种额外的负担。因此,沟通协调方法,一定要有利于子公司熟悉母公司的政策和规章。国际企业的政策、规章既有成文的,又有不成文的,通过汇报通信系统的双向信息交流,子公司才能真正熟悉上级那些不成文的政策、规章。

(五) 汇总信息和分析结果

汇总信息和分析结果,指将获取的信息与既定的公司业绩标准、公司目标进行比较和评价。某些规模较小的跨国经营企业可能在非正式的基础上运用比较和评价方法。例如,收益率计算仅以当地经营为基础,不考虑整个公司的费用和受益。这种非正式的审查,往往是由于缺乏国外经营的经验,缺乏对子公司预算进行详细审查的适当人员。而那些大型的国际垄断企业——典型的国际企业,则运用较正式的审阅计划和程序来评价和控制国外子公司。预算是它们审查国外子公司经营活动的主要标准。

(六) 进行实时控制

如果分析结构无法达到所要求的目标,国际企业总部则应发出指令,采取纠正措施。实时控制不一定是针对子公司的经营而采取的,它也可能是调整业绩标准、公司目标以及子公司的分目标等。

在国际企业的控制过程中,从着手纠正到完成纠正之间往往存在一个较长的"时滞"。这是由于子公司地理分布遥远而分散、跨文化经营、组织规模大、组织结构复杂等原因造成的。现在大多数国际企业采用计算机实时管理系统,使总部人员能以"实时"方式观察和参与国外子公司的某些业务活动。这种参与有助于现场控制。尽管如此,跨文化经营、组织结构复杂以及组织规模巨大,必然伴随着子公司与母公司的矛盾。国际通信能力的提高,也不能彻底解决时空间隔带来的问题。因此,这种"时滞"今后将依然存在。典型的国际企业必须以一种不间断的方式来审查结果和采取纠正措施。在国外营销等业务的控制方面,对于难以预测的突然变化,国际企业还可以预先制订种种应急计划。

第三节　国际企业生产运营系统运行

在日趋激烈的国际竞争中,国际企业要想快速适应市场变化,高效、灵活、准时地生产出令顾客满意的产品,就需要建立一套完整的生产运营机制。国际企业生产运营过程是需求预测与生产作业结合在一起的系统性过程。本节对国际企业生产运营系统运行所涉及的具体内容进行详细说明。

一、生产运营计划

生产运营计划是国际企业为实现战略目标确定的一定时期内生产经营活动的综合规划,对公司的资源从时间和空间角度进行统筹安排,以达到经营目标。生产运营计划决定了公司的短期目标,是为远期战略目标服务的。编制生产运营计划一般依照调查研究、情况分析(市场分析、生产分析、环境分析)、方案编制、运营决策、预案制定步骤进行。制定生产运营计划的过程,可以说投入的是调查研究,获得外部数据、情况分析和得到结论,产出的是公司经营方案。

(一)调查研究

生产运营计划一定要建立在广泛而充分的信息基础上,最开始的调查研究至关重要,因为之后的所有分析决策均以调查研究阶段获取的数据信息为依据。调查研究过程是深入调查、分析国际企业同外部环境的关系的过程。

在调查研究阶段需要获取的信息有公司情况、市场情况、原料情况、行业情况、竞争对手情况、经营环境情况等,按照区域又分为国际企业母国、市场所在国、潜在市场所在国等。

1. 公司情况

本公司生产该产品的生产技术情况,包括:占有的生产该产品的原材料,公司的能源供应是否充足,环境保护是否可靠,公司的物流运输体系状况,员工保障措施是否完备,技术工艺是否先进,厂区周围环境有无变化,人员培训是否完成等。

2. 市场情况

需要获取的市场信息主要包括:市场对公司各种产品的可能需求量,这应从东道国和其他国家来预测产品的需求量,还要收集与之相关的人口、收入水平及与产品消费有关的政府政策、法规,代用品的生产情况等;市场中产品供应分析,预测这一产品的可能供应量;市场占有程度分析,现有各生产企业在市场上的占有份额。

另外,在进行市场情况搜集时,可以按照不同情况进行分类,一是按照产品的性质划分;二是按照消费者划分;三是按照地区划分。市场分析的准确性,直接关系到生产后成本的高低和利润的大小,因此,市场情况的获取是十分重要的。

3. 原料情况

主要指原料生产商情况,包括其经营能力、负债能力、股东情况变化、占有原料情况变化等。

4. 竞争对手情况

竞争对手的情况主要包括市场中现有的竞争对手基本情况,竞争对手的策略是什么(进攻、稳定、退出),竞争对手采取这种策略的原因等。

5. 经营环境情况

主要是宏观经济形势和政策、母国经济政策、东道国关于国际企业政策的变化、全球经济走势、世界产业转移趋势,等等,细小的变化都会对公司的生产运营产生深远的影响。

(二)情况分析

在进行了调查研究,获取足够多的所需要的信息数据后,就要对原始资料进行情况分析。情况分析主要是分析对市场需求影响较大的因素的变化,可从以下几个角度着手:

1. 从内部条件调查

根据获取的公司和竞争对手的数据对公司一般竞争力和产品竞争力进行分析,使用SWOT分析方法判断企业的优势和劣势、机遇和挑战。

2. 直接环境调查

对国际市场和行业进行分析,判明公司在市场和行业中的优势和劣势;根据市场和行业现状和发展状况,判明公司面临的机会和威胁,选择公司在该行业或国家中应该采取的姿态。

3. 间接环境调查

分析一般环境的现状和动向,判明其背后是否有推手,分析关键性的影响因素;判明这些力量目前对公司的影响,其最终目的是什么,是否针对本公司。

4. 预测未来公司运营管理环境

预测外部环境力量(原料供应商、合作伙伴、竞争对手等)中主要影响力量的发展趋势,从中挑选最有可能影响公司的关键力量,预测公司未来将要面临的机会和威胁,分析现在需要做出的改变。

(三)方案编制

生产运营计划的制订是一个比较复杂、连续的过程,又是一个适应探索的过程。经过了调查研究和情况分析后,生产运营计划便是在正确战略目标的指导下,明确生产运营目标,划分生产指令责任,制定运营对策的过程。在这一过程中,往往需要拟订出两个以上的方案进行评价选优。这些方案并不是从中进行排他性选择,而是选择合理部分,最后汇总为一个完备的方案。未选择的方案也不会搁置,而是作为预案继续保留,因为这在情况发生变化时还是很重要的。

1. 国际企业在生产运营计划中应解决的基本问题

(1)公司近期的经营范围和战略经营领域,即通过规定公司从事生产经营活动的行业,确定公司以什么技术满足什么需要。

(2)公司的运营态势,即决定公司在不同行业内是采取增长姿态,还是采取稳定姿态或退缩姿态。

(3)生产运营的方针政策,即决定公司在处理各种战略关系时应遵循的各种准则,包括如何竞争的准则。

(4)如何谋划和分配公司的资源。

(5)各级子公司生产运营目标和责任的分解。

2. 方案编制的主要任务

方案编制的主要任务包括将经营目标具体化,分配各种资源,协调各单位生产经营活动。生产运营计划就是对上述基本战略问题深思熟虑后进行统筹谋划,然后经过综合归纳而形成的。在方案制定过程中需要注意以下几点:

(1)计划信息应当尽可能的具体、详细,便于上级向下级解释计划。同时,需要尽可能地给下级参与计划讨论的机会,鼓励其表达意愿,防止企业内部因为缺乏信息沟通造成不同层次间对计划的政策和策略不了解。

(2)计划的目标要留有余地,将尽力而为和量力而行相结合,可分为进攻型、基本型、保守型设计不同的方案。

(3)计划要注重协调性。既要注意各环节、各部门之间的协调,又要注重企业和外部环境(原料供应商、物流企业、顾客等)的充分协调。

(四)运营决策

国际企业在选择、决定生产运营计划方案时,可以从正确性、方向性、可行性,目标、环境、条件动态平衡的水平、适应性、灵敏度,以及重点阶段、对策的针对性和稳妥性、兑现率等几个方面去进行衡量,以便选择、制定出一个比较好的方案。对于决策过程中存在的异议,一定要高度重视,在计划制订后仍然要进行预案选择。

(五)生产运营计划的跟进

国际企业生产运营计划确定后,必须通过具体化,将其变为实际行动,才能实现战略目标。在生产运营计划实施过程中,可能会由于原来分析不周,判断有误,或是国际环境发生了预料之外的变化,使其中某些部分失去了指导作用;由于各种因素的变化,可能各种预案都不能成为真正执行的计划。这并不是制定过程中的疏忽,而是国际企业生产运营管理的内在属性,也正是生产运营计划制订的意义——生产运营计划是可以在运营过程中进行修改完善、使其更加完备的。

二、跨国供应链与采购管理

跨国供应链管理与国际企业采购管理都是国际企业生产运营系统正常运转的不可或缺的环节,是企业获取效益最大化的重要途径。

(一) 跨国供应链管理

供应链管理模式是当今世界全球化市场竞争环境下的一种最有效的管理模式。

1. 供应链管理产生的背景

20 世纪 20 年代,福特创立了标准化生产流水线方式,运营管理开始注重对工艺的改进。20 世纪五六十年代,日本的丰田公司提出了 JIT 理念(Just In Time,准时化生产),开始注重产品的创新设计;同时,把供应商、生产者和销售商联成一体,充分发挥整体功能,管理对象增加了销售商和供应商。这些都是有供应链管理思想的,只是没有系统地进行研究。

长期以来,国际市场供不应求,企业所面对的市场比较稳定,国际企业之间的竞争主要集中在成本的竞争,国际企业内部各部门间的协调问题相对容易,对时间的要求也不是那么严格。进入 20 世纪 80 年代,国际市场供需关系发生了重大的变化,逐渐变为买方市场。顾客在买卖关系中占据了主导地位,对产品和服务的要求也越来越高。逐渐地,国际市场从过去供应商主导的、静态的、简单的市场环境变成了顾客主导的、动态的、复杂的市场环境。市场环境所发生的巨大转变给原有的国际企业运营管理体系带来了以下的很大挑战:

(1)买方市场使顾客的满意度成为企业生存发展所需要考虑的首要因素。过去的国际企业运营理论不太关注客户的需求,而将重点放在各职能部门。职能部门内部相互独立,追求本部门的利益最大化,缺乏部门间、组织间的沟通协调,这导致各部门之间总是存在冲突,交货时间过长,同时常常缺货。面对顾客的投诉,反应时间太长,售后质量堪忧。

(2)牛鞭效应(Bullwhip Effect),是指向原料供应商订货的波动程度会大于顾客购买量的波动程度,并且这种波动程度会随着产业链的上移继续不断扩大。该效应是 Forrester 在 20 世纪 50 年代进行实证研究与企业调查时发现的。他发现,微小的市场波动会使国际企业在进行生产计划时遇到巨大的不确定性,这种现象存在于包括汽车制造、信息产业、机械制造等众多行业中。进而,这种现象也会给企业造成严重的后果,如产品库存积压严重、服务水平不高、产品成本过高及质量低劣等问题,这必然会使企业在市场竞争中处于不利的地位。

(3)供货时间已经成为激烈市场竞争中一个重要的竞争目标。国际企业与国际企业之间的竞争不再仅仅是价格和质量,而且对供货时间也提出了更高的要求。随着先进制造技术在 20 世纪七八十年的迅速发展以及对传统制造系统的不断改进,制造周期大大缩短,很难再有更大的提高。要进一步缩短供货时间,就必须考虑前置时间。前置时间是指为了在某一个规定的时间交货,而必须提前采购原材料并设计产品生产流程。由于客户需求变动大,产品生命周期短,现代企业对前置时间的要求越来越高。如果不保有一定量的前置时间,就必须承受由于延期交货或者无法交货而带来的客户流失和客户服务水平下降。另外一种方案是可以通过大量储备安全库存的方式来应付紧急客户需求,但问题也显而易见,过大的库存占用会带来库存成本的显著增加,进而影响企业营运利润。

(4)生产采购流程变动频繁。为了满足不断变化的客户需求,生产和采购流程可能会频繁变动,即使在管理过程中一个小小的错误,往往都会导致全局的混乱和错误的接连发生,进而导致生产制造进度难以掌握。生产制造过程往往也是一个不断变化的过程,很多情况下,由于生产制造现场的信息无法及时、准确地传递给需要这些信息的部门而造成沟通障碍。

(5)过高的物流运输费用。产品交付过长的前置期,频繁的客户需求变动,库存质量竞争,使国际企业这样的庞然大物运营管理举步维艰,这些因素的微小波动又会在运输过程中被慢慢放大,从而导致物流运输费用的升高。

2.供应链管理介绍

供应链管理(Supply Chain Management,SCM),是指以充分满足顾客需求、保证整体成本最小化为目标,将供应商、制造商、仓储基地、配送中心、物流中心和销售商等有效地整合在一起,全面地进行产品(或服务)制造、转运、分销及销售的管理模式。该管理模式试图分析并改善从原材料生产和配置、产品或服务的生产及传递给顾客的每一个步骤,使整个供应链的效率最高,减少整个系统的费用,进而保证系统总成本降至最低。

供应链管理的基本思想是使人力资源、物质资源、财务资源等通过业务流程来形成竞争优势的。波特(Porter)1983年提出了一种业务流程模型——价值链模型,把企业为顾客、为自己创造价值的各种业务活动集成在一起。作为一种业务流程模型,供应链模型将原材料和零部件供应商、产品的制造商、分销商和零售商到顾客全部使用价值链连接起来,实现了由顾客需求到提供为顾客提供所需要的产品与服务,再到实现价值的整个过程。

供应链管理将所有在满足客户需求的过程中对成本有影响的各个成员单位都考虑在内,包括原材料供应商、制造商到仓库再经过配送中心到渠道商。供应链管理是围绕把供应商、制造商、仓库、配送中心和渠道商有机结合成一体这个问题来展开的,因此它包括企业许多层次上的活动,包括战略层次、战术层次和作业层次等。

按照组织结构的位置,可以将供应链分为两类:从组织内部来看,供应链包括采购、制造、分销等部门,有时这一部分被称为内部供应链;从组织外部来看,供应链包含了原材料供应商、制造商、销售商、最终用户,有时这一部分被称为外部供应链或外部价值链。这两种供应链形式又分别被称为企业内部流程再造和企业外部流程再造。

作为一种新的管理方法,供应链管理就是对整个供应链中各参与组织、部门之间的物流、信息流与资金流进行计划、协调和控制等,其目的是通过集成和优化来提高所有相关过程的速度和确定性,提高过程的价值增加,提高组织的运作效率和效益。供应链中的物流是指从供应商到顾客手中的物质产品流;供应链中的信息流包括产品的需求、订单的传递、交货状态的共享及仓储信息;供应链中的资金流包括信用条件、支付方式以及信托与所有权契约等。通常,在供应链中都是跨部门、跨企业、跨经营主体,甚至跨行业、跨国的。

在管理理念上,它与传统的管理理论有着显著的不同,是激烈的全球市场竞争及科学技术,尤其是信息技术发展的产物。供应链及其管理的理论研究对我国的企业管理有重要的意义。

与传统的企业管理对比,现代供应链管理体现了以下几个基本思想:

(1)系统观念。不再孤立地看待每个企业和部门,而是考虑所有利益相关体——供应商、生产商、销售商、顾客等,将整个供应链看成一个有机联系的整体,使其向同一个方向运营。围绕着核心企业,供应链成为相互作用、相互依赖的有机整体,实现企业间的功能集成。

(2)共同目标。顾客对商品成本、质量和服务的要求,成为供应链中的所有参与者的一致目标,通过绩效考核传导到供应链的每个阶段,通过满足顾客的需要来实现利润最大化。同时,各个成员企业具有了局部利益服从整体利益的系统观念。

(3)主动的管理模式。对供应链中所有的环节(内部的、外部的、直接的、间接的)都进行积极主动的管理,不再把最后产品作为唯一的管理目标,对每一个环节都进行管理激励。

(4)产生了新的公司与公司间联系。在企业主动地关注整个供应链及其管理的同时,供应链中各成员之间的联盟关系便得到了强化。通过仔细地选择业务伙伴,减少供应商数目,与上下游企业之间建立战略关系,将过去相互敌对的企业关系变为伙伴关系,减少相互之间的交易成本。供应链为了适应外部激烈的竞争成为利益共同体,为了获得共同利益,各成员企业形成了事实的协商机制,达到互利共赢的目标。

供应链中的合作伙伴开始共同解决问题与信息共享,进而带来了各种形式的革新:可以邀请顾客进入供应链,参与产品设计、质量改进、成本降低,培养顾客的忠诚度;库存水平、长期计划、进度计划、设计调整等关键数据在供应链中共享,实现全流程透明化;进而实现管理思想和方法的共享、市场机会的共享和风险的共担。

这也产生了新的库存管理模式——VMI 库存管理(Vendor-Managed-Inventory,VMI,供应商管理的库存)。Wal-Mart 首先使用了这种系统。零售商 Wal-Mart 通过 EDI 这样的信息系统与诸如 P&G 公司这样的供应商共享销售信息,这样 P&G 公司便可管理它在 Wal-Mart 处的产品库存。同时,P&G 能够运用现期的实时销售信息,生产即将销售的产品,而不是去生产那种可能与现期需求有偏差的预测产品。

(5)增强核心竞争能力。通过供应链业务伙伴关系的整合,国际企业具有了新的核心竞争能力,所掌握的资源比过去更多了,也更强大了。所以,供应链业务伙伴关系的形成不能以丧失企业的核心竞争能力为代价,而是强化自己的核心竞争能力。

3.供应链管理的作用

国际企业应用供应链管理思想主要是为了缩短生产周期,降低企业运营风险,提高生产效率,在实际经验中也证明了这一点,惠普(HP)、宝洁(P&G)、索尼(Sony)等知名国际企业均采用供应链管理方法增强了公司的国际竞争力。因此,供应链管理水平的高低直接关系到企业利益的实现。良好有效的供应链管理将是企业能否以较低成本、较短的前置时间快速回应顾客需求、获得满意的关键所在。

（1）实现供应链内各个节点间的信息共享是供应链管理的重要目的。传统的生产计划与控制对于信息的共享程度非常低,企业的信息主要涉及企业内部,各个信息都是分散的,企业与企业之间往往是一个个信息孤岛,相互之间屏蔽信息,没有将信息资源充分利用。另外,传统的生产计划与客户需求距离较大,信息传递的牛鞭效应使企业的生产计划与客户需求之间存在了较大的差异,常常呈现很大的波动性,而这种牛鞭效应是企业原材料成本上升和库存不足的主要原因。而实行供应链管理模式则可使供应链上企业的生产计划决策信息的来源不再限于一个企业内部,还有来自供应链上其他不同的企业。

在这样一个开放的环境中,各企业围绕客户需求这个主线,彼此之间进行信息交换和数据共享,保证彼此计划之间的一致性,使同一供应链上的企业间有效地协同合作与控制。供应链中的不同成员间存在着不同的、相互冲突的目标,因此,协调组织内部和供应链成员间的关系在供应链管理中至关重要。正是因为信息共享,使所有成员都获得相同的信息,以让顾客满意为实现利润最大化的途径,才能有共同的目标。比较典型的例子便是克莱斯勒公司。克莱斯勒公司在为新型汽车设计生产线时,将主要零部件外包给少数几个供应商,并邀请供应商参与到早期的关键研究、开发阶段。结果,新产品开发周期缩短50%,从零部件开发到组装成功,由通常情况下的一年减少到六个月。

（2）提高服务质量,扩大客户需求。在供应链管理中,各企业一起围绕"以客户为中心"的理念。消费者大多要求提供产品和服务的前置时间越短越好,为此供应链管理通过生产企业内部、外部及流程企业的整体协作,大大缩短产品的流通周期,加快了物流配送的速度,从而使客户个性化的需求在最短的时间内得到满足。能取得这样的成果,完全得益于供应链中组织、部门之间的相互合作、相互利用对方资源的经营策略。因此,供应链管理模式受到了越来越多企业的重视。

供应链管理也是欧美企业在面临日本等东亚企业在国际市场竞争力日益强大情况下提出的。日本企业取得成功的一个主要原因在于将供应链中的各环节进行协调、集成。比如,在企业内部,采用全面质量管理、准时制管理,强调各部门合作来降低成本、提高质量。在企业外部,采用外包制并减少零部件供应商数目,并与它们建立合作伙伴关系以达到共同提高质量降低成本;另外,将顾客需求纳入企业管理系统内部,采用柔性制造系统,提高企业应变能力和服务水平。

（3）实现双赢。供应链管理把供应链的供应商、分销商、零售商等联系在一起,并对之优化,使各个相关企业形成了一个融会贯通的网络整体,在这个网络中,各企业仍保持着个体特性。但它们为整体利益的最大化共同合作,实现双赢的结果。在供应链管理的发展中,有人预测,在未来的生产和流通中,将看不到企业,而只看到供应链。生产和流通的供应链化将成为现代生产和流通的主要方式。

4.供应链管理的基本过程和方法

现代供应链管理是在科学技术条件下产生的,是应对激烈的全球市场竞争,在竞争中谋取生存与发展的重要武器,是赢得市场竞争优势的全新手段。随着企业界和学术界对供应链管理在企业生产运营管理中的作用和地位的新的认识,对供应链及其合理管理的研究空前高涨。供应链管理流程化研究取得很大突破,方法和步骤被规范化。供应链管理过程一般分为竞争环境分析、企业供应链诊断、供应链开发与改进以及改进方案的实施四个阶段。

(1)竞争环境分析。竞争环境分析主要是为了识别企业所面对的市场环境,为供应链改进做准备。在竞争环境分析阶段,需要掌握足够多的一手资料,获取更多的典型数据显示市场的特点。在这一阶段,通常可采用调查问卷,观察原材料供应商、顾客与竞争对手的经营方式以及咨询市场调查机构进行资料收集。在这个阶段要回答的典型问题为:顾客需要什么? 竞争对手在做什么? 供应商在做什么? 顾客和竞争对手的目标有什么差距? 供应商和公司的目标有什么不同? 据此可以对企业的各产品市场列出一系列特征,并根据重要性对这些特征进行分类。

(2)企业供应链诊断。在识别了国际企业所面对的竞争市场特征后,下一步就是要对公司现有供应链进行诊断分析,找出可能改进的领域。其中,最重要的问题是采用合适的方法与技术手段来进行供应链分析。在这一阶段,惠普公司做出了开创性和建设性的尝试。由于传统的成本会计系统不能有效地对不同市场细分生产成本,他们在 20 世纪 80 年代成立了一个“战略规划与建模”(Strategic Planning and Modeling,SPM)小组,对整个公司的生产运营架构进行分析。1989 年,他们开发了 Bubble 成本模型,它比较好地反映了供应链中各环节的固定成本与变动成本,是在实际中应用较早的供应链诊断模型。之后,这个小组又开发出了 WINO 模型,帮助惠普分析喷墨打印机供应链中物流与相应的不确定性之间的关系。惠普公司将小组得出的分析结果与所设定的标准进行比较,从而找出过去供应链中所存在问题,使生产效率提高了 5%。WINO 模型已经成为一种应用广泛的供应链分析技术,SPM 小组后来将它编成专门软件,取名为“供应链分析工具”(Supply - Chain - Analysis Tool,SCAT)。现在 SCAT 已经是惠普公司供应链管理过程中进行供应链诊断时最常用的工具之一。通过供应链诊断,找出了对顾客满意水平有影响的是哪些供应链作业活动,也就找到了需要对哪些供应链活动进行改进。

(3)供应链开发与改进。得到需要进行改进的供应链领域之后,便需要进一步可以做得更好的改进措施,这便是第三阶段——供应链开发与改进需要做的工作。进行供应链开发与改进可能采取的措施主要有改进库存管理模式,采用成本更低、效率更高的运输工具,运用先进制造技术,运用信息技术集成供应链,建立新的供应链内部部门,构建部门与部门之间的协调机制等。

在决定选择什么措施时,应充分运用前面两个阶段所做的工作,使供应链与顾客的需求、市场环境及企业具体情况结合起来。如何使所设计的供应链与市场需求匹配,更好地适应市场的变化? 可以将企业供应链所处的市场按照特征划分成两类:可预测性市场和不可预测性市场。对于可预测性市场环境,企业供应链的改进措施应该侧重于提高供应链的效率,降低物质成本;对于不可预测性的市场环境,其产品的生命周期非常短,因此企业供应链的改进方案应侧重于增强供应链对市场变化的应变能力和创新能力。

在设计层次上,供应链管理所面临的基本问题是如何在满足顾客服务要求情况下实现产品市场需求,如何构建出运营成本最低的公司生产与分销网络结构。在这一阶段需要详细确定:供应链中所采用的制造工厂及仓储的数目、地址、能力以及类型;选择原材料供应商;采用何种物资运输渠道与运输方式;供应商、工厂、仓储及用户之间原材料及产品的生产量与运输量;供应链各环节或各地点的原材料、中间产品及成品的库存量等。随着计算机与通信技术的发展、后勤管理逐渐成为企业中一个单独的综合职能部门,以及优化算法的不断发展和计算机数据开发与管理工具的进步,运用整体规划方法来分析设计供应链网在技术上更加可行也将会更加实用。

在运营层次上,供应链管理关注的主要问题是在供应链网络中,如何使各节点的行动协调一致起来。解决这一问题所采用的优化技术是多层库存模型,因为供应链中各决策点的行动可以简单地用库存决策模型来描述。业务流程重构强调的是对职能部门进行横向集成,形成一个管理良好的业务流程,以创造更多的顾客价值。许多企业认识到,仅仅进行内部业务流程重构其效果十分有限,所以还需要考虑促进供应链中其他成员的业务流程的改进,并通过它们来增强竞争优势。从某种程度上来讲,供应链管理实际上是将业务流程重构的思想在企业网络之间进行推广。业务流程重构通常强调的是企业内部各职能活动的协调与集成,而供应链管理则强调了在此基础之上对组织与组织之间业务流程的重新设计与集成。

(4)改进方案的实施。在设计和开发了供应链改进方案之后,就进入了供应链管理过程的最后一步(也是最重要的一步)——实施供应链改进方案,形成效率更高的供应链。在实施供应链管理时,应该从战略、战术与运营三个层面分别展开。在供应链管理战略层面上的问题主要包括:为供应链确定目标与政策(即为了保证业务的需要,供应链应该以对变化能做出迅速反应为重点,或是以最低成本运营为重点,或以保证产品可供货为重点)等;设计整体供应链的重要节点(用关键的设施及其选址描述供应链);构建供应链组织结构框架(需要一个能够打破职能界限、组织界限、有效运作的、集成的框架)等。在供应链管理的战术层面上,战略目标被转变成供应链协同一致的组织、部门目标。在供应链管理的运营层面上,所涉及的问题是供应链运营的效率(包括具体系统、程序以及保证有效的控制与绩效测量能够得到实施)。

供应链改进结束后,要进行绩效指标评价,分析整个供应链管理过程。实际上,供应链管理过程会成为管理的常态,每隔一段时间都需要进行一次,阶梯形地提高国际企业的整体生产运营效率。

(二)国际企业采购管理

采购是现代国际企业生产运营的一个基本环节,它的管理状况关系着整个公司成本。对于大多数制造业国际企业来说,无论是大批量生产还是小批量定制,原材料和零部件的采购都是生产运营的第一步。对于成熟的国际企业,应该将更多的资源应用到公司最有效率的领域,而那些与公司核心竞争力无关的业务,便可以通过采购获得。例如,微软专注于研究与开发,耐克专注于设计,而可口可乐专注于市场,因为这些领域是它们的核心竞争力和利润所在。对于其他阶段,都可以通过采购和外包来实现,只要对采购进行规范化,就可以控制成本,实现利润最大化。采购管理的目的——降低成本、提高质量、提高效率,这是采购管理的基础原则。

国际企业采购管理出现了新的特点:

第一,公司与其上游的原材料零部件供应商的关系不再仅仅是单纯的买卖关系,而是一种更紧密的合作关系。过去国际企业和上游供应商是一种博弈的关系,一方的让步才能给另一方带来利益,双方都在尝试通过使自己的力量增强来压迫对方,获得更大优势,这带来了非常大的交易成本。随着供应链管理的兴起,国际企业尝试将供应商拉入自己的供应链,通过让渡利润和信息,两者逐渐形成联盟关系。

第二,供应商数量减少,双方关系加深。为了获得稳定的供货,国际企业开始甄别供应商,同时与供应商在多个领域合作:供应商在商品开发上的参与;双方在生产、质量控制、成本优化和售后服务上的沟通与合作。另外有一种趋势就是双方开始互相参股,在资金上互相支持,以达到更深的合作。

国际企业对供应商的考核开始增强,由过去的主要考核成本和质量,开始进一步考核制度、企业文化。通过多方面的考核,国际企业可以既可以规避近期风险,又可以规避潜在的长期风险。

第三,国际企业制定了严格的采购绩效考核制度。对采购人员绩效考核不仅是调动员工积极性的重要手段,而且是保证采购效果的主要手段。绩效考核一般分为业务考核和成本绩效。常用的业务考核体系包括:采购成本是否降低? 采购品质是否得到了提高? 供货商的服务是否增值? 采购是否支持了其他部门? 采购管理水平是否得到了提高? 采购成本一般可以分解为:购买成本、运输成本、订货成本、库存成本、时间损耗等,将这些指标进行量化,同上一期间的相同指标进行比较,便可以形成成本绩效。

三、国际企业库存管理

库存管理是国际企业经营管理活动不可或缺的一部分。激烈的行业竞争和复杂的供应链系统对国际企业的库存管理提出了更高的要求,细小的库存管理问题一旦暴露出来,就会从整体上影响公司的运营管理,影响公司的效益。通过库存管理,国际企业可以实现对物质资料的管理、协调和控制,保证产品准时性,提高对顾客的服务水平,更好地控制成本并获取更多利润。基本目标是对存货进行优化配置,使总体库存保持在最佳状态(尽量达到零库存,即没有成本),实现库存管理最优化。

(一)国际企业库存管理面临的问题

在国际企业经营管理活动中,库存管理仍存在一些问题,主要有以下三点:

1.仓储基地的地理位置分布问题

国际企业的业务遍布世界,在各大洲均有生产基地、仓储基地和市场。原料和产品均需要储存,占用大量的时间和空间,同时兼顾来自各个国家的外部客户需求,还要兼顾其他地区的内部产品需求,达到时间、空间、成本的统一难度很大。

2. 呆滞库存问题

呆滞库存,又被称为"老库存",即过去和将来都没有需求的商品,或者需求量远远低于库存的商品。呆滞库存一方面占用了库存空间,降低了库存周转率,增加了仓储成本;另一方面会带来库存资金的积压,给企业财务带来风险。

呆滞库存产生的原因很多。一般来说,客户需求是在不断变化的,而生产和采购一般需要提前准备,如果在这期间客户需求发生很大的波动,与公司的生产运营计划发生较大偏差,那么已经准备好的商品就成为了风险库存。这时候处理的方法一般是企业主动寻找新需求或者关联需求。但新需求和关联需求均是不确定性的,如果仍然无法销售出去,就会出现呆滞库存。呆滞库存一般出现在以下两个环节:

第一,销售预测环节。在企业资源计划(Enterprise Resource Plan, ERP)环境下,物料需求计划(Material Requirement Planning, MRP)可以帮助企业做生产计划和采购计划,MRP 的主要数据输入是客户销售预测以及当前和在途库存数据。因此,需求预测的准确性在极大的程度上影响 MRP 结果的准确性。现阶段,需求预测精度低成为公司面对的一个最主要的困难和挑战,也成为国际企业呆滞库存形成的一个主要原因。

第二,采购环节。理论上来说,如果客户订单变化区间远远大于生产采购提前期的话,那么对库存管理来说是好事,不会有呆滞库存的产生。因此,企业总是想方设法缩短生产采购提前期和提高其灵活性,但零售企业和供应商谈判是一个互相平衡的过程,最佳提前期实际上是一个相对较好的区间,并不能保证企业可以完全克服库存管理的困难和问题。项目竞投区间有很大的不确定性,从而给生产采购管理以及库存管理带来极大的困难。而一旦项目竞投失败,势必会给库存带来风险,极易形成呆滞库存,也会影响呆滞库存的及时发现和处理。

3. 库存数据的可视化和准确性

掌握足够多的信息数据对控制库存来说至关重要。这个问题看似简单,但实际很难做到或者做好。库存数据准确性的标准针对不同行业和不同产品也有很大的差异性。国际企业的供应链变得越来越复杂,每个子公司往往独立运营,单独结算;作为调拨中心的仓储基地,只关注自身数据;而进行整体库存管理,需要一个实时准确的库存数据来做总体调拨和采购计划。三者的行动不统一经常造成库存数据的失真,进而造成无法进行比较分析。

数据采集的过程存在很多问题,比如说数据的实时性、准确性和完整性。现有信息系统管理流程无法做好以上几点,无法给供应链计划部门提供准确的生产、采购、销售和库存数据。另外,在企业实际运作过程中,很多公司的财务部门和管理团队由于种种原因,主观上不愿意把已经出现的呆滞库存从账面上销掉。

(二)国际企业库存指标管理

良好的库存管理需要信息的及时性和完整性。现阶段,国际企业一般采用 ERP 系统进行库存管理,每个销售单位单独预测所有客户需求,每个仓储基地掌握最基础的库存数据。库存的管理和控制必须建立在信息集成和准确的基础上,因此要处理好整体与部分的关系。综合库存系统的思想是将销售数据、销售预测、财务数据和库存数据进行整合，增强库存信息的可见性，综合分析，得到准确而全面的分析结果。库存管理主要控制指标如下：

1. 库存汇总日报表(Inventory Summary Report)

根据产品和仓储基地分别汇总的日报表，每日定时更新。主要是帮助管理人员实时查询和掌握公司所有产品的详细库存状态，从而可以提高对客户需求的反应速度，提高客户服务水平。

2. 库存时间周报表

分别按照产品、仓储地点、仓储时间进行汇总的库存报表，每周定时更新。管理人员可以根据此报表寻找并发现容易产生呆滞库存的商品和仓储基地，并采取预防措施。

3. 库存报警报表，库存浏览周报表

在很多情况下，管理人员只关注一部分商品，这就导致那些被忽视的库存更容易产生呆滞库存。为了防止这种情况的发生，在国际企业库存管理中，需要有一套自动化的流程，对所有库存进行检索，根据国际企业经营实际，设定库存指标，发现已经形成和正在形成的呆滞库存，及时进行处理。

(三)国际企业库存管理方法简介

从传统的最简单的如 ABC 分类库存管理方法到称为 JIT(Just In Time)的零库存管理，如何做好库存管理，一直是现代企业所面临的头等大事。随着供应链管理在国际企业运营管理中的广泛应用，库存管理体系产生了新的突破。库存管理已经不再是公司中的一个个节点，而是成为世界产业链的一个环节，融入社会化大生产。在供应链管理的框架下，库存管理不再仅仅局限于物质资源的管理和分配，而是变为资源在整个系统中的流动控制，又称"工作流控制"。要想提高整个供应链的效率，各个节点必须进行信息共享协同作业，实现整个供应链的总体服务水平和降低库存成本，才能实现合作共赢。常见的现代库存管理方法均基于供应链管理，主要有供应商库存管理、联合库存管理、多级库存优化与控制。

现代库存管理模式经历了从累加预测和补货(Aggregate Forecasting and Replenishmen，AFR)到供应商管理库存(Vendor Managed Inventory，VMI)，再到联合管理库存(Jointly Managed Inventory，JMI)的发展阶段。最初的 AFR 是把管理重点放在科学的控制和预测库存上，这种方法要求各成员企业管理其库存，根据销售的历史数据，制定各自的销售预测。AFR 存在的问题是缺乏高度集成的供应链计划，导致客户订单充足率过低，供应链总体运行效率低下，进而导致客户满意度下降。

VMI 供应商管理库存是为了弥补 AFR 的缺陷而产生的，这种模式的库存管理目的是为了使供应商和零售商都获得最低的库存成本，根据双方的协议来共同制定库存管理合作策略。VMI 可以有效减少供应链管理中的牛鞭效应，但同时也有其自身的缺点，即 VMI 的单向流程。在这种管理模式下，由于供应商处于主导地位，在供应链决策过程中缺少与其他合作伙伴的协调沟通机制，供应商可以通过转嫁成本来实现自身利益最大化。同时，供应商缺少对经销商促销和多存货来源以及季节变化等因素的考虑,往往会造成库存管理的不平衡情况,进而削弱整个供应链的竞争能力。

JMI 联合库存管理,是针对 AFR 和 VMI 存在的不足,进行改进后获得的库存管理新模式,作为基于调拨中心的库存管理模式,JMI 强调的是供应链多节点共同参与,共同协调决策的沟通方式,可以有效避免由于信息沟通不畅而带来的需求差异。在供应链上任意两个节点的需求都是双方共同协商的结果,提高了供应链的反应速度和整体运行效率。因此,JMI 被看作现代库存管理的基础模型,实施 JMI 可以大大提高供应链的管理效率,从而让供应链各个节点企业获得最佳效益。

JMI 联合库存管理依靠大量的信息传递和沟通,并通过库存管理协调中心来完成对供应链库存的管理。因此,实施 JMI 是一个复杂的过程,需要供应链各个节点企业相互合作,需要完善的信息系统支持来完成信息的传递。为了保证这种沟通高效和有效,就需要建立一个 JMI 个节点企业的合作框架协议,每个节点企业负责根据客户需求信息来完成销售预测、生产和运输等方面的控制,从而提高供应链竞争力。供应链上的各个节点在统一的协调管理机制下,通过对应的信息系统进行沟通和协作,最终通过供应链协调管理中心来完成供应链库存管理。实施 JMI 库存管理是一个比较复杂的过程,必须具备两个关键的条件:即供应链节点企业统一的合作框架;要有先进的信息管理技术的后勤支持。节点企业通过有效的沟通,共同制定、协调需求预测,平衡产能,共同完成运输计划和物流传递,最终实现合作共赢。实施 JMI 库存管理关键的节点企业库存高度可见,以便于其他企业可以进行库存实时查询和跟踪,并基于此实现对市场需求的快速响应,对自身供应能力进行调整决策。实现这一切必须依靠先进可靠的信息管理系统。

实施 JMI 库存管理的方法,其具体步骤如下:

首先,建立完善的管理协调框架。为了建立并发挥 JMI 联合库存管理的最大效果,首先要供应链上各节点企业进行充分的沟通,将合作内容书面化并制定合作框架协议。各个企业要充分理解合作供应链的含义以及未来可能面临的合作风险和冲突,从整体利益出发,平衡各方利益来共同制定供应链管理协调机制。

其次,建立集成的信息管理系统。供应链各节点企业高效沟通和信息共享是成功实施 JMI 的关键因素。而信息传递和共享要靠信息技术管理。供应链管理和信息技术管理是企业竞争战略中不可分割的两个内容。常见的传统的信息系统是单节点的分布式系统,然后通过电子数据交换的方式来实现数据共享,然后用财务系统进行数据汇总和分析。在现阶段,国际企业均已基本采用了 ERP 系统,来实现集中式的供应链管理。ERP 企业资源计划的好处显而易见,集中式的事务管理可以实现实时的库存数据查询和调用。极大地提高了信息沟通的效率和企业对市场需要的反应能力。

本章课后习题

一、关键词

生产运营管理、生产运营计划、供应链管理、库存管理

二、复习思考题

1. 国际企业的生产运营管理有哪些特点？
2. 国际企业生产管理系统设计的原则有哪些？
3. 与传统企业管理相比，现代供应链管理有哪些优点？

三、讨论题

组织学生分组研究知名国际企业的生产运营架构，之后撰写调研报告。

参考文献

[1] Adler, N. , & Ghadar, F. Research in Global Strategic Management: A Canadian Perspective [J]. In A. Rugman (Ed.), Globalization and Human Resource Management. , 1989 (1): 179 – 205. Greenwich, CT: JAI Press, 1989.

[2] Buckley P. J. The Limits of Explanation: Testing the Internalization Theory of the Multinational Enterprise. Journal of International Business Studies, Summer, 1988 (19).

[3] Casson M. The Firm and the Market. Oxford, Basil Blackwell, 1987.

[4] David Ricardo. The Principles of Political Economy and Taxation [M]. Third Edition, 1821.

[5] Dunning J. H. Trade, Location of Economic Activity and the Multinational Enterprise: A Search for an Eclectic Approach. In: B. Ohlin Per Ove Hesselbom & Per Magnus Wijkman, ed. The International Allocation of Economy Activity. London: Macmillan, 1977.

[6] Dunning J. H. International Productions and the Multinational Enterprises. London: Allen & Unwin, 1981.

[7] Duning, J. h. International Production and the Multinational Enterprises, George Allen & Unwin, London, 1981.

[8] Ekelund, R. B. Hébert, Robert F. A. . History of Economic Theory and Method. New York: McGraw – Hill, 1975.

[9] Hermes T. Flexible Learning Systems and Obsolete Organization Structure: Steps towards Bridging the Gap [J]. Scandinavian Journal of Management, 1999, 15 (3): 89 – 110.

[10] Hymer, Stephen H. The International Operations of National Firms: A Study of Direct Foreign Investment, Cambridge, MA: MIT Press.

[11] Jeffrey S. Harrison, Cathy A. Enz. Hospitality Strategic Management: Concept and Cases [M]. John Wiley & Sons, Inc. , 2005.

[12] Kindleberger, Charles P. America Business Abroad, New Haven: Yale University Press, 1969.

[13] Rugman A. M. Internalization as A General Theory of Foreign Direct Investment: A Reappraisal of the Literature. Weltwirstchaftliches Archiv, 1980, 116 (2).

[14] Roback S. H. , Simmonds K. International Business and Multinational Enterprise, 1983.

[15] Schuler R. S. , Peter J. Dowling and Helen DeCieri. An Integrative Framework of Strategic International Human Resource Management [J]. International Journal of Human Resource

Management,1992(Dec):717 – 764.

[16] The Impact of Multinational Corporations on Development and International Relations, United Nations Publications, Sales No, E. 74: Ⅱ. A. 5.

[17] The United Nations Code of Conduct on Transnational Corporations, p. 29—Preamble and Objectives, Definitions and Scope of Applications; UNCTC Current Studies, Series A No. 4. 1986, New York.

[18] Trompenaars F. , Hampden-TUrner C. Riding the Waves of Culture, New York: MeGaw-Hill, 1997.

[19] United Nations, Multinational Corporations in World Development, New York: United Nations, 1973.

[20] United Nations. Transnational corporations and Competitiveness[R]. World Investment Report, 1995.

[21] United Nations. Global Valve Chains: Investment and Trade for Development[R]. World Investment Report, 2013.

[22] William Ouchi. Z 理论[M]. 北京:机械工业出版社,2007.

[23] 阿尔温德·V. 帕达克(Arvind V. Phatak),拉比·S. 巴贾特(Rabi S. Bhagat),罗杰·J. 卡什拉克(Roger J. Kashlak),石永恒. 国际管理(中国版)[M]. 北京:机械工业出版社,2006.

[24] 曹洪军. 国际企业管理[M]. 北京:科学出版社,2006.

[25] 陈佳贵. 企业管理学大辞典[M]. 北京:经济科学出版社,2000.

[26] 陈立敏,谭力文. 跨国企业管理[M]. 北京:清华大学出版社,2012.

[27] 陈荣耀. 内协外争——东方文化与管理[M]. 广州:广东人民出版社,1994.

[28] 陈玉菁,宋良荣. 财务管理(第 2 版)[M]. 北京:清华大学出版社,2008:350.

[29] 陈玉菁,薛跃. 国际财务管理(第二版)[M]. 上海:立信会计出版社,2007.

[30] 陈辉荣. 企业国际化中的跨文化管理策略[J]. 商业时代,2006(10):92.

[31] 陈宪,张鸿. 国际贸易理论·政策·案例[M]. 上海:上海财经大学出版社,2004.

[32] 陈晓萍. 跨文化管理[M]. 北京:清华大学出版社,2005.

[33] 程延园. 员工关系管理(第一版)[M]. 上海:复旦大学出版社,2008.

[34] 程延园. 劳动关系[M]. 北京:中国人民大学出版社,2007.

[35] 崔洛燮. 中韩文化差异对跨国公司组织信任的影响实证研究[D]. 北京:清华大学,2006.

[36] 崔日明,徐春祥. 国际企业经营与管理[M]. 北京:机械工业出版社,2007.

[37] 崔新健. 国际直接投资理论与政策[M]. 北京:中国财政经济出版社,2002.

[38] 戴维·K. 艾特曼,阿瑟·I. 斯通希尔,迈克尔·H. 莫菲特. 跨国金融与财务(第 11 版)[M]. 北京:北京大学出版社,2009:241 – 242.

[39] 董黎明,芳华. 国际企业管理[M]. 北京:中国商务出版社,2005.

[40] 杜奇华,白小伟. 跨国公司与跨国经营[M]. 北京:电子工业出版社,2008.

［41］范征.跨文化管理:全球化与地方化的平衡［M］.上海:上海外语教育出版社,2004.

［42］方虹.国际企业管理［M］.北京:首都经济贸易大学出版社,2006.

［43］费忠新.民营企业财务管理研究［M］.上海:立信会计出版社,2007.

［44］冯雷鸣,范徵.跨国公司管理［M］.北京:北京大学出版社,中国林业出版社,2008.

［45］弗雷德·卢森斯,乔纳森·P.多.国际企业管理:文化、战略与行为［M］.北京:机械工业出版社,2009.

［46］高湘一.国际企业经营与管理［M］.北京:中国对外经济贸易出版社,2006.

［47］郭大力.政治经济学及其赋税原理［M］.王亚男译.北京:商务印书馆,1962.

［48］郭凤森,宋常.财务管理［M］.广州:中山大学出版社,2009.

［49］国彦宾.西方国际贸易理论:历史与发展［M］.杭州:浙江大学出版社,2004.

［50］海伦·德雷斯凯.国际管理［M］.赵曙明译.北京:机械工业出版社,2008.

［51］韩福荣.国际企业管理［M］.北京:北京工业大学出版社,2005.

［52］韩震.国际企业管理［M］.大连:东北财经大学出版社,2009.

［53］何清波.国际企业财务管理［M］.北京:经济科学出版社,1997.

［54］贺青山.现代企业生产运营管理策略研究［J］.经济研究导刊,2011(7):47 – 48.

［55］Hood,W.,Young,S. The Economics of Multinational Enterprises.叶刚等译.跨国企业经济学［M］.北京:经济科学出版社,1990.

［56］胡军.跨文化管理［M］.广州:暨南大学出版社,1995.

［57］胡朝霞.国际投资学［M］.北京:机械工业出版社,2013.

［58］黄健康.国际直接投资与中国产业国际竞争力研究［M］.兰州:兰州大学出版社,2006.

［59］吉尔特·霍夫斯泰德,格特·扬·霍夫斯泰德.文化与组织——心理软件的力量(第二版)［M］.李原,孙健译.北京:中国人民大学出版社,2010.

［60］金镝,梁艳,兆文军.国际财务管理［M］.大连:大连理工大学出版社,2008:378.

［61］金润圭.国际企业管理［M］.北京:中国人民大学出版社,2009.

［62］康青.管理沟通(第二版)［M］.北京:中国人民大学出版社,2009.

［63］柯忠义.技术授权、技术创新与社会福利［D］.广州:暨南大学,2008.

［64］孔淑红,曾铮.国际投资学［M］.北京:对外经济贸易大学出版社,2005.

［65］李尔华.国际企业经营与管理［M］.北京:首都经济贸易大学出版社,2001.

［66］李海舰,聂辉华.全球化时代的企业运营［J］.中国工业经济,2002(12).

［67］李其荣.美国文化解读:美国文化的多样性［M］.济南:济南出版社,2005.

［68］李亚民.企业文化学［M］.北京:机械工业出版社,2012.

［69］梁秀伶,王虹.跨国公司管理［M］.北京:北京交通大学出版社,2010.

［70］林新奇.国际人力资源管理(第二版)［M］.上海:复旦大学出版社,2011.

［71］刘春航.跨国公司战略与中国本土企业的发展［M］.北京:中信出版社,2009.

［72］刘松柏.全球化与企业国际化经营管理［M］.北京:中国经济出版社,2003.

［73］鲁明泓.国际企业管理［M］.北京:中国青年出版社,1996.

[74]卢圣亮.利用外资的国际经验与中国实践[M].长春:吉林人民出版社,1997.

[75]罗曼.浅析弹性福利制度[J].人口与经济,2010:130－131.

[76]马春光.国际企业管理[M].北京:对外经济贸易大学出版社,2006.

[77]马述忠.国际企业管理教程[M].杭州:浙江大学出版社,2010:384.

[78]马卫.企业国际化经营与管理[M].南昌:江西人民出版社,2001.

[79]迈克尔·波特.竞争战略[M].陈小悦译.北京:华夏出版社,2007.

[80]苗润生.国际财务管理[M].北京:清华大学出版社,2011.

[81]缪东玲.国际贸易理论与实务[M].北京:北京大学出版社,中国林业大学出版社,2007.

[82]潘丽春.国际企业财务管理[M].杭州:浙江人民出版社,2003.

[83]彭剑锋.人力资源管理概论(第二版)[M].上海:复旦大学出版社,2011.

[84]秦杨勇.战略绩效管理:中国企业战略执行最佳实践标准[M].北京:中国经济出版社,2009.

[85]任佩瑜.国际企业管理[M].成都:西南财经政法大学出版社,1998:301.

[86]单忠东,聂建红.国际金融(第3版)[M].北京:北京大学出版社,2011.

[87]沈厚才,陶青,陈煜波.供应链管理理论与方法[J].中国管理科学,2000(3):1－9.

[88]宋亚非.国际企业管理[M].大连:东北财经大学出版社,1999.

[89]孙新雷,温太璞.国际经济理论与政策[M].成都:西南财经大学出版社,2001.

[90]Stephen P. Robbins,Timothy A. Judge.组织行为学[M].李原,孙健敏译.北京:中国人民大学出版社,2008.

[91]谭力文,吴先明.国际企业管理[M].武汉:武汉大学出版社,2009.

[92]唐海燕,毕玉江.国际贸易学[M].上海:立信会计出版社,2011.

[93]田泽,马海良.国际企业管理——文化、战略与行为[M].北京:清华大学出版社,北京交通大学出版社,2011.

[94]王朝晖.跨文化管理[M].北京:北京大学出版社,2009.

[95]王成兰,冉志,李军.跨国公司论[M].成都:四川大学出版社,1998.

[96]王化成.高级财务管理学(第3版)[M].北京:中国人民大学出版社,2011.

[97]王建英,支晓强,袁淳.国际财务管理学(第二版)[M].北京:中国人民大学出版社,2007:234.

[98]王松年,方慧.国际会计前沿(第3版)[M].上海:上海财经大学出版社,2010.

[99]王涛生,许南.跨国经营理论与实务[M].长沙:国防科技大学出版社,2005.

[100]王蔚松.跨国公司财务[M].上海:上海财经大学出版社,2011.

[101]王竹青.论跨国公司的跨文化管理[J].重庆工学院学报,2002(2):79－82.

[102]吴晓云.中国国际企业全球营销战略:理论模型检验指标及实证研究[M].北京:高等教育出版社,2006.

[103]夏乐书,李琳.国际财务管理(第二版)[M].大连:东北财经大学出版社,2010:35.

[104]夏乐书,王满.国际财务管理(第二版)[M].北京:中国财政经济出版社,2008:

10 – 11.

[105]冼国明,葛顺奇.跨国公司 FDI 与东道国外资政策演变[J].南开经济研究,2002 (1):3.

[106]项义军.国际贸易理论与实务[M].北京:中国物资出版社,2002.

[107]谢光亚,倪见.发展中国家企业国际化成长战略模式选择[J].财经理论与实践,2007 (3):101 – 105.

[108]徐晖.加速国际化——拓展国际市场战略[M].天津:天津大学出版社,2003.

[109]徐晓云.跨国公司财务[M].北京:中国人民大学出版社,2011.

[110]薛云建,刘爱兰,易启耀.价值链与国际营销策略[J].中国流通经济,2001(1): 48 – 51.

[111]亚当·斯密.国富论[M].北京:商务印书馆,1972.

[112]严复海,刘淑华.财务管理学原理与实务[M].北京:中国农业大学出版社,2008.

[113]晏雄,李永康.跨文化管理[M].北京:北京大学出版社,2011.

[114]杨国亮.国际企业经营与管理[M].北京:中国人民大学出版社,2011.

[115]杨志慧.财务管理[M].上海:立信会计出版社,2011:181.

[116]尹美群,陈咏英.国际财务管理[M].北京:旅游教育出版社,2010.

[117]于玉林.现代会计百科辞典[M].北京:中国大百科全书出版社,2001:463.

[118]原磊.国外商业模式理论研究评介[J].外国经济与管理,2007(10):17 – 25.

[119]原毅军.跨国公司管理[M].大连:大连理工大学出版社,1999.

[120]约翰·B.库伦.跨国管理战略要径[M].赵树峰译.北京:机械工业出版社,2003.

[121]约翰·邓宁.多国企业.1971:16[M]//联合国秘书处经济社会商务部.世界发展中 的多国公司[M].中译本.南开大学经济研究所世界经济研究室译.北京:商务印书 馆,1975.

[122]约翰·J.奥康奈尔.布莱克韦尔国际企业管理百科辞典[M].北京:对外经济贸易大学 出版社,2001.

[123]岳军.国际投资学[M].北京:中国商业出版社,1997.

[124]章文光.跨国公司在华研发人才本土化战略的人力资源效应[J].山东社会科学, 2011(8):128.

[125]赵春明.国际贸易学[M].北京:石油工业出版社,2003.

[126]赵曙明.东西方文化与企业管理[M].北京:中国人事出版社,1995.

[127]赵曙明.国际企业:人力资源管理[M].南京:南京大学出版社,2005.

[128]赵曙明.国际人力资源管理(第5版)[M].北京:中国人民大学出版社,2011.

[129]赵曙明.人力资源管理研究[M].北京:中国人民大学出版社,2001.

[130]张传明,陈余有.财务管理[M].北京:中国财政经济出版社,2010.

[131]张东生,张静.生产运营管理进步一般规律与创新路径研究[J].科技进步与对策, 2009(12):101 – 107.

[132]张俊瑞,曹玉珊.国际财务[M].上海:上海人民出版社,2011:13.

［133］张喜民.国际企业在华子公司营销战略研究［M］.济南:山东人民出版社,2011.

［134］张晓君.国际经济法学［M］.厦门:厦门大学出版社,2012.

［135］中华人民共和国国家统计局.地区格局悄然变化 增长动力略有增强——2013 年世界经济回顾及 2014 年展望［EB/OL］.http://www. stats. gov. cn/tjsj/zxfb/201402/t20140227 – 516899. html.

［136］朱北仲.跨国公司管理［M］.北京:北京交通大学出版社,2011.

［137］朱晋伟.跨国经营与管理［M］.北京:北京大学出版社,2011.

［138］朱钟棣.跨国公司经营策略研究［M］.长沙:湖南大学出版社,2000.

［139］周道力,鲍祥霖.刍议国际企业的运营管理之重点［J］.技术经济与管理研究,2004(2):75 – 76.

［140］周健临.国际企业管理［M］.上海:立信会计出版社,2009.

［141］周三多,陈传明,鲁明泓.管理学——原理与方法(第五版)［M］.上海:复旦大学出版社,2008.